JN299918

大場幸夫
［企画］

保育者論
Hoikusharon

阿部和子
梅田優子
久富陽子
前原　寛

萌文書林

装幀・デザイン
永井佳乃

はしがき

　こどもと家族をめぐる世の中の動きがめまぐるしく変化し続けている。その中で、2008年に保育所保育指針が改定され告示となった。それを受けて保育士養成課程検討会から「保育士養成課程等の改正について（中間まとめ）」が出された（2010年3月）。その中で新設された科目の1つが「保育者論」である。保育者の専門性については、これまでの養成課程においては「保育原理」の中で論じられているが、今回の改定において、保育者に関わる部分を分離する形で「保育者論」が新設されている。その理由の1つとして、複雑な時代を背景にして、保育所や保育者にこれまで以上にその専門性が要求されてきていることなどから保育士養成課程等検討会では保育者の役割と責務、制度的な位置づけ、及び多様な専門性をもった保育者（看護師・栄養士など）との協働などについて学ぶことを重要視したことをあげている。

　本書は、こどもと家族の最善の利益を研究し続け実践にかかわり続けてこられた大場幸夫先生（元大妻女子大学学長）が、その取り組みの集大成を『こどもの傍らに在ることの意味──保育臨床論考』（萌文書林、2007年）としてまとめられたものから生まれたものである。それは、この大場先生の保育についての集大成を出版した萌文書林の社長である服部雅生氏が、『こどもの傍らに在ることの意味』において展開されている内容を、これから保育者になる人たちにもわかりやすく表現できないかと考え、大場先生に相談したことに始まる。

　一方では、こどもをめぐる施策の変化の中で保育所保育指針の改定作業が大場先生を座長として進められ、2008年に告示化されている。この流れと連

動した保育士養成課程の改正の内容が姿を現したことはすでに述べた。服部氏から相談を受けた大場先生は、今の時代を生きるこどもと家族、その支援者としての保育者が、この時代を背景にして「保育とは何か」「保育者の担うことは何か」をじっくりと考える実践の足場になるような「保育者論」を世に出したいと考えて本書を企画した。執筆者は、大場先生と研究や実践において少なからずかかわりがあり、ある程度保育についての考えが共有できるメンバーが集められた。

　こうして、第1回目の編集会議が2010年3月に開かれた。それ以来、大場先生の本書の企画意図について、保育観や人間観を約1年間で4回、おおよそ20時間にわたる説明とその説明に対する議論をした。会議では大場先生企画の編集会議においては珍しく、あるときは講義のような形で、あるときは考えをぶつけ合い保育について人間についての考え方を深めながら、目次を再構成し盛り込む内容を確認していった。この編集会議の内容について理解していくためには、会議前に相当の準備を強いられ、時に苦しいものであったが、会を重ねるうちにこの編集会議を密かに「大場シューレ」と呼び、保育についての学びを深めることが執筆者たちの喜びとなっていた。目次と担当者が決まった後の編集会議では、それぞれの章の構想を持ちより、企画意図に合わせて議論を重ね執筆者全員が各章の内容を理解しながらそれぞれの章の内容を修正したり深めるべく話し合うことを重ねた。

　この議論の過程で確認されたことは多くあるが、最初にあげたいのは「べき論ではない保育者論」にすることである。これまでの多くの保育者論のように、保育者のあるべき姿を説くことから解放されて、今という時代の現実をみつめ、その時代を生きるこどもと家族を理解し、そこにおけるこどもと家族にとっての最善を考える手がかりになる保育者論になるよう心がけることである。また、保育者はこどもと家族と共に、そして社会の中で成長し続けることを認識し、その視点から養成の期間だけではない保育者の遭遇する課題についても言及することである。それは、保育者自身のライフサイクルの問題を取り上げたことや、きれいごとでは済まされない保育の現実と理想の間のジレンマなどに言及したことに象徴される。

こうして、おおよその議論を終え執筆原稿の骨子を持参することになっていた2011年3月に、大場先生は入院される。そして、5月には帰らぬ人となった。残された者たちで、本書『保育者論』を完成させることを確認したが、大場先生自らが担当する章、特に、本『保育者論』の骨格をなす序章をどのようにするのかが完成に向けての最大の懸案となる。

　これに関しては、『保育者論』の数回の編集会議において「保育者とは」というテーマで大場先生が話されたこと、また、2011年2月19日の全国保育士養成協議会現代保育研究所第3回研修会「保育者論（講義）」の教授法において講演された内容のメモをもとに序章を構成し、話された内容を、できるだけ忠実に、話し言葉を書き言葉に変えて表現しようと努力したが、大場先生の深いところの保育観や人間観を理解することは難しかったことをお断りする。それぞれの執筆者は、編集会議において、また、これまでの大場先生との仕事の中で学んだことを総動員して原稿作成に取り組んだが、どのくらい、大場先生の意図を汲み取り反映できたかはなはだ心細い限りである。しかし、保育者論を考え続ける足がかりはできたと思う。これから、じっくりと大場先生の教えを反芻しながら、執筆者それぞれの保育者論を育てていきたいと思う。本書を手に取られたみなさまの学びや実践を通して、共に本書を育てることを心から切望する。

　最後に、本書を企画し長い時間、編集会議に参加し時宜を得た意見をいただいた萌文書林社長の服部雅生氏、そして、毎回の会議内容のテープ起こしや資料の準備をし、遅くまで会議を共にしてくれた企画編集部服部直人氏、永井佳乃氏に心よりお礼を申しあげる。

　そして、残された者たちでさらに会議を重ね、ようやく姿を現した『保育者論』を、執筆者の共通の指導者である大場幸夫先生にお届けする。

　　2011年12月
　　　　　　　　　　　　　　　執筆者を代表して　　阿部和子

保育者論

Contents

はしがき　*3*

序章 「保育者」とは

1. 保育者とは　*12*

2. 保育者を論ずる3つの視点　*15*
　　（1）人として在るという視点　　　*being*　*16*
　　（2）共に支え合いながら生きるという視点　*living*　*19*
　　（3）プロになるという視点　　　*becoming*　*22*

3. 本書の構成　*24*

第1章 「保育者になる」とは　*becoming*

1. 保育を学ぼうとしている人の「今」　*28*

2. 何を学ぶのか
　　──専門的知識、技術及び判断をめぐって：養成期間に焦点を当てて　*29*
　　（1）保育の専門性──専門的知識と技術　*29*／（2）専門職であるために　*38*

3. 初めての保育──担任としてこどもにかかわる　*45*
　　（1）こどもの生きる場に身を置くこと──実習　*45*
　　（2）こどもと共に生活する　*46*／（3）家族と共に勤しむ　*58*

4. 私が「私」として生きることと
　　「保育者」として生きることについて　*62*

第2章
こどもと家族にとって「保育」とは何か

1. こどもと家族にとって「保育の場」とは ……… 68
(1)「こどもと家族」という概念 68／(2) 家族形態の多様さ 70
(3) 保育の場 71／(4) 実践と現場の二重性 72
(5) 養護と教育の一体性 74

2. こどもと家族にとって「保育者」とは ……… 75
(1)「傍らに在る──stand by」ということ 75
(2) 子どもの最善の利益 76／(3) 要請される専門性 78

3. こどもと家族にとって「保育される」とは ……… 80
(1) こどもにとっての保育者 80／(2) 他者との出会いとかかわり 81
(3) 共有化する場 82／(4) こどもの保育と家族の支援 83

第3章
「こどもの生活環境を整える」ということ

1. 居心地のよさ ……… 88
(1) 保育者の温かさ 88
(2) こどもの立場に立った園全体のしつらえ 89

2. こどもの居場所になっているか ……… 91
(1) 抱え環境──癒される場としての園 91
(2) 園に居場所があること 93
(3) 園が居場所となること 95

3. トータルな保育環境づくり ……… 97
(1) やりたいことが実現できる 97
(2) 心や身体を休めることができる 100
(3) 心の動く出会いがある 101

第4章
冗長な日常を意味づける　　　　　　　　　　　　*being*

1. 変わらずに在ることの意味――生活のリズム・日課　　*106*

2. 基底となる生活（生活のリズム）をどのように獲得するか　*110*

3. こどもへのまなざし――「ほどよい」ということ　　*111*

   （1）保育の準備・後片付け　*112*／（2）そばにいること　*114*
   （3）一緒にする　*115*／（4）見守る（見届ける）　*117*
   （5）任せる（信頼する）　*119*
   （6）ことに埋没する（遊び込む）ことを保証する　*121*

第5章
「発達」を捉える視点　　　　　　　　　　　　*becoming*

1. 発達の「見方」か、こどもの「味方」か　　*126*

   （1）発達論という平均像　*126*
   （2）こども理解ということ　*129*

2. 発達のステージ　　*130*

   （1）「発達段階」という用語　*130*
   （2）ステージとステップ　*131*
   （3）こどもの生が繰り広げられる場　*133*
   （4）「発達」という用語の検討　*136*

3. 発達は、達成できる行動項目の加算か　　*137*

   （1）「能力の加算」ということ　*137*
   （2）発達の体験　*138*
   （3）文化的営みとしての発達　*140*

4. 保育者として「発達」するということ　　*143*

   （1）保育者にとっての発達の意味　*143*
   （2）保育者の発達とジレンマ　*144*

第6章 保育者としての自らへの問い
~保育者として成長していくために~

1. 専門職としての保育者の責務を理解する　148
　(1) 専門家としての保育者——「契約」という感覚　148
　(2)「羅針盤」としての倫理綱領　149
　(3) 専門家としてのジレンマ　152

2. こどもの置かれた状況を理解し、担い合っていく　153
　(1) こどものサインを見過ごさない　153
　(2) 担任保育者の見解を大事にしつつ、共通理解へと高めていく　155
　(3) 保育者相互に支え合い、協働する姿勢をもつ　157

3. こどもと共に暮らす思いを実現する保育における計画を作成する　158
　(1) 立案の目的を明確にする　158
　(2) 立案の過程を大切にする　160
　(3) 省察する　160

4. 研修に参加し専門家としての自分を磨いていく　162
　(1) 園外研修に参加する——新たな知識・技術を学んだり、異なる考え方に出会い自分を振り返る　162
　(2) 園内研修を行う——保育者集団として専門的力量を高めていく　163
　(3) 自主研修を続ける——自らの問いを探究していく　164

5. 保育者各々の持ち味を活かし、人間としての自分を磨いていく　164

　　資料　NAEYC（全米乳幼児教育協会）倫理綱領〔抜粋〕　166

第7章 保育者の協働

1. 保育者に求められるもの　172
（1）保育者に求められる資質——「独り立つ気概」　172
（2）保育者の早期の独り立ち　175／（3）保育者支援の必要性　176
（4）保育者の相互支援　177

2. 同僚性　178
（1）同僚性とは　178／（2）同僚への責任　180
（3）保育者同士の関係的自立　182

3. 保育カンファレンス——保育者同士の育ち合いの場　183
（1）保育カンファレンス　183／（2）保育カンファレンスを通した育ち合いの実際　185／（3）保育者の専門性としてのゆらぎ・ジレンマ　188

4. インタープロフェッショナル　191
（1）園内におけるインタープロフェッショナル　191
（2）園外とのインタープロフェッショナル　193

第8章 保育者の子育て支援

1. 家族の現在　196
（1）家族とは　196／（2）縮小する家族　197／（3）親の変化　198
（4）自分の抱いている家族のイメージを越える　199
（5）こどもの生活に影響を与えているおとなを家族として捉える　200

2. 子育て支援と保育者　202
（1）子育て支援の変遷　202／（2）誰のための子育て支援か——子どもの最善の利益を考慮する　206／（3）子育て支援の実際　209

3. 支援者としてのゆらぎやジレンマ　215
（1）支援者として必要な力　215
（2）ゆらぎやジレンマを抱えた自分と向き合う　216

第9章 保育ニーズの多様化と保育者の対応

1.「保育ニーズ」とは　220
（1）ニーズという概念　220／（2）2つの「ニーズ」概念の相違　222

2.「保育ニーズが多様化する」とは　224
（1）保育ニーズの主体　224／（2）社会のありようの問題　227

3. 対応する保育者のあり方　230
（1）「利用しやすい保育所」がなぜいわれたのか　230
（2）エンゼルプランの流れに巻き込まれた保育現場　234
（3）曖昧になった保育ニーズという概念　235
（4）「共に生きる」保育者のあり方　236

第10章 保育者と思想

1. 欧米の保育者　242
（1）保育の黎明――コメニウス、ルソー　242
（2）保育実践者の揺籃――オーベルラン、ペスタロッチ、オーエン　245
（3）フレーベルとその時代　248／（4）モンテッソーリとその時代　251
（5）現代へと続く流れ　253／（6）恩物と教具のマニュアル化から学ぶこと　255

2. 日本の保育者　256
（1）保育の始まり――明治初期　256／（2）明治中期～後期　258
（3）大正期　259／（4）倉橋惣三の歩んだ道　262

保育者になる学びのための書籍案内　266

索引　272

序章　「保育者」とは

1. 保育者とは

　あなた自身のこどもの生活する光景を思い浮かべようとするとどのような姿が描けるだろうか。

　たとえば夏休み、朝眠い目をこすりながら友達と誘い合って向かうラジオ体操、家族と出かけた海辺のスイカ割り、また、朝暗いうちに出かけるカブトムシ捕り、夏休みも終わりに近づき、「早くやっておけばいいのに……」と小言を言われながら宿題をした日々など、思い出そうとすると様々な場面が懐かしさとほろ苦さを伴って鮮やかによみがえってくるだろうか。もう少し遡（さかのぼ）ってみると、自分自身のことについての記憶は曖昧（あいまい）になるが、小さなこどものいる風景ならある程度、描ける。親に手をひかれて買い物しているこどもの姿、嬉しさのあまり親の手を振り払い店内を走り回っている姿、公園では砂場に群れて玩具の取り合いをし親にたしなめられている姿、三角の山をずり落ちても何度も登ろうとしている姿などがこどものイメージとして思い浮かぶだろうか。

　こどものいる生活は、生きている時代のありように影響を受けながらその現す姿は多少の違いがあっても、こどもの傍らに在って、一緒に何かをして笑っている、あるいは怒っている、また、悲しみに満ちてこどもの行く末を期

待したり案じたりするおとながいる。こどもの生活は、こどもが生活する具体的な場と時間の履歴の中にあり、こどもが生まれおちたところの人々の暮らしの中で営まれる。こどもは発達の初期であればあるほど、護られることを要求する存在である。こどもの身近に在って、こどもにまなざしを向けるおとなはすべて、こどもの育ちに何らかの意味でかかわり、そのかかわりに責任をもつことになる。なぜならば、護られなければこどもは生きられないのであり、護られることに対する欲求は存在そのものをかけた根源的なものであるからである。一方、こどもは育て護られるばかりの存在ではなく、おとなの日常に彩りを添えその生活を豊かにしていることも事実である。また、こどもの姿に学んでおとなとしてのありようを見直したりというように、こどもとおとなは、お互いに育て・育てられる関係にあることもわかる。これらの関係が、長い間のおとなとこどもの日常の生活の中にあったように思う。

　このように日常のひとこまであった子育てが「保育」としてそれまでの日常から引き離され一般化されていったのは高度経済成長と共にであろうか。「保育」が一般化されるとともに、専門職としての**保育者**が、一般的に認知されていくことになる。しかし、大場は「こどもの生きる現場である保育実践は、常識的な世界の自明性に封じられていること。こどもの生き方は、そのために、多くのおとなのまなざしの先で、あたかもたやすいことがらとして、片付けられがちなこと」として、その専門性（こどもの生きる現場を支えつつ傍らに在ることの重要性）への無理解を強調している［大場2007 ; pp. i-ii］。

　子育ての歴史は、人類の歴史と共にあったと思う。そして、長い間、おとなとは異なるこどもの世界やこどもを護るということを特別に意識することなく、おとなの日常の中に埋没した形で行われていたのではないか。つまり、人の一生がある程度予測できる形で生活が営まれていて、その生活に必要な力はその生活の中で身につけられていたので、特別にこどものために何かをする必要を感じない生活が大方の人々の暮らしだったと思う。しかし、高度経済成長期以降の世の中の変化はめまぐるしく、その生活のありようや、生活を支える価値観も多様化している。現在、こどももおとなも、行く先不透明な社会を生きる力、あるいは生き難さを変えていく力を身につけることが

要求される社会を生きている。

　一方で、人類はすさまじいほどの時間をかけて、様々な経験を蓄積する過程で「人は主体的な存在である」ことを、人類共通の理念としてもつに至っている。保育を専門とするということは、この人間観を土台にして、常識的な世界の自明性に封じ込められているこどもの生きる場を真に主体同士として生きる場にしていくことを決意することである。

　こどもと共に生きることを覚悟した人は、自明であること、つまり、人の生活の当たり前を問い、その当たり前の重要性を明らかにし、こどもと共にあることが「あたかもたやすいことがら」では片付けられないこととして「こどもの生きる場」を人の生きることのなかに位置づける営みに参加することになる。

　大場は保育者とは「現場は常にこどもの道行きを支え、流れに凛として立つ道しるべは保育者。身を尽くしてこどもの傍らにさりげなく在る人生の案内人。からだを張ってこどもたちの行く末を案ずる」ことをその生き方とする人をいうという〔大場2007；p.193〕。大場は澪標（みおつくし）に保育者の姿を重ねている。澪標とは、海や川を通航する船に通りやすい水路を知らせるために水中に立てられた木の杭（くい）のことであり、その澪標（ミオツクシ）＝身を尽くしに保育者の姿を重ねて捉えている。この意味で、身を尽くしてこどもの傍らにさりげなく在ろうとすることを意識する人は広く保育者である。こどもの生きる現場でこどもと生活を共にし、その育ちにかかわるおとなは、こどもの生活の場として児童福祉法に定められた施設や幼稚園、認定こども園だけではなく、こどもが生活するあらゆるところにいる。たとえ、資格や免許をもっていない人であっても、共に生きようと覚悟を決めたときから保育者としての専門性を生きるスタート地点に立っているということである。

　一般的には資格や免許をもってこどもの傍らに在る（stand by　第2章2.(1)〔p.75-〕参照）人のことを保育の専門職と呼ぶ。免許・資格がないからといって子どもの最善の利益を考えることに消極的であってはならない。こどもの傍らに在ることを覚悟することは、資格や免許をもっていればそれで済むということでもないということも理解できよう。

澪標とは、具体的に何をどのように担っていき、どのような存在としてあることをいうのか。

2. 保育者を論ずる3つの視点

　保育は具体的な出来事の連なりである。すなわち、特定の時代の特定の場所で、特定のおとなとこどもの間でつくり出される具体的で特定な事柄である。限られたものとして描き出される保育は、その時代・場所・人の具体的な生活であるが、こどもと共に生きる保育者は、特定の時代の暮らしの最先端に関与することになる。その最先端で保育を担ってきた先達の保育者の生き方に学んで、本書では保育者を以下の3つの視点から論じる。第一に保育者の人としてのありようという「**人として在る** (being)」という視点である。第二は、こどもと家族（ここは切り離すことなく1つの単位として考えていくことも本書の特色である。詳しくは第2章1.(1)〔p.68-〕で展開される）、同僚と「**共に支え合いながら生きる** (living)」という視点である。第三には日々を共に生きながら1人の保育者として自ら成長していくという「**プロになる** (becoming)」という視点である。

　以上の3つの視点は保育者を論じる上での視点であり、実際の保育の場面

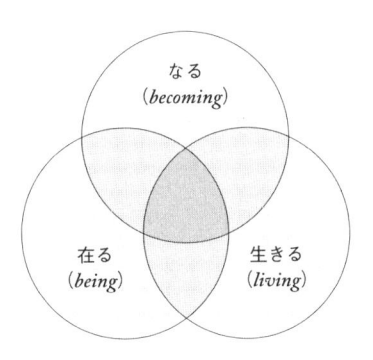

図1　保育者を論ずる3つの視点

出所：大場幸夫「第3回『保育者論』編集会議メモ」(2010年7月) をもとに作成

では、保育者の人としての部分とか、支え合いながら生きている部分とか、プロになる部分というように、明確に分けられるものではなく、お互いに関連し合い、時に分け難く絡まり合いながら、1人の総体としてこどもの前に在ることはいうまでもないことである（図1）。

（1）人として在るという視点　　*being*

　担うべき保育は、子どもの最善の利益を最優先的に保証する営みである。ゆえに保育者は一義的には、まず人間性が問われる。そして、子どもの最善の利益の視点からこどもと家族のニーズにどう応えうるかについて、自らに問い続ける存在である。子どもの最善の利益を最優先的に考えるとは具体的にどのようなあり方をいうのか。以下、具体的に考えていくことにする。

　①免許や資格の取得によってではなく、一個の人間として
　　こどもたちへの直接的なかかわりを生きることが大前提となる。

　保育は、この保育者である私が、共に暮らす目の前のこどもの欲求や要求を受けて展開する具体的な営みである。具体的に生きる場において、こどもとのまなざし・まなざされる中で、お互いの身体をもって、場に絡みつく感情を伴ってこと（保育）が展開していく。それは、役割を意識する前に、その場を生きる1人の人間としてかかわることが要求される場である。保育者は、保育の場を構成する人との具体的なまなざし・まなざされる関係をゆらぎながら直接にことそのものを生きることになる。

　②そこに身を置くことで、こどもにとって身近に感じる人となり、
　　かかわりを通してさらに特定できる存在になる。

　1人の人間としてこどもとの直接的なかかわりを生きるということは、保育者であるこの私が、このこどもたちと共に生きるこの場に身を置くことになる。そこで、私らしさをさらけ出しながら密度の濃いかかわりを通して、この場における、あるいはこどもの世界における特別な存在となっていくと

考えると、こどもとのかかわりは時間的な継続も必要になる。こどもにさらされる保育者である私自身の内実の育ちが大きな意味をもってくる。

③身を尽くすことによって
　こどもの育ちの道行を共にするものとしての位置を得ること。

　私らしさをさらけ出しながら、密度の濃いかかわりをもつということは、身を尽くすことである。こどもとの生活において必要があれば労をいとわないということである。こどもの置かれている状況を気遣い、その内面の揺れとその揺れの表現である行動をわかろうと努め、こども自身の悲しみや喜びを感じる生活である。こどものこれまでとこれからに思いを寄せ、今、このこどもにとってどうすることが最善なのかを考え、かかわることでこどもから選ばれる人となることである。こどもは自身で選んだ人とのやり取りを軸にして、あれこれの揺れを伴いながら、自分らしさを獲得していくことになる。保育者であるこの私がこのこどもたちと共に生活する中で、そのこどものそのこどもらしさを方向づけるとしたら、保育者である私のありようやこどもとのやり取りを振り返り問い続けることが重要になる。保育者がこどもを選ぶのではなく、こどもに選ばれた保育者がこどもの育ちの道行を共にする位置を得ることが許される。

④生活者としての価値態度が、
　こどもにとって具体的な人間モデルになること。

　保育者であるこの私の生きざまも人としてある視点の柱を構成している。私は保育者としての私と最も私的な私のスペクトラム（連続性）の中を生きている。つまり、こどもとの生活の様々な場面において、私の気持ちや気分の様相もいつも一様ではなく様々な意識の層や無意識の層を行き来している。保育者としての私がこれまでの過程の中で獲得してきたものに対する態度、扱い方、ことへの対処など、意識のかなたにある振る舞いなどもこどものモデルになることがあるということである。また、その行動を支える生活者としての価値観なども、日々のかかわりを通して鏡のようにこどもの行動となって照らし返

されることがある。保育の場は、人と人とがそれほどまでに深くかかわり合い、影響し合う場であるということである。生活者として「私をどのように生きるか。何を大切に生きるか」という私のありようも時には意識してみたい。

⑤生活者としてのコンディションが
　こどもとのかかわりに強く反映すること。

　保育者は、いつも絶好調でこどもの現場にあるということは難しいことである。保育者も様々な背景をもって保育の場にいる。保育者自身の体調がすぐれないとき、家庭の中の育児、介護の問題や家族についての心配事があるとき、同僚との行き違いなど、いつも絶好調というわけにはいかない現実がある。このような生活者としてのコンディションがこどもとのかかわりに大きく反映する。それは、保育者自身の体調や心境などが、こどもに如実に感じ取られているためである。体調や心境のコントロールもある範囲では必要であるが、そのような調子の波をどこかで、こどもに感じ取られながら、こどものゆらぎや体調なども受け入れたところで、生活を組み立てることが重要になる。保育者もこどももいつも絶好調を追求するばかりではなく、そうでないときもあることを引き受けてどのように生活を組み立てるかということである。

⑥多様な世代との出会いやかかわりや、ものとの豊かなかかわりが
　こどもの育ちにとっての基礎的体験となること。

　こどもの生活が充実して豊かに展開することの中にこどもの人としての基礎的な体験がある。こどもの生活において繰り返される事柄や、ある程度限られた人と生活を共にすることで安心感がもたらされる。この循環する時間の中で、限られた人と繰り返される経験は、少し先の見通しがもてること（安心できる場所）や、明日もきっとあるという未来への希望をもたらす。このような理由から、生活がめまぐるしく変化することは避けなければならない。しかし、ある程度限られた人たちとの繰り返しのある生活は、生活の単調さ、リズムの単調さ、変化の乏しい状態に移行していく危機もはらんでいる。生

活のリズムやその内容の単調さは、時間や空間だけではカバーしきれない側面があるとすれば、そこにおける人との交わりの経験が重要になる。多様な世代、様々な時代を生き抜いてきた人たちのありようは、そのありよう自体、これまでの生活や文化の履歴であり、行為の1つひとつが歴史の厚みをもってこどもに迫ってくる。また、同年や年少の人たちとのかかわりは、相手のなかに自分自身をみたり、これまでの自分をみたりというように、多様な人との出会いやかかわりは煩わしいと思えることも含めて生活を豊かに彩り、これらのかかわりが育ちの基礎としての体験となることにも配慮したい。

⑦こどもにかかわる人は生活者としての
　ワーク・ライフ・バランスが問われること。

　保育者は、働く母親、あるいは働く家族のワーク・ライフ・バランスのために保育現場で労するということが役割である。そして、保育者の役割は倫理綱領などにも表現されているところである。保育者も働く人であれば、当然、保育者自身のワーク・ライフ・バランスも問題になってくる。

　保育の仕事に限らず、仕事は、暮らしを支え、生きがいや喜びをもたらすものでなければならない。保育者のライフコースの中のある時期は家事・育児、またある時期は自立をめぐる家族の課題、介護や近隣との付き合いなどの生活がある。これらを抱えてそれぞれの時期を、生きがいをもって、保育現場に立つことができる環境整備や処遇の問題も「人としてある視点」の重要な点である。

（2）共に支え合いながら生きるという視点

　人はそもそも、関係の網の目の中で生活している。その網の目から孤立して生きることは不可能である。保育の現場も同じである。

　一方、今を生きる人々の暮らしに対する考え方が多様化し、働き方も含めた生活のありようも多様化している。それに連動して保育所に期待される役割も多様に広がってきている。このような複雑化した社会の要請に保育者1

人で対応することは難しい。このような社会を生きる保育者は、保育者相互の支え合いが大前提であり、保育の営みは、そのような保育者の協働によって、保育する場としての力を得ることが可能になる。つまり、多様な社会のニーズに対応する上で、支え合いが必要になる。保育の場がこどもの生活や発達を保証する経験を蓄積することにふさわしい場になるために、どのような協働があるだろうか。また共に支え合いながら生きるということはどういうことなのだろうか。

①保育の現場が子どもの最善の利益を考慮し、
　その福祉を増進することに最もふさわしい生活の場であること。

　こどもの生きる場は、保育所や幼稚園に限らない。保育所以外のすべての児童福祉施設、多くの子育て支援施設、家庭的保育、一時保育など多様であり、そこには保育者がいる。それぞれのこどもの生きる場における「子どもの最善の利益」とは具体的にどのようなことをいうのだろうか。たとえば「こどもの気持ちが晴れること」「こどもの気持ちが癒されること」あるいは、こどもがそこに根付いて、自分がそこの場の主のように訪問者に対応する意欲や、コミュニケーション能力をいつのまにか身につけるというようなことに表れてきて、初めてこどもの福祉を増進することに最もふさわしい生活の場となっていくことが考えられる。つまり、最もふさわしい生活の場はおとながつくって与えるのではなく、その場におけるおとなの生活を通して、こどもの育ちの姿になって表れるということである。

②こどもたちにとって保育者の存在が重要な支えであるように、
　保育者にとってもこどもの存在が大切な支えになるという
　事実に気づくこと。

　こどもと保育者の関係は、一方通行の関係ではない。たとえ、保育者からの一方通行のようにみえる働きかけにおいてさえ、その働きかけに対するこどもの反応があり、それとの兼ね合いで次の働きかけが展開されていく。こどもからの働きかけにどのように応えるかに心を砕いて対応することでこど

もとの生活がつくりあげられていく。保育者は、その過程でこどもが意欲的に取り組んだり喜ぶ姿に慰められ、保育に対して意欲的になっていることに気づく。こどもは護られ育てられるだけの存在ではなく、その姿を通して保育者の生活を豊かにし、勇気づけ、エネルギーを与え、そして、至らなさを気づかせてくれる相手である。保育者の生活にとってこどもは、どれだけ大きな支え手であることか。そこに気づきたい。

③人が人と生きることの厳しい現実を感知し合いつつ、
　それゆえにお互いに励まし合い高め合える場や仕組みを
　つくり出すように努めること。

　人は1人では生きられないということと同様に、人が生き合う場である保育も1人ではできない。生きることを支える様々な仕組みやそれを支える人のありようが課題となる。同心円状に広がるこどもの生きる場を支える仕組み、場と場をつなぐ、あるいは場を支える人と人をつなぐ人の存在が重要になる。

　特にこどもがこどもらしく生きることに困難さが伴うことが多い昨今の状況にあって、保育者は連携して困難に立ち向かうことでこどもを護り育てる力をアップしたい。さらに、こどもにかかわる様々な専門機関との積極的なつながりを意識した位置取りなど、つながりのキーパーソンとしての役割を担うことが、こどもの日常生活を保証することにつながることに気づきたい。

④幼少期にあるこどもたちにとって信頼できるおとなとの出会いと
　そのかかわりに支えられ、自立していくために必要な
　暮らしの豊かさが保証されること。

　こどもが自立していくために必要な暮らしの豊かさを保証するのは、ある意味では、国や地方自治体の仕事であるということは否定できない。しかし、こどもの身近なところで共に生きる保育者にとって、そこから目をそらすことはできない。またこれまでも、こどもの環境づくりの中で、保育者は実際にこの面を相当にカバーしてきているという事実がある。この豊かな場づく

りという実践の蓄積の上に、こどもの生きる場からやりくりの限度を冷静に、着実に訴え続けることでこども（と家族）をめぐる施策を動かしていくことが重要になる。

　豊かな生活の場をつくっていくことは、経済的な不安から自由になることにつながる。豊かな生活の場がこども自身の主体的な取り組みや、こどもらしいセンスというものをはぐくんでいくことの可能性がどれほど広がるのかという点を重視したい。この点から保育現場の点検という側面の重要性も意識したい。

（3）プロになるという視点　　*becoming*

　一般にプロになるというときにイメージされるのは、その領域の専門の知識や技術を身につけるというものである。しかし、人と共に生きることを職業とすると少し様相が異なってくる。人と共に生きるということは、その役割を越えたところで人として出会うことを要求されることが大いにある。常に、こどもと共に生きる自分という存在がどういう人間なのか、保育を生きる人間として、専門職としての人間形成が問われることになる。こどものニーズに応える知識、技術などを、共に生きるプロセスの中で学び取ることによって、共に生きる上で必要な、あるいは豊かにするための知識・技術も一緒に磨かれているといえる。従って、よりよい実践を目指すというとき、その実践のプロセスは豊かな学びの場を提供しているといえる。保育者は知識・技術の習得以上に、実際にこどもと共に生きるというそのことの学びを実践のプロセスの中で体験しているといえる。そのような形での体験の集積に注目する必要がある。

①保育の実践において、保育者の主導（イニシアティブ）が
　こどもの主体的な育ちと生活を創り出す営みであるよう配慮すること。

　子どもの最善の利益を守る、つまり、こどもの権利擁護（advocacy）をプロとして引き受けていくということは、こどもに向けた顔だけではなく、と

きにこどもの背中を護り、社会に向けてこどもの危機を伝えるという社会に向けた保育者のもう1つの顔が必要になる。

　保育の実践において、こどもの主体的な育ちを確かなものにしていくために、生活をつくり出す営みの担い手が、イニシアティブをもつという認識が必要になる。保育者のイニシアティブとこどものイニシアティブは二者択一ではなく、相乗効果をもって生活をつくり出し、結果的にこどもの主体的な育ちを豊かなものとして実現していく道が開かれてくる。

②保育の理想と現実の間で発生するジレンマは
　避け難い実践の現実であることを覚悟すること。

　保育にかかわらず、人が生きることは理想と現実のはざまを生きることである。理想は人が生きる方向であるとも捉えられるので、現実ではなく、現実を生きることにおいて、たとえ、子どもの最善の利益を追求する保育においてもそのジレンマからは逃れられない。この否定しようにも否定できない事実としての「実践に伴うジレンマ」について、正面から取りあげているのが全米乳幼児教育協会（NAEYC：National Association for the Education of Young Children）の倫理綱領の冒頭である（第6章資料〔p.166-〕参照）。さらにこの倫理綱領は、実践現場で必ずしも直接にこどもたちとかかわらない近接領域の専門家にも適用されるといい、保育に関わる仕事をする人たち、研究者、あるいは保育に関心をもつ人たちも倫理綱領を有効化するよう呼びかけるなどその波及効果も期待されたものとなっている。

　それにならって本書では保育者を、こどもと家庭を支えることを生業（なりわい）とする人を包括的に捉える。保育者とは、こどもと家族にかかわることをその仕事とし、その福祉に関する責任を自覚しながらその役割を果たそうとする人をいう。従って、保育者は、理想と現実の間のジレンマを引き受けてそこを生き抜きながら、こどもの最善を追求する覚悟が必要になる。

③実践の営みを通して、自らに必要な知識・技術、判断力などを問い直す機会を保育者の協働において実現すること。

　保育は1人ではできないということをすでに述べたところであるが、少し追加する。保育者相互の支え合いというところで重要になるのが保育カンファレンス（第7章3.〔p.183-〕参照）である。保育現場の中で、特に共に保育する園のこどもたちの話題を絞ってじっくり話し合うことの重要性である。幼稚園の現場ではこどもが帰った後で十分に時間が取れることが多いが、児童福祉の現場ではその時間を取ることが難しい状況にある。制度的にも共に暮らすこどもについてじっくりと話し合う時間が保証されていないという問題がある。一方で、この保育カンファレンスを制度として位置づけられることを企図しながら、現実にこどものあれこれを話し合いながら保育者同士の肩の荷を担い合うことが重要と考える。お互いの肩の荷を担い合うために、お互いに自らに必要な知識や技術、判断力などを問い合うことが重要である。

3. 本書の構成

　これまでに、本書で展開される保育者論の3つの視点に基づいて保育者とはどういう存在で、何をどのようにする人のことをいうのかについて述べてきた。これらの視点に基づいて、さらに詳しく考えていくために本章で取りあげた3つの視点と本書の各章との関連を表1に示した。繰り返しになるが、この3つの視点はこれまでの先達の保育者の実践や考え方（第10章〔p.241-〕参照）などを受け継ぎながら、大場の自らの実践・研究の成果［大場2007］から括り出されてきた視点である。本章で展開した保育者論の概要と関連づけて読み進めて、保育者である自分自身を問う、あるいは保育者になろうとしている人が、保育者になることを問う上での海図になることを願っている。

表1　保育者になるための3つの視点と本書各章との関連

保育者論の視点	*being* 人として在る という視点	*living* 共に支え合いながら生きる という視点	*becoming* プロになる という視点
序章 （阿部）	担うべき保育は子どもの最善の利益を最優先的に保証する営みである。ゆえに、一義的にはまず、人間性が問われるということ。そして、それらにどう応えうるかを自らに問い続けること。	保育者相互の支え合いが大前提であり、保育の営みはそのような保育者の協働によって現場の力を得ることが可能になること。	つねに、こどもと共に生きる自分がどういう人間なのか、保育を生きる人間としての、専門職としての人間形成が問われること。
視点を展開する主な章	第2章　こどもと家族にとって「保育」とは何か（前原） 第3章　「こどもの生活環境を整える」ということ（梅田） 第4章　冗長な日常を意味づける（阿部） 第9章　保育ニーズの多様化と保育者の対応（前原）	第7章　保育者の協働（久富） 第8章　保育者の子育て支援（久富）	第1章　「保育者になる」とは（阿部） 第5章　「発達」を捉える視点（前原） 第6章　保育者としての自らへの問い（梅田）

（　）内は執筆担当者

引用・参考文献

大場幸夫『こどもの傍らに在ることの意味——保育臨床論考』萌文書林、2007年

第1章

「保育者になる」とは

becoming

1. 保育を学ぼうとしている人の「今」

　保育の学びの真っ只中にいる人たちは、小さかった頃周囲に気がついたときには自分より小さな子がたくさんいて、その面倒をみていたとか、保育所や幼稚園に通っていたときの先生（保育者）がやさしかったとか、中学・高校のときに保育所に職場体験やボランティアで行ったときに、こどもから頼りにされて嬉しかったなどというこどもとかかわって、あるいは新聞やTV報道によるこどもをめぐる生き難さに強く気持ちが揺さぶられた経験をもっているという。

　同時に、保育の学びの真っ只中の人たちは、**青年期の只中**をも生きている。青年期は、それまで外へ外へと向かっていた興味や関心が反転して「私」の内面に向かう時期でもある。それは、直接間接的に、多くの人々に護られ育てられる中で「私」を意識し、「私」の足で「私」自身として生きようとし始めたということである。どのように生きるかを模索しているのが青年期といわれている。

　保育の学びの中にある人は、概していうと、これまで護り育てられてきた立場から、**育てる側**に身を置こうとしている人である。それも、育てることを職業として選択しようとしている人である。

　本書は、保育者を「こどもと共に生きようと覚悟を決めた人」も含めて広く捉えようとしているが、本章では、狭く、こどもと共に在ることを職業として成り立たせている制度の中の保育者に焦点を当てる。しかし、人は役割や職業だけで生きているわけではない。その職業に就いている、あるいは就こうとしている人は、その人自身としても生きている。この章では、保育者になるための学びとその学びを選択した人自身のありよう、つまり、青年期を生きる人が、保育者養成校で何をどのように学ぶかについて考える。

2. 何を学ぶのか──専門的知識、技術及び判断をめぐって：養成期間に焦点を当てて

　保育者養成校で、保育者になるために必要な単位を修得するだけでは、こどもと生活を共にする保育者になるのは難しいのではないかと考える。それは**保育者になろうとする**（becoming）人が、保育者として生きる覚悟を決めて、**こどもと共に在る**（being）ために、**今をどのように生きるか**（living）を模索することなしには、存在そのものの世話を要求するこどもたちに応えることができないからである。また、こどもの存在を支え、こどもが望ましい未来をつくり出す力を獲得することを手助けすること（保育）を専門職とする人は、その生き方も含めて問われる職業だと考えるからである。

（1）保育の専門性──専門的知識と技術

　おおよそ、**専門職は日常と区別されたその職業領域独自の知識**（専門的知識）やその領域の問題解決のための技術をもっている。また、その専門職としての倫理観ももち合わせていると考えるのが一般的である。しかし、保育は日常の営みであり、そのままでは当たり前すぎて意識にも上らないような日々の繰り返しであり、捉えようによっては様々に意味づけることができる多義的・多様性を特徴としている。

　たとえば、次のエピソードは3歳児クラスの運動会の練習風景である。

エピソード 1

　　運動会競技のマットの練習。保育者がマットの準備をし始めると、こどもたちはそれに気づいて集まって来ていつものように周りに座り始める。遅れてきたしゅん君（3歳8か月）は、マットの周りをうろうろしている。それをみたえみりちゃん（3歳6か月）が「ね、しゅんちゃん、こっち」と自分の隣を少し空けてくれる。しゅんちゃんはホッとしたような表情でそこに座り「ね、えみりちゃん。今日、えみりちゃんの隣で寝る。い

い?」とえみりちゃんの顔をのぞき込むようにいう。えみりちゃんはにこにこして「うん」と答える。

　運動会は、日常のアクセントともなる非日常的要素をはらんでいる。日常とは異なると捉えることもできる。たとえば、その成果を保護者に披露することに重きを置き、できばえをよくするために、日々にメリハリをつけて練習をすると保育者が考えていたらどうか。エピソード中の下線部分「遅れてきてうろうろする」というしゅん君の行動は、保育者にどのように映るだろうか。「また、遅れてきた。どうしてみんなと一緒に行動できないのか」「早生まれだからしかたがないか。いや、同じ早生まれでもえみりちゃんはできてる」「この頃、レゴブロックに凝っているから、遊びに区切りをつけるのに時間がかかるのか」「運動会の練習なんだから生活にメリハリをつけられるようにならなければ」「練習は、このところいつもしているのだから、わかって動けなきゃ」「みんなと一緒に行動しなければ……」「マイペースなのはいいけど……」などなどが想像できる。

　保育の場には、練習場所に遅れて来るしゅん君のように、こどもとの生活において保育者の思い通りにいかないという**不確実さ**がつきまとう。また、保育者自身においても遊びを十分にさせてあげたい気持ちと、練習しなければ運動会はどうなるのかという不安の気持ちの間で揺れ動いているかもしれないなど、保育の日々はその場を生きるそれぞれの気持ちが複雑に生起している。このエピソードの場合、保育者からのしゅん君への直接的な働きかけがない。なぜ働きかけなかったのかは外側からみる限り理解できない。しかし、えみりちゃんの困っているしゅん君への働きかけ、困っていることの解決に手を貸してくれたえみりちゃんとしゅん君の「きょう、(午睡時)えみりちゃんの隣で寝る」というやり取りを通して、2人の関係の深まりと持続が予想される。

　以上のように、保育の中の出来事を具体的にみていくと、一般に専門職といわれている医師や裁判官のように、どちらかというと、限られた範囲の中

での出来事をある決まった知識や手法に基づいて問題解決するという専門職と、保育者というこどもとの曖昧さを伴う日常を共にすることで、育ちの支援をするという専門職とでは、そのありようが異なることが理解できる。

①保育の専門的知識・技術の具体的な内容

日常という雑多で曖昧な事柄が、時に予想を越えて展開される生活をこどもと共にしながら、その育ちを支援することを核とする保育者になるために必要な専門的知識や技術とは何か。ここでは、保育士養成校に課せられている「教科目の教授内容」を参考に考えていくことにする（次頁表1参照）。特に制度に位置づけられた狭義の保育者（ここでは保育士を例にして）においては、法的に、習得しなければならない専門的知識内容・技術が決められている（児童福祉法施行規則第6条の第1項第3号の指定保育士養成施設の修業教科目及び単位数並びに履修方法——平成22年厚生労働省告示第278号）。

表1から、保育の**専門性**は6つの系列からなっていることがわかる。そしてその系列で、具体的にどのような知識や技術があるのか、また、それらの知識や技術はどのような科目で学ぶのかについて、おおよそ理解することができる。この系列に従いながら専門的知識・技術の具体的な内容を考えていく。

　a．保育の本質・目的

この系列は、保育とは何か、保育は何のためにするのかを重点的に考える科目群が並んでいる。保育士養成課程の本科目群（表1）のキーワードから主な内容をみてみると次のようになる。

どのような社会のどのような場所で育とうとも「**こどもがこどもの生活をすること**」がこどもの権利（最善の利益）であるという考え方が展開されている。こどもは、保護を必要とする存在であるところから「こどもの生活」はこどもと家族の生活であることが前提となる。こどもと家族の家族は、様々な形態の家族が考えられる（第2章1.(2)〔p.70-〕・第8章1.〔p.196-〕参照）。このような考え方がどのような歴史を経て誕生したのかという考え方の履歴（歴史的な視点）と、その考え方に基づくこどもの生活で重視される原理原則、

表1　保育士養成課程（2010年）

	系列	具体的な科目	主な内容（科目の主なキーワードをもとにして）
教養科目		外国語〈演習〉 体育〈講義〉 体育〈実技〉 その他	（教養科目の範囲で養成校独自科目）
必修科目	保育の本質・目的に関する科目	保育原理〈講義〉 教育原理〈講義〉 児童家庭福祉〈講義〉 社会福祉〈講義〉 相談援助〈演習〉 社会的養護〈講義〉 保育者論〈講義〉	・保育・教育・社会的養護の意義、思想の歴史的変遷、制度と体系、現状と課題 ・児童家庭福祉、社会福祉の意義と歴史的変遷、制度と実施体系、児童の人権、現状と課題 ・相談援助の概要・方法・技術、具体的展開、保育者の役割と倫理・制度の位置づけ、専門性
	保育の対象の理解に関する科目	保育の心理学Ⅰ〈講義〉 保育の心理学Ⅱ〈演習〉 子どもの保健Ⅰ〈講義〉 子どもの保健Ⅱ〈演習〉 子どもの食と栄養〈演習〉 家庭支援論〈講義〉	・保育実践に関わる心理学の知識、生活や遊びの体験や学習過程、保育における発達援助、こどもの身体発育・生理・運動・精神機能の発達と保健、疾病とその予防、安全管理 ・食生活の意義、発育・発達と食生活の関連、家庭・施設における食生活の現状と課題 ・家庭の意義とその機能の理解、社会状況、子育て家庭の支援体制、多様な支援の展開
	保育の内容・方法に関する科目	保育課程論〈講義〉 保育内容総論〈演習〉 保育内容演習〈演習〉 乳児保育〈演習〉 障害児保育〈演習〉 社会的養護内容〈演習〉 保育相談支援〈演習〉	・保育内容の充実と質の向上、計画、実践、省察・評価、改善の過程の全体構造、保育指針 ・養護と教育に関わる保育内容を総合的に展開していくための知識・技術・判断力、5領域 ・3歳未満児の発達・生活と遊び、障がいの理解や援助方法、個別の支援、保護者や関係機関との連携 ・社会的養護における児童の権利擁護、施設養護及び社会的養護の実際、ソーシャルワークの方法と技術、家庭支援、保護者支援の基本、支援の内容や方法の理解
	保育の表現技術	保育の表現技術〈演習〉	・保育の内容を理解し遊びを豊かに展開する上で必要な知識や技術、身体・音楽・造形・言語表現活動に関する知識・技術、保育環境構成及び具体的展開の技術
	保育実習	保育実習Ⅰ〈実習〉 保育実習指導Ⅰ〈演習〉	・保育所、児童福祉施設などの役割や機能を具体的に理解、かかわりを通したこども理解 ・保育実習の意義・目的の理解、自らの保育の課題、こどもの人権と最善の利益、学習目標
	総合演習	保育実践演習〈演習〉	・保育に関する現代的な課題についての現状分析・考察、履修状況を踏まえて、自らの学びを振り返り、保育士として必要な知識・技能を習得したことの確認
選択必修科目		保育に関する科目 （上記の科目系列より科目設定）	（6系列の範囲で養成校独自科目）
		保育実習Ⅱ又はⅢ〈実習〉 保育実習指導Ⅱ 　　　　又はⅢ〈演習〉	・保育所又はそれ以外の児童福祉施設の役割や機能を実践を通して理解を深める ・保育の計画、実践、観察、記録及び自己評価等について実際に取り組み、理解を深める ・家庭と地域の生活実態に触れ児童家庭福祉及び社会的養護の理解を深める ・保育士としての自己課題の明確化

出所：厚生労働省厚生労働省雇用均等・児童家庭局長通知「『指定保育士養成施設の指定及び運営の基準について』の一部改正について」（雇児発0722第5号）2010年7月22日をもとに作成

また、制度的にどのように位置づけられ実施されるのかという法的位置づけの視点などからなっている。それらは、こどもの生きる現実から、こどものみ、あるいはこどもと家族の生活のみを切り取って考えることができないことや、どのような社会の中で、どのような社会を構築しようとしているかという点とも密接に関わるものであり、こどもの生活（保育）を支える根拠となる考え方が中心となっている。

b．保育の対象の理解

　この系列は、保育の対象は誰であり、その対象をどのように理解するのかということを考える科目群が並んでいる。

　保育の対象は、こどもと家族を取り巻く地域や社会も含まれるが、中心はこどもであり、その家族である。「こどもがこどもの生活をする」（最善の利益）ためには、その生活を支える保育者が相手であるこどもと家族を理解することが必須である。

　こどもを理解するとはどういうことか。確かに、これまでにこどもの発達過程について保育実践を通して、あるいは関連する研究を通して知識が蓄積されてきている。これらを学ぶことも重要であるが、保育者が保育の場で実際にかかわるこどもは、**過去のこども**（蓄積された発達過程）ではなく、**これから生活を展開していくこども**（未来＝経験したことがない未知）である。過去のこどもの姿がそのままあてはまるほど、動態としての現実は単純ではない（第5章 [p.125-] 参照）。保育の対象について多方向から理解することになる。

　表1にみるように、この系列の科目の半数は演習形式である。保育者はこどもとかかわりながら、今もち合わせている知識・技術を駆使して、1人ひとりのこどもを理解することになる。1人ひとりのこどもの何をどのように理解するのかという**ねらい**（テーマ）は保育者自身が立てることになる。こどもとの生活（保育）は、あらかじめ結果がわかっているのではなく、刻一刻と動いて変化する中での営みであり、その中でのこどもの発達の姿であり、その姿に沿う形でねらいが修正されることを考えると、こどもと家族を理解することについての科目が演習形式をとっていることの重要性が理解できる。

つまり、こどもの発達過程についての知識を獲得するだけではなく、**動態としての日常**を生きるこどもを理解する技術を身につけることが要求されるということである。過去のこどもの発達過程を参照しつつも、目の前にいるこどもの「ここの今」を理解し、そのこどもの発達の見通しも含めて理解することになる。この技術の1つとして「保育の振り返り」がある（次項③〔p.41〕参照）。「保育の振り返り」は、保育者自身の保育の記録をもとに行う。また、一緒に保育している同僚と共に行う。さらに、記録が整っていて、振り返りが日常的に行われていれば、他園の保育者との間でも保育を検討することが可能になる。

　こども理解の視点は、こどもの心身の発達、保健と疾病予防、食事、安全管理、家族の状況などである。また、これらはこどもが生活する具体的な場所も含めて考えることになる。なぜならば、こどもの生活や発達は**具体的な時と場所**で営まれ、その場の条件に大きな影響を受けるからである。

c．保育の内容・方法

　この系列は、保育・養育の場において、どのような生活をどのようにつくりあげるのかという保育の中心となる部分に関する専門性を扱う科目群が並んでいる。

　保育は、何のために、誰を対象に、どのようなことをするのかについて思索し実践することだとすると、こどもと家族を対象に、子どもの最善の利益のために、何をするのかの「**何をする**」というところを、ここで考えることになる。「何をする」は、厳密には、**何（内容）**と**する（方法）**に分けられるが、保育の実際においては、内容と方法を切り離すことはできない。

　配列されている科目群の具体的な内容をみると、施設保育を中心にして「こどもの最善」の生活の具体的な内容と支援について言及している。

　b.の「保育の対象の理解」で展開したように、ここでも、これからを生きるこどもたちの生活をこどもや家族と一緒に保育を通して考えるわけであるから、その内容や方法にも不確実性や独自性がつきまとう。あらかじめ決められたこどもと家族の生活があり、そこにこどもと家族の生活を当ては

めていけばいいというものではない。ここでも、個々のこどもと家族にとっての最善を考えた保育をつくりあげていくことになるので、生活をつくりあげる技術も一緒に要求される。

　ここでの技術（方法）は、一般に考えられているような「人の生活を成り立たせるために、その時代の最新の知識に基づいて知恵を働かせさまざまな工夫をしてものを作ったり操作したりする手段」［新明解国語辞典］とは少し違った意味合いをもつ。対象がものではなく人であること、主体同士のかかわりであることを前提とする保育においては、人を操作したりすることはできない。ここでは、保育技術を「思慮をめぐらし、**身体をもってこどもとの生活のために働くこと**」と考えてみる。保育技術は、人の内側と外側が出来事を通して複雑に入り混じる境界領域での振る舞いのことであり、人の内外を分け難く結びつけるものである。

　子どもの最善の利益を考えた生活の内容・方法は、こどもの発達特性を踏まえ、おとなの保護を受けながら、こども自らがその生活を充実して生きることを支える「養護と教育を一体的に行うこと」を具体的に考えることになる。また、こどもの生活の視点から「遊びを通して行う保育」、こどもが主体的な存在として生きることを強調する「環境を通して行う保育」について考えることになる。これらを考える視点は、乳児と家族の生活、障がいをもっているこどもと家族の生活、（主に血縁関係にある人たちを中心とした）いわゆる家族のもとで生活することが困難なこどもと家族（主に情緒的なきずなでつながった人たち）の生活のありようと、それの実現のための方法（技術）などである。

　また、忘れてはならないのは、子どもの最善の利益を考えて営もうとしている生活は、人々が暮らす**具体的な時空**の中にあるということである。つまり、これまでその場所で営々と続けられてきた生活（文化）の連続の中でのことになる。人がその時々のその場で生活を営みながらつくりあげてきた文化は、現代を生きるこどもに最善の利益をもたらすとは限らないこともある。子どもの最善の利益を考えた生活において、これまでの文化の何を引き継ぎ、何に修正を加えるのかという視点も重要になる。

②どのように学ぶか

　保育者として必要な知識や技術をどのように学ぶか。図1は、専門性（6つの系列）を授業形態別（講義、演習、実習）に、教科目を整理したものである。この図から理解できることは、これまでも触れたが、専門的知識や技術の習得は演習形式で学ぶことが多いということである。

　教科目における演習の講義との違いは、その科目の扱う範囲において、学び手自らが「問い（学びのテーマ）を立てる」ところである。実際には、その教科目で学ぶことを教員から課題として与えられることもあるが、学び手自らがその教科目の範囲内（極めて重なりの多い科目群：表1〔p.32〕中「主な内容」参照）で課題をみつけることを主にしている。一連の取り組みは、1人、およびグループで行う。グループは気心の知れた人たちの場合もあるが、機械的に割り当てられることもある。これらは授業のねらいとするところで違ってくる。

　繰り返しになるが、演習形式では、自ら問いを立て、その問いにどのように応えていくのかも自ら、あるいはグループで考えることになる。なぜそれが問いになるのか。どのような方法で検討する材料を集めたのか。その材料をどのように分析したのか。そしてどのような結論を見出したのかを文章で表現し発表するところまでを含む。養成課程において演習科目が多いのは、保育の実践、その時々に生起する状況と対話しながら、そこで要求されることを形にしていく過程と演習の過程が重なるからである。

　保育は、具体的な場においてどのようにでも読み取れる状況を、もち合わせの知識や経験からその場（近過去・未来を含んだ）を判断し、ねらいとの関連でとりうる**最善**の対応を考え実践することである。保育の専門性が日常の曖昧さ・不確実さをその専門の核とすることから考えると、最も予測が難しい対象理解や、そのこどもとの日々を共につくりあげる保育の内容や方法という系列科目で演習形式を多く取っていることが理解できる。それは、毎日、繰り返されているような当たり前の保育の日常のある側面に意味を見出し、そこから保育のねらいを立ち上げて、どのような内容と方法でねらいが

図1 保育の専門性（養成教科目の学びの形式からの整理）

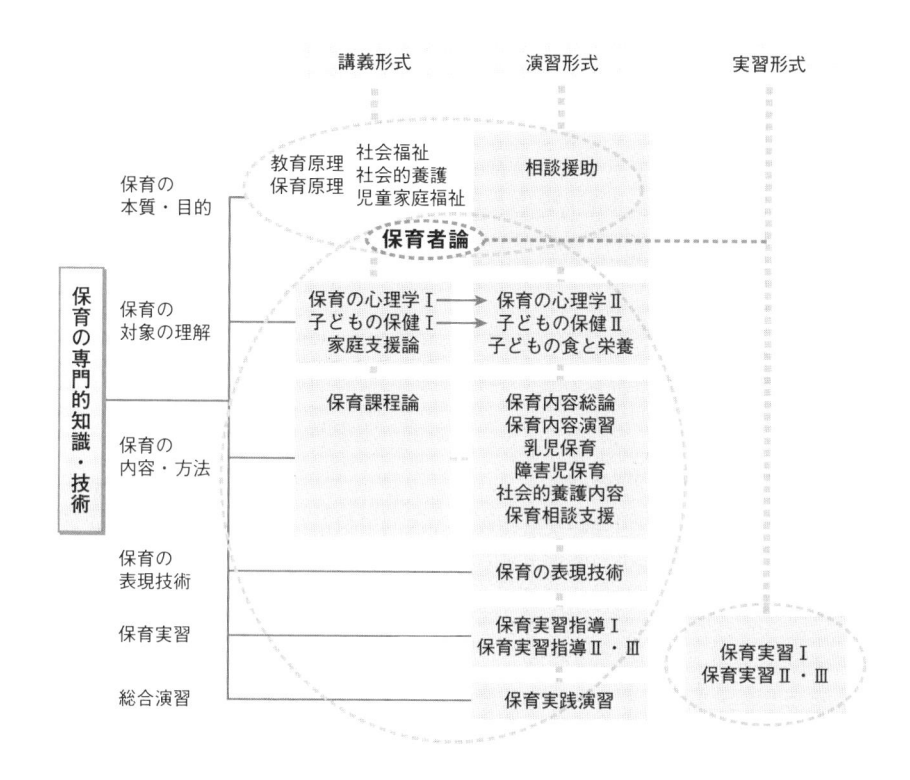

	講義形式	演習形式	実習形式
保育の本質・目的	教育原理 / 保育原理 / 社会福祉 / 社会的養護 / 児童家庭福祉	相談援助	
	保育者論		
保育の対象の理解	保育の心理学Ⅰ → / 子どもの保健Ⅰ → / 家庭支援論	保育の心理学Ⅱ / 子どもの保健Ⅱ / 子どもの食と栄養	
保育の内容・方法	保育課程論	保育内容総論 / 保育内容演習 / 乳児保育 / 障害児保育 / 社会的養護内容 / 保育相談支援	
保育の表現技術		保育の表現技術	
保育実習		保育実習指導Ⅰ / 保育実習指導Ⅱ・Ⅲ	保育実習Ⅰ / 保育実習Ⅱ・Ⅲ
総合演習		保育実践演習	

（左側に「保育の専門的知識・技術」と括られている）

出所：筆者作成

達成される生活をこどもと共につくりあげていくかを考え実践することを考える優れた方法だからである。演習形式それ自体、保育を専門とする人のものの考え方そのものであることがわかる。

　以上、保育を「何のために、誰を対象に、どのようなことをするのかについて思索し実践すること」と考えて、それを担う保育者に要求されることをどのように学ぶかということについて検討した。さらに保育士養成課程の系列で考えると、**保育の表現技術、保育実習、総合演習**がある。保育の表現技術は保育内容・方法の延長線上に位置づけられるもので、保育の方法・技術

だけが独立してあるわけではない。たとえば、「童謡をピアノで弾ける」「手遊びを知っている」だけでは保育の技術とはいえない。これについてはこれまでの専門性について述べたところでも十分に理解できるかと思うが、次項(2)においてさらに具体的に言及する。

演習形式を主とする系列においては、それぞれの系列の範囲内で、各自の問いを立てその問いへの接近方法と問いを掘り下げるための知識について学ぶ。しかし、保育実践は、系列ごとの知識や技術で行われるのではなく系列が重なり合うように、また融合するような形での総合性を特徴としている。この保育実践を総合的視点から系列における知識や技術を縦横無尽に使いながら、**保育総合演習**が行われる。

また、**保育実習**は、保育そのものである。実習形式は、次節3.(p.45-)において、検討することとする。

これまで述べたことを図1の「保育者論」(「保育の本質・目的」系列：講義形式科目)を中心に整理すると、保育者論が本質系列とその他の5系列を結び付ける科目となり、その実践が保育実習Ⅰ・Ⅱ・Ⅲというように図中の小さな楕円と大きな楕円の重なりの科目としてあることが理解できる。

（2）専門職であるために

①技術とは何か

一般的に、技術の出発点は人間の道具の使用に始まるといわれている。それは人が立ち上がり、身体を移動することから手が解放されたときに起源をもつ。道具は、日々の生活の豊かさ、便利さを求めてその生活のありようとの関連でつくり出されてきたといえる。道具を使用する生活において、人は自然の一員としての位置に置かれていたと思われる。すなわち、自然（予測不能の事態を含み、恵みになることもあるが被害ももたらすこともある）と共生する形で、長い間生活が営まれていたと考えられる。

しかし、近代以降の技術の進歩は質量ともに変化したといわれている。技

術の発達は、人の考え方の発達（変化）でもある。技術は、人がどのような生活を望んでいるのかということ、あるいは生き方に対する考え方が具体的な形として表現されたものと考えることができる。近代以降の技術は、人と自然を対立させ、自然を開発する対象とみなし、また、人の自然（生物としてのありよう）を開発することを通して、人も操作の対象としてしまうという側面をもっている。現在において、技術の象徴として私たちの生活を根底で支えている原子力発電であるが、チェルノブイリ（1986年）や福島（2011年）の原子力発電所の事故が示しているように、技術が自然を完全にコントロールすることが難しいことを示しているように思う。

　一方、自然を開発対象とする技術観は、人をも操作できる対象として考える人間観に通じ、近代以降に人類が獲得した主体としてのアイデンティティを疎外することにも通じる。なぜなら、主体はそれ自身として存在するものであり、対象化され操作される対象ではないと考えているからである。技術の発達は人の生活を豊かにするとともに、人の生活を疎外するという側面も併せもっていたことに気づく。便利さと忙しさの中で、日々を過ごしていることが当たり前の「今」、先に述べた原発事故は人の生き方、社会のあり方を再考することを促す。ちょうど近代が誕生したときに、技術が飛躍的に発達したときと同じように、「今」は、生活やそれを支える考えや価値観の転換期を迎えているのではないかと思う。かといって、近代以前の生活に戻ることは不可能である。**人としての自然**（生物であることを前提にした生き方）と、これまでに発達させてきた**技術と人としての自然**の生活をどのように折り合わせていくのかが問われる。それは、生活のステージである地球環境との折り合いをどのように考えるかということにもなる。つまり、歴史における「今」というときは、生きる意味の問い直しをするときではないかと考える。

　以上に述べた技術に対する考え方を、保育における技術に引き寄せて考えると、共に暮らす相手である主体的存在としてのこどもは、そのうちに秘めている発達の可能性を「やればできるからやらせる（操作する）」という能力の開発を急ぐことではないといえる。生まれたそのときから厳然とあるその人独自の世界を尊重しながら、そことの対話を主にしたかかわりを通して

生活を創り上げていくことの中にこどもの発達があるということになる。保育の技術は、大きくは**相手をどのように理解するのか**という技術とその相手の欲求（願い）と共に生活する人としての保育者の**相手への願いを実現する**ための技術ということになる。

②保育技術をどのように考えるか――判断

　先にも述べたが、専門職は、日常と区別されたその職業領域独自の知識（専門的知識）やその領域の対象を扱うための技術をもっている。

　保育はこどもとの日常を共につくりあげることを通して、日々を充実させることで、こどもの発達経験を保証する営みである。こどもとの生活は、専門職の人だけではなく保護者や地域の人たちもしている人の暮らしの中にもある。これらの人たちと区別される専門職としての保育技術をどのように考えればいいのか。

　先（表1）に示した保育士養成課程（2010年）における科目のキーワードから、表2を作成した。この表の保育を考える層の「何をどのように」の欄が保育技術に関連する事柄に該当する。しかし、「何をどのように」を考えるためには、「誰に何のために」の部分を下敷きにしなければ考えることができない。この考え方をもとにすると、専門の技術は生活への願いや思いを形にしていく方法となり、こどもとの生活は、日々のかかわりを支える技術をもって「生活への願い」が明らかになるということができる。

　表2に沿って具体的に技術をみていくと、技術の層は2層になっている。保育実践の「今・ここ」でのかかわりにおける**判断**を伴った技術と、その判断のもとになるこれまでに**蓄積**されてきた技術に対する知識の層である。判断を伴う「今・ここ」の技術は、今・ここの状況と対話しながら瞬時に判断しそれを実践することに現れる。

　蓄積される技術は、今・ここの実践を振り返り、そこでの行為がそれでよかったのか、また、なぜ、その行為であるのかを検討することで豊かになっていく層である。それは、状況とどのように対話し判断をするのかの視点を多様にする。多様な視点の獲得は、繰り返しになるが、その場をうまく治め

表2　保育を考える層と専門性と保育実践の関係

保育を考える層	専門性 (蓄積されていく知識・技術)	保育実践 (保育の「今・ここ」の技術)
なぜ・何のために (本質・原理)	**子どもの最善の利益** ・こどもの生活を支える思想(こども観・保育観) ・歴史的な視点 ・こどもの生活の原理原則の視点 ・法的な位置づけの視点	・実践を支える考え方・倫理
共に (相手理解)	**こどもの発達過程** ・こどもの発達特性(心身の発達、こどもの健康と安全、食の視点) ・こどもの育つ場所(家庭・家族、地域、社会、文化の視点) ・保育の振り返りの視点	・実体験としてのこども観や家族観から自由になり、様々な背景をもつ目の前のこどもと家族をありのままに理解しようとする ・こどもと出会い、直接的なやり取りを通して関係を形成しながら ・相手理解の振り返り－記録
何を (保育の内容)	**こどもがこどもの生活をするための(内容)** ・こどもの発達過程に沿った生活の視点 ・こどもと家族の視点 ・保育の計画－実践－(記録)－評価－計画の修正の視点 ・振り返りの視点	・子どもの最善の利益を考え、「今・ここ」の状況を判断し、こどもと共に生活を築く内容と方法(技術)の選択(判断) ・こどもと遊ぶ・見守る ・家庭との連携
どのように (保育の方法・技術)	**こどもがこどもの生活をするための(方法)** ・環境構成の視点 ・1人ひとりの最善の利益の視点とこども集団の視点 ・養護と教育が一体的に行われるという視点 ・遊びを通してという視点	・保育者間の協働－チームワーク ・他職種との協働 ・他機関との協働 ・保育の振り返り－記録

出所：筆者作成

るのではなく、また、保育者自身の感情だけで対応するのでもなく「なぜ・何のために」「誰に(と)」を考えることを容易にする。

③振り返りと表現すること

これまでに述べた技術を考える2つの層、すなわち「今・ここ」の技術と「蓄積される」技術の層をつなぐものが「振り返り」である。

日々の保育は、出来事への対応の連なりである。保育の只中においては多少の気がかりがあっても次から次へと出来事の渦がわき起こる。このときの対応は、半ば身体化された形で、状況と対話(蓄積された保育の知識・技術の層と生活者としての技術・行動様式の層)しながら、その瞬間に判断して対応する(対応は目に見えて働きかけることだけではないが)。その保育の緩急のリ

ズムが穏やかになるとき、たとえば、こどもが午睡しているとき、1日の保育が終わって保育日誌を書いているときなど、気がかりだったことも含めて、今日の出来事の連なりがよみがえってくる。「あのときに〇〇さんは、どうしてあのような行動をしたのだろうか」など考える。気がかりや意識に上る出来事は、保育に対する考え方・生き方に関する考え方とのつながりの中で振り返ることになる。この出来事に関連することに思いをめぐらせることで、〇〇さんのそのときの行動を時間の流れと広がりの中で捉えることが可能になる。さらに、〇〇さんのその行動が気になった保育者自身の理解の仕方、ものの見方が意識に上ってくる。この振り返りの中で、今まで意識に上ってこなかった保育の**視点・生き方に対する考え方**が鮮明になってくる。それでも1人で考えることには限界がある。わからないことが多くある。それらには保育者自身の考え方を他の人の目を通してみてもらうことが有効になる。このときは、気になった事柄を示し（**記録**）、それについて、どのように考えたのかを説明することになる。他の人と一緒に、その出来事をもとに、その状況で考えうる・とりうることについて様々な視点から検討する。検討することを通して、出来事に対する認識・視点が整理され、保育に対する知識や技術が蓄積されていくとともに考え方も変化していく。

　実践（出来事）を意識に上らせて、言語化しながら振り返ることで保育の専門性が高められていくことが理解できる。振り返ること（自身で、さらに**表現**して他者と話し合うこと）は、できなかった当事者としての保育者を責めることではなく、ましてや悔やむこともなく、あの時あの場の状況をどのように捉え、どうすることがよかったのかを考える視点を多くもてるようになるためのものである。振り返りは専門性を高めていく上での重要な専門職としての態度である。

　④**技術可能態のブリコラージュ**

　保育実践を振り返ることで、専門的な知識や技術が蓄積されて、その蓄積された**知識・技術**を日々の実践とのつながりの中でさらに考え実践することを繰り返すことで、知識・技術が身体化されていく。保育者は、その最初か

ら保育技術を豊富にもっているとは言い難いところがある。その場合の保育実践を助けるのが、保育実践に関わる基本的な知識・技術（養成校で学んだことなど）や、それとは直接かかわらないような生活の仕方（行動様式）や趣味や、もしかしたら何かに使えるかもしれないなどと考えて集めておいたものやことである。しかし、このままでは、保育実践に関わる技術なのかどうか不明である。つまり、**技術可能態**としてあるといえる。

　保育は、意識的に無意識的に、その場に生起する出来事（こどもとのやり取りなど）に対して、その**状況との対話**を絶え間なく繰り返しながら対応することを核としている。状況との対話を通して、その状況における最善を判断して行動する。判断し、それを実現する過程が保育技術である。先にあげたように、もち合わせの技術可能態（まだその場と結びついていない様々なものやこと）が多ければ多いほど、状況に合わせて瞬時にして、それらのもち合わせの技術を組み合わせたり、変形させたりしながらその場に適した対応をすること（技術可能態のブリコラージュ〔後述〕）になる。不断に様々なものやことを集めておくことが重要になる。

　具体的には、ものとしては、授業で作った絵本・ペープサートの類、様々な種類の空き缶、包装紙、廃材、拾ってきた木の実、紐、布の切れ端、空き容器などなど、そのままでは使い捨てられてしまうようなものまでも含む。こととしては、泳ぎに長けている、趣味の唄、茶道、生け花、絵を描くこと、編み物、楽器演奏、竹馬、一輪車、和太鼓、畑仕事、植物の種類をよく知っている、手先が器用、また、発達に対する知識に代表されるいわゆる専門的な知識などである。もちろん、手遊びや伝承遊びなどに詳しくその楽しさを知っているなども含む。

　繰り返しになるが、いわゆる保育の技術や教材だけでは保育にはならない。そして、これまでにあげたもち合わせのものやこと（技術可能態）を、状況を顧みずにそのまま用いても保育技術とはいえない。技術と出来事は1対1（この場合はこの技術というように）で対応しているわけではない。不断に集められ蓄積されたものやことが、保育技術や保育教材として成り立つためには、次に述べる手続きが必要になる。保育者が、今、まさにこの状況の中で

のこどもの欲求や願いと保育者のこどもへの願いをどのように折り合いをつけるかというその状況との対話の中で、やり取りすること（ものやことのブリコラージュ）でそれらが保育技術として意味をもってくる。

　保育技術は、保育の場で生起する出来事が、**一回性**（同じようにみえても、その時のその出来事は1回きりのことである）を特徴としていることから、その状況の中で用いられる技術もまた、一回性（その時に起きる出来事が1回きりであるならば、そこでのかかわりも1回きりである）という特徴をもつ。つまり、同じような場面だからといって同じ技術を、機械的に当てはめて用いるわけにはいかないということである。また、保育は保育者の想像を越えて展開することも多くある。保育者が計画する限界を越えるために、保育は、計画できる**基盤**を豊かにもつことを保育者に要求する。この豊かな基盤（そのままでは何になるのかさえわからないものやことの集まり）が保育をデザインするということを意識することも重要である。それは不断にものやこと（ここにはこどもや家族の状況の理解も含まれる）に対する知識や方法を蓄積しておくことである。これらを状況に合わせて、自在に組み合わせて創造するのが保育である。このような保育行為のあり方を保育のブリコラージュと呼んでおく。

　⑤ブリコラージュと保育をすることの関連

　ここまでに展開した技術論は、レヴィ＝ストロース（Claude Lévi-Strauss, 1908〜2009）の *La Pensée Sauvage* [1962]『野生の思考』に多くの示唆を得ている［レヴィ＝ストロース 1985］。レヴィ＝ストロースの野生の思考における重要な概念の1つが「**ブリコラージュ**（bricolage）」である。レヴィ＝ストロースが対象とした未開社会の人々はものを作るときに、そのために特別なものを用意するのではなく、身の回りにある自然のものを使うという。このような周囲とのかかわりが未熟で現代社会の科学の思考が完成されたものと考えるのは間違いであるとレヴィ＝ストロースは強調する。近代は野生の思考に科学的な思考が取って替わったのではなく、ともに、私たちの生活に生き続けている重要な思考方法であるという。しかし、科学的な思考に偏っている現在の

人の生活世界で重要なのは、身近にある使い慣れた道具や材料を自在に組み合わせて行う**創造的な行為**（もともと何かの個性をもって存在するものやことを、その持ち味を生かしながら配置する）であるとし、そのような行為のあり方をブリコラージュと呼んだ。
　この考え方を保育技術に当てはめて考えると次のようになる。
　こどもとの日常の中で蓄積された知識や技術をもち合わせている保育者自身が、その場の状況との対話を通して、その場にふさわしい対応を蓄積されている知識・技術の中から瞬時に選び、あるいは組み合わせ、あるいは、変形させて対応するそのことこそがブリコラージュであり、保育技術であるといえる。このような対応が日々の保育の中で蓄積されていくと同時に、保育の状況から少し離れたところで、何に使うかわからないが様々な知識やものなどを集めておくことに豊かな保育の可能性をみることができる。そして、集められ蓄積されたものは保育技術の可能態（そのままでは技術とはいえない）である。豊かな保育技術は豊かな保育技術の可能態と保育者自身のその場の判断により現れると考える。
　こどもたちはそれぞれ固有の欲求をもっている。その１人ひとりの欲求を基盤にして、１人ひとりの子どもの最善の利益が形になった生活を共に**創造**することが保育であり、こどもにとって良いことだから、あるいはやらせればできるからといって、こどもが望んでいないことを暴き立て、その気にさせることが保育なのではないと考える。

3. 初めての保育——担任としてこどもにかかわる

（１）こどもの生きる場に身を置くこと——実習

　先に、保育者養成の学び方が、教科目の性質によって講義、演習、実技、実習の形式をとることに言及した。ここでは、保育実習をもとに「初めての保育」を考えていくことにする。実習前の学びは、演習といえども机上での

学びである。実習は、こどもたちの息遣いや肌の柔らかさ、保育者の顔や声の表情を全身で感じ取る位置にいるということである。実習は、そこで生活している人たちのそれぞれの「これまでとこれから」の履歴が交錯する、生きて動く空間に実習生も「これまでとこれから」をもった身体を置くことである。

　こどもの生きる場は、計画され意識される事柄だけではなく、未だ言葉になっていない様々な事柄も多くあり、そして、この言葉以前の曖昧な、何になるかわからないような事柄が、その場に厚みをもたせているともいえる。

　実習は、保育者を志した人の保育の原風景ともなるべき「出会いの場」といえる。出会いは、主に、共に生活するこどもと保育者、こどもと共にある家族と、そして、その人たちと一緒に生きていこうとする**自分自身**と出会うことになる。

（2）こどもと共に生活する

　本章の最初に、保育の学びの中にある人は「育てられる」立場から「育てる」立場に身を置こうとしている人であることを述べた。実際の生活を細かくみると、まったく「育てられる」だけとか「育てる」だけということはありえない。たとえば、生まれたばかりの赤ちゃんは、護り育てられることの側面が多いが、赤ちゃんの寝顔や笑顔に勇気づけられ「護る人」としての自覚を促されたりすることを考えると、赤ちゃんは育てる人を育てるということもしている。そして、このようなことは、育ちの様々な過程で考えられる。しかし、概していうと、保育の学びの中にある人は「育てる」ことに軸足を置くことを意識し始めた人たちである。保育者になろうとする人は、こどもと共に生活するということをどのように経験しているのか。実習日誌をたどってみることにする。

①育ち合いの場

　こどもの生活する場は、いつも安心で安全で、こどもの欲求が満たされて

いるとは限らない。保育現場においてエピソード2のようなこどもの姿はよく見かける。こどもたち1人ひとりはそれぞれに**願い**をもっているので、その願いはこどもの数だけある。それらは、共感したりお互いが理解できて楽しさの渦を巻き起こしたりする。また、お互いに気づかなかったり、すれ違ったり、対立したり、葛藤を引き起こしたりもする。エピソード2のひとみちゃんとやよいちゃんの願いは、やすこちゃんがそこに来るまでは満たされていた。やすこちゃんの願いはそこに自分も入り一緒に遊ぶことと考え、私(実習生)は、やすこちゃんの願いを受けて、3人で遊ぶように提案したが、やすこちゃんには私の願いが届かなかった。おまけに、やよいちゃんは転んでしまい、やすこちゃんは何も言わずにそこを去って行ってしまう。心残りのある曖昧な状態で大縄は終わってしまった。その日の実習の振り返りがエピソード3である。

エピソード 2

2年次幼稚園実習──養成校における最初の実習

　ひとみちゃん(5歳児)は「先生、みてて」といいながら楽しそうに縄を跳んでいる。そこへやってきたやよいちゃん(5歳児)にひとみちゃんは「一緒にやろうよ」と誘い2人で大縄跳びをすることになり、私(実習生)とやよいちゃんが縄を回し、ひとみちゃんが嬉しそうに跳んでいる。そこへやすこちゃん(4歳児クラス)がやってきて私の縄を黙って取りあげ回そうとする。ひとみちゃんが「先生じゃなきゃだめ」というので、私はやすこちゃんに「先生と一緒に回そうか」というとやすこちゃんが離さず、力を入れてグイッと引っ張り、しばらく3人で取り合いになるがやよいちゃんが勢い余って転んだ隙にやすこちゃんは縄を抱えて逃げていく。私は、さすがにいけないと思い、やすこちゃんを追いかけ縄を返すように言うが「だめー、だめ」と言い続け話を聞いてくれない。

episode 3 エピソード3

　　ひとみちゃんたちの取り合いの場面における3人の気持ちは理解できたがどうすればいいのか悩んだ。それで見守る結果になってしまった。ひとみちゃんが縄を取られまいと必死で「やすこちゃんやめてよ」といいながら、私を直視し、訴えているかのような目に気づいてから、やすこちゃんに「いけないことはいけない」と教えることの大切さを強く感じながらも、次の行動に移れなかった。私は一方的に教えるという働きかけはこどもにとってよくない保育と考えている。

　大縄の取り合いの場面で、実習生は3人の大縄に対する気持ちが理解できて、この対立するそれぞれのこどもの欲求に直面して動けなくなってしまう。しかし、何とか3人で大縄の続きを楽しく続けられるように「先生と一緒に回そうか」と提案する。その提案がやすこちゃんに受け入れられず、ことが治まらず、次にどうしていいかわからず戸惑う。大縄を取り合っている最中のひとみちゃんの訴えるような目に気づき「いけないことはいけない（人が使っているものを黙って取ってはいけない）」という人としてのあり方を伝えたいが、先の提案を拒否されて少なからず気落ちしている自分自身を無意識にかばって動き出せないのかもしれない。あるいは、直接に「黙って取ってはいけない」と一方的に伝えることはよくない保育と考えていることから、別の伝え方が思いつかないので、この状況を何とかしたいが動けないでいるのかもしれない。

　このエピソードのひとみちゃん、やよいちゃん、やすこちゃんはどのような**発達過程**にいるのだろうか。このような取り合いは、どのような場面でも同じように起こるのだろうか。大縄のときだけなのだろうか。そばにいるのが実習生だからだろうか。日常を共にしている保育者から、このエピソードのこどもたちへの対応についての指導を受けることになる。

　保育者は、取り合いが起きた場の状況を**時間**と**空間**の中で理解することで、

どのようにかかわるのかを判断する。

　たとえば、やすこちゃんは最近、どのような場面でも人の使っている物を何も言わないで取りあげ、わざとトラブルを起こしていることに気づいた保育者は、注意深くやすこちゃんの行動をみていた。これまでの記録や送迎時の保護者との何気ない話で家庭での様子を聞いたりしていた。それらから、最近、母親は気分がすぐれないが、何とか、いつものように生活を続けようと努力しているということも理解していた。以上の情報をもとに、最近のやすこちゃんは、いつもと様子が違う母親の雰囲気を敏感に感じ取り不安を感じていること、その不安定さを言葉にすることができずに行動に現れているという保育者のやすこちゃんに対する理解を教えてもらう。

　出来事が起きている状況を時空の中で捉えることを指導された実習生は、この対立に「いけないことはいけない」とやすこちゃんが理解できるように働きかけることが「ここの今」の対応ではないかもしれないことに気づいていくことになる。また、3人で楽しく遊べるように提案した「一緒に回そうよ」が受け入れられず、気おくれした自分自身のありようにも気づいていく。しかし、やすこちゃんが来るまでは楽しく遊んでいたひとみちゃんとやよいちゃんの（実習生と3人で楽しく続けたいという）気持ちにも応えきれずに、曖昧なまま終わってしまったことについて、「どうすれば3人の気持ちを受け入れてそれぞれが満足する状況をつくり出せるか」について、折に触れ考え続けることになる。こども同士が対立や葛藤を通して、そこで何を体験し、**その体験の発達における意味**を考えるという視点は最初の実習ではまだまだ気づきにくいようである。

②こどもを護り育てるということ

　表3（次頁）は、養成校における2回目の実習（保育実習Ⅰ：保育所、3年次11月）で最初に行った責任実習の記録の一部である。こどもが登園する前の記録「昨日のこどもの様子に合わせて……」「1日が昨日のつながりの中で始まるように……」という記述から、**時間の流れ**の中で、こどもたちの生活を捉え始めていることがわかる。このような時間の流れの中で、こどもた

表3　責任実習の記録（朝の受け入れ）

こどもの動き	保育者の動き	実習生の動き	環境構成
	・保育室の空気の入れ換え、安全など保育室を点検し、昨日のこどもの様子に合わせて保育室を整える。 ・1日が昨日とのつながりの中で気持ちよく始まるように、早く来るこどもたちの昨日の様子を思い浮かべながら、気持ちを整える。 ・玩具の内容・位置・清潔・安全など、こどもが安心して遊び生活できるように環境を整える。		ままごとコーナー／出入口／ブロック・積み木コーナー／折り紙・絵画コーナー／絵本コーナー／テラスへ／「黒ひげ危機一髪」コーナー
・すみかちゃん（3歳児）が最初に登園してくる。 ・保育者に挨拶してから、すぐに保護者のもとを離れて、「ままごとコーナー」に行き、遊び始める。 ・保育者に、持ちものを片付けてからにするように声をかけられ、大急ぎで持ちものを片付けて、再びままごとコーナーへ行き遊び始める。	・こどもと保護者に朝の挨拶をする。 ・すみかちゃんの今朝の様子「朝食の後片付けをしたがり、忙しいのに困る」ことを半ば嬉しそうに話す保護者に、相槌をうちながら、保育所でもままごとに熱中しているんですね。お母さんのこと」と言って、笑い合う。	・保護者とすみかちゃんに「おはようございます」と挨拶をする。 ・昨日の夕方の保育の様子を思い起こしながら、<u>玩具の位置を再度、変える。</u> ・すみかちゃんがままごとコーナーで遊び始めたので、近くに寄っていくと「スパゲティ、作ってるの」というので、「食べたいな」と言うと、「もうすぐだからまっててね」とませた口調で言う。	

　ちの姿を思い、その続きの今日の生活のために心を砕く保育者の姿が、こどもの登園前の保育者（実習生）の動きの記述からみて取れる。こどもたちが安心して遊び生活できるように環境を整えるが、それは1回その作業をすれば済む（計画は前もって作成されている）というのではなく、昨日のこどもの姿に合わせて玩具の位置などを変えている実習生の姿がある（**表3下線箇所参照**）。保育は、こどもとの直接的なやり取りはもちろんのこと、生活の基盤である保育室（ステージ）に保育者の「今日も1日、充実した1日であるように」という願いを場に託すことでもある。こどもの**環境**を安全で安心して活動できるものにすることは、こどもの生活を護る保育者の重要な役割である。

　こどもとの園生活のスタートは、登園に始まる。朝早い時間の保育は全年齢で行われることが一般的である。この実習生の保育所も1歳〜5歳までが、実習生が配属されている2歳児のクラスでスタートする。保育者は、保護者との会話の中で家庭での様子、最近の保育所での様子を話すことで保護者との**信頼関係**を深めていく。実習生は、すみかちゃんのままごと遊びに付き添っている。こどもたちが次々と登園して来る。すみかちゃんと一緒に遊ん

でいるクラスのこどもたちが次々とままごとを始め、それぞれに料理に没頭している。実習生は、その様子を見届けてからままごとコーナーの近くの折り紙・絵画コーナーで折り紙をしている2人に誘われて折り紙を始める(エピソード4)。

エピソード 4

折り紙・絵画コーナーですでに顔見知りになっている4歳クラスのななちゃんとさとる君が折り紙を折っているところに、2歳クラスのかすみちゃんがやってきて、「くるくる棒を作って」と言われたが、何でどのように作っていいのかわからず何回も聞き返しているうちにかすみちゃんは怒って泣き出す。そばのななちゃんが「折り紙で細いくるくる棒を作ってって言ってるんだよ」と教えてくれる。

保育者は、こどもがこどもの生活ができるように心を配りながら、その生活の中でどのような経験をしてほしいのかというこどもの育ちへの願いも考え援助している。しかし、保育者はその時々のすべてのこどもの動きを直接的に把握することは困難である。共に暮らすこどもたちに支えられている。エピソード4は、こどもとの生活が浅い実習生にとって、2歳クラスのかすみちゃんの要求がよく理解できずに何度も聞き返して、怒らせてしまうが、実習生よりかすみちゃんとの付き合いが長い4歳クラスのななちゃんに、かすみちゃんの要求を読み取ってもらい何とかかすみちゃんに応えることができた。

表4(次頁)は午睡前の時間の記録の整理である。おおよそ、人は気持ちが落ち着き安心できないと眠りに就くことができない。実習生は、これまでのこどもと保育者の生活に参加して、そのことに気づいている。保育者がするように、午睡前のねらいを「安心して眠りに就く」こととし、いつもこの時間に好きな紙芝居を読んでもらっているので、それにならう。絵本もこどもの好きなものと実習生がこどもに期待してのものを取り混ぜて選んでいる(表4①)。しかし、こどもたちは、途中で集中力が途切れてしまい、落ち着

表4　午睡の前の計画と振り返り

ねらい	内容 (経験してほしいこと)	こどもの様子	振り返り
・安心して眠りに就く	・好きな紙芝居を読んでもらう 『アンパンマン』 『ジャックと豆の木』 『わんわんちゃん』 **絵本選択の理由** ・『アンパンマン』は昨日の午睡の前に明日の絵本のリクエストとしてあげられた絵本である。 ・『ジャックと豆の木』は先生方が午睡前に童話を読んでいたのを観察したために、童話を読んでみようと考えた。 ・『わんわんちゃん』は、何人かのこどもが家の犬の話をしてくれたことと、絵本が「眠る」ところで終わるので、午睡前にはぴったりと考えた（①）。	・『アンパンマン』の紙芝居をみるとこどもたちは「アンパンマンだ」と笑顔になる。 ・『ジャックと豆の木』では、巨人の登場するあたりで立ち上がり、巨人のまねをするなど集中力が途切れて歩き回る子が多い。保育者が「先生は巨人がどうなるのか、お話みたいな」とこどもが再び紙芝居に入り込めるように声をかけてくれる。こどもたちは静かになる（②）。 ・2つの紙芝居を読んだところで、眠くなったこどもは隣の布団の部屋に移動する。 ・3つめの『わんわんちゃん』は、「うちにもトラっていうのがいるよ」など楽しそうに見ている。	・長編の紙芝居を2つ、続けて読んでしまい、こどもたちはつらかった様子で、ジャックと豆の木の巨人のあたりで集中力がとぎれてしまった。紙芝居の選び方に気をつけた。 ・紙芝居は基本的には3つ読むが、最初は短くやさしいものを読み、次に1つ上の紙芝居を読み、最後に童話や昔話のような長編を読むようにする。また、ざわざわするときは抑揚をつけてこどもが「何だろう？」と気づくように読む（③）。 ・次々と読んでしまうと、物語を聞きたい子もよく理解できないまま話が進んでしまい、こどもがつらい思いをすることのないようにする。

きがなくなるが保育者の支えがあって3つの紙芝居を読み終える（表4②）。

　振り返りにおいて、紙芝居の内容については、選ぶ段階で実習生なりに、こどもの日常の観察からのこどもの興味、前の日の約束を守っての紙芝居など考えて選択しているためか、それについての振り返りはない。こどもたちの集中力が途切れたのは、紙芝居の読む順序や読み方に課題があると考えている（表4③）。こうして、こどもたちとの生活を通して「なぜ、紙芝居や絵本は3つでなければならないのか」など、この内容でなければ「安心して眠りに就くことが難しいのか」など、**ねらい**（こどもの姿から導き出された保育者の願い）やこどもの**姿**との関係で日々の生活を考えることが重要になることに気づいていくことになるが、この記録はそのごく初期にあたるもので、考察は保育者（実習生）の保育を捉える程度に比例する。

　こどもを護り育てる営みは、保育者が「こどもがこどもの生活をする」上で基底となる部分を保証することと、その上で、今を生きるこどもたちの欲求や願いを受け止め、具体的に生きている現実の中で、どのように方向づけ

ていくのかを日々のかかわりの1つひとつを通して考え、つくりあげていくことである。実習日誌にもみたように、こどもを護り育てるための特別なことがあるわけではない。日々の連なりの中に保育があり、育ちがある。

③主体と主体のかかわり（発達経験）

前節(2)① (p.38-) でも少し述べたが、**主体的な存在**として人のありようを捉えると、人は人を思い通りに動かすことはできない。主体的な存在ということは、入れ替わることができないその人独自の世界をもっているということである。そして、この1人ひとりの独自の世界は、等しく尊重されるという考え方である。本章では、こども1人ひとりの**独自性**をこれまで「（1人ひとりの）こどもがこどもの生活をする」と表現してきた。保育者はこどもの独自の世界を尊重しつつ、現実の世界の中でその発達を方向づけることだといってきている。それは、こども自身が自らの**欲求を表現**し、それが受け止められ、その欲求が人とのかかわりの中で満たされたり、満たされなかったりという経験を通して、そのこどもの独自の世界が、何度も**組み替えられ**ていくことを意味する。こどもとかかわる保育者も主体的であることが重要である。保育者がどんなにこどものことを考えて「良かれと思うこと」でも、こどもを対象化し動かそうとすることからは人との関係の中での自立に向けてのこどもの主体性の内実は育っていかないといえる。

お互いに独自の世界をもち合わせている主体同士としての生活は、お互いを理解する上で時間がかかる。また、一緒に生活する上でも、かかわりを多くもつことになる。保育は、それぞれに独自性をもった保育者とこどもとのかかわり合い、一緒に生活をするということであるから手間暇がかかるのは当たり前のことである。このような手間暇のかかる生活のありようを「**共生**」という。共生＝「共に生きる」とは、美しく耳触りの良い言葉であるが、その言葉の意味するところは、考えの異なる（独自性）者同士が一緒に生きていくということであるから、様々な思いのすれ違いが頻繁に起こる。主体同士としてかかわり合うということは、お互いの思いのすれ違いから来るトラブルも引き受けて生きるということである。

時間をかけ、こども自らの思いを理解しようと努力するおとなの日々の中で主体性は豊かに育つ。**トラブル**や**葛藤**も多くある。トラブルや葛藤は心身を激しく揺さぶり、理解し合えたときの満ち足りた気持ちは、温かさが心身を満たす。この心身の揺れ動きはまさに、その人自身のものであり、他の人が代わることのできないその人だけの世界である。この世界がその人をその人たらしめることになる。こどもがこの世界を豊かにしていくのは、保育者の世界の豊かさである。日々の様々な経験は、こどもと保育者の心身をくぐりぬけて豊かに内面に沈澱していく。心身をくぐりぬけた経験を**発達経験**と呼ぶ。発達経験は人がその人になっていくための経験といえる。

　しかし、先にも触れた通り、技術の発達は「便利さと効率のよさ」をもとに進められてきている。このような考え方が、生活の隅々まで行き渡ると、人は人をも対象化し効率よく動かそうという欲求にかられる。あるいは、そのことにも気づかずに本来対象化できない人を対象化し物のように扱うことに、あるいは扱われることに無頓着になってもきている。このことを危惧して先に、保育技術は他の専門職の技術と異なることを強調して述べた。おおよそ、主－客を分離し主が客を操作する近代文化の中で保育を考え、こどもを理解し方向づける対応を考えるときに、保育者の「こどもにとって良かれ」と考える方向への技術としてではなく、こどもの今を理解し、保育者のこどもへの願いとの折り合いをつけるための技術を磨いていくことに気づいていきたいものである。

　表4（p.52）をみると、どちらかというと、「こどものために良かれ」と考えて、実習生の願いの実現にウェイトを置いた振り返りになっている。これは、この実習生だけの問題ではなく、保育者、そして保育の周辺の専門職全体の問題と考えられる。人を主体的な存在として認識し始めることで、悩みが深くなっていく。現状の世界で支配的な「便利さ・効率のよさ」の中で、主体同士であろうとすることは**摩擦**を多く引き起こす。現実の生活の中で起きる1つひとつの摩擦やジレンマに向かい合うことでしか人は、真に主体的な存在になれないのではないかと思う。保育者になるということは、ジレンマを生きる覚悟が必要になる。

④養護と教育が一体的に行われるということ

　保育所保育は、養護と教育が一体的に営まれることを特徴としている。これは施設養護全般にいえることでもある。養護と教育を切り離して考えることができないことは、次章において養護と教育の一体性とはどういうことかについて述べている。ここでは、**養護と教育が一体的に営まれる**ということを実習生の日誌の保育のエピソードをもとに具体的にみていく。エピソード5は3年次の保育実習Ⅱ（保育所）における実習日誌から拾い出したものである。

エピソード 5

2歳児クラスでの実習

　実習生とゆりちゃんが絵本を見ているところになおき君が寄って来て「なおきはこれ」と絵本の中の車を指差す。ゆりちゃんは驚いたように「だめ！」といいながら絵本を隠す。すると、なおき君はゆりちゃんのほおをつねろうとした。実習生は2人を抑えて防いだがゆりちゃんは泣き出す。なおき君はなおもゆりちゃんのほおをつねろうとする。ゆりちゃんも泣きながらなおき君を打とうとするので「ゆりちゃんも、なおき君も叩いたら痛いよ。何がいやだったのかお口で話してごらん」というが2人ともやめようとしない。そこに保育者が「ゆりちゃん、ゆりちゃんが読んでいた本なのに、急になおき君がのぞいてきていやだったんだよね。なおき君はゆりちゃんと一緒にご本を見たかったんだよね。ご本を見たいときは、『見せて』と言えるとよかったんだよね」と仲裁する。2人は落ち着きを取り戻す。保育者はなおき君に「ごめんなさいして仲直りする？」というが、なおき君はいやと首を振る。その後、2人は一緒に絵本を見始めて、時折、顔を見合わせては笑い合う。ゆりちゃんは鼻の出ているなおき君にティッシュペーパーを持ってきて拭いてあげたりしている。時折些細なことで「いやだ！」とケンカしたりするが実習生も含めて3人で絵本を見続ける。

エピソード５の背景として、２歳児クラスにおける生活上の様々な配慮（表３〔p.50〕参照）がある。これらの配慮の上で様々な出来事が展開していく。エピソード５もその出来事の１つである。保育は「子どもが現在を最も良く生き、望ましい未来をつくり出す力の基礎」（「保育所保育指針」の保育の目標）を培うために、こどもが**安定感**をもって過ごせるように、自分の気持ちを安心して出せるように心を砕きつつ、こども自らが周囲とかかわりそれらの力を獲得できるように援助することになる。

　エピソード５の実習生のトラブルへの対応をみると、「叩いたら痛いよ。何がいやだったか口で言ってごらん」と、このときにそうしたかったこどもの気持ちに向かうというより、場の解決の方法を伝える方に向かっている。そのために、こどもの気持ちは行き場を失って、ここの今の激しく揺れる気持ちの渦から抜け出すことが難しくなっている。

　一方、保育者の対応は、泣かずにはいられないゆりちゃんの気持ちと、なおき君の一緒に本を見たい気持ちに**寄り添う**（２人が自分の気持ちをコントロールすることを援助する）。こどもたちは、気持ちを受け止めてもらうことで安心する。自らの気持ちを表現すること（この時期の自分らしくあること）が否定されないという**安心感**がある。それは、保育者の願いである「ごめんなさいして仲直りする？」という問いかけを「いやだ」と表現しても咎(とが)められないことにも表れている。保育者に気持ちを受け止めてもらえたこどもたちは、こども同士のお互いの欲求（気持ち）を受け入れ合い、一緒に絵本を見ることになる。

　おおむね２歳３歳（２歳児クラス）という年齢と、目の前のこどもたちの１人ひとりの内面も含んだ育ちのありようを不断によく理解しているという保育実践の積み重ねが、このトラブルの場で経験してほしいお互いを受け入れることやトラブルの解決のための方法の獲得へ向けての援助を可能にする。また、方向づけとして「ごめんなさいをして仲直り」も提案するがこどもに断られると保育者は自分のこどもへの願いに固執しない。それは、２人で一緒に絵本を読み始めたことが、やがては「ごめんなさい」と自らの行為が相手にとって非礼であったことを認めることへつながる経験であること確認し

図2　「養護と教育が一体的に」を考えるためのエピソード5の分解

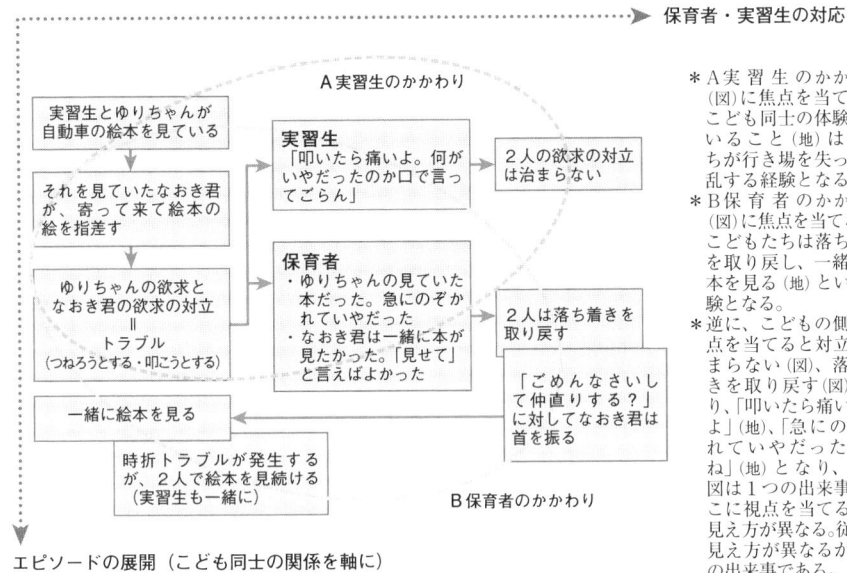

```
                                       → 保育者・実習生の対応

  実習生とゆりちゃんが          A実習生のかかわり          *A実習生のかかわり
  自動車の絵本を見ている                                 （図）に焦点を当てると
            ↓              実習生                      こども同士の体験して
  それを見ていたなおき君      「叩いたら痛いよ。何が     2人の欲求の対立    いること（地）は気持
  が、寄って来て絵本の        いやだったのか口で言っ    は治まらない       ちが行き場を失って混
  絵を指差す                  てごらん」                                   乱する経験となる。
            ↓                                                            *B保育者のかかわり
  ゆりちゃんの欲求と          保育者                                       （図）に焦点を当てると、
  なおき君の欲求の対立        ・ゆりちゃんの見ていた                       こどもたちは落ち着き
        ＝                     本だった。急にのぞか     2人は落ち着きを    を取り戻し、一緒に絵
      トラブル                  れていやだった          取り戻す           本を見る（地）という経
  （つねろうとする・叩こうとする） ・なおき君は一緒に本が                  験となる。
            ↓                  見たかった。「見せて」                     *逆に、こどもの側に焦
                                と言えばよかった                           点を当てると対立が治
  一緒に絵本を見る                                   「ごめんなさいし      まらない（図）、落ち着
            ↓                                        て仲直りする？」      きを取り戻す（図）とな
  時折トラブルが発生する                              に対してなおき君は    り、「叩いたら痛いんだ
  が、2人で絵本を見続ける                              首を振る             よ」（地）、「急にのぞか
  （実習生も一緒に）                                                        れていやだったんだ
                                                                           ね」（地）となり、地と
                                        B保育者のかかわり                  図は1つの出来事のど
            ↓                                                             こに視点を当てるかで
  エピソードの展開（こども同士の関係を軸に）                                見え方が異なる。従って、
                                                                           見え方が異なるが1つ
                                                                           の出来事である。
```

出所：筆者作成

つつ、保育者のこの場の願いの修正を行い、引き続き見守ることになる。

　保育者の2人の気持ちを受け入れ（**養護的側面**）つつ、2人が身につけてほしいと願うトラブルの解決の方法、考えの異なる者同士が一緒に生活する上での生活の仕方や考え方（**教育的側面**）を、かかわりを通して方向づけていくということになる。かかわりにおいては、そのこどもたちの経験の先の見通しをもっていることが、こどもたちを思い通りに動かすことから自由にする。

　以上のエピソードで具体的にみたように、養護と教育が一体的に行われるということは、1つの出来事の**地**と**図**の関係にあると考えることができる。保育者の行為に焦点を当ててみたときには、養護的側面が図になり、そこでこどもが経験していることが地となる。逆に、こどもが経験していることに焦点を当てると教育的側面が図となり、保育者の行為は地になる。地と図

図3　ルビンの壺

の関係は、ちょうどルビンの壺※のように、どちらか一方がなければどちらも成り立たないという意味で一体となっているということであり、保育者のかかわりがなければ、こども同士がこのトラブルを通して経験することもありえない。また、こども同士のやり取りがなければ、保育者のエピソードのようなかかわりもないということである。

（3）家族と共に勤しむ

　実習の場においては、直接的にこどもの家族にかかわることは稀である。保育者の保育の営みを観察することで、こどもと家族を理解することになる。次のエピソード6は2歳児クラスで実習したときのものである。

episode **エピソード 6**

　給食の時間。かいと君は好き嫌いが激しいのか、保育者にご飯をおむすびにしてもらったものとみそ汁だけで、それ以外は食べない。
　保育者も、「このカボチャ、おいしいね。もぐもぐ」と食べる真似などをして働きかけてみるが、顔をそむけて食べない。時々おかずをすすめられているうちに気が向けば少し食べてみるくらいである。保育者も、困っている様子で、ことあるごとにかいと君の様子と対応について話し合っている。

　かいと君の食事の様子が他の子とあまりにも違うために、保育者が心配していることは実習生にも理解できている。それで、かいと君について質問し

※　デンマークのルビン〔Edgar John Rubin, 1886〜1951〕が1921年に発表した「盃と顔」の図形（図3参照）。見方によって、向き合う2人の横顔にも、壺（杯）にも見える。錯視を利用した多義図形の1つ。

たところ、以下のような経緯があったという。

　1歳児からの入所で、入所時はご両親で眠っているかいと君をパジャマのまま抱き抱えるように登園しベッドに寝かせると帰っていた。そのまま寝かせておくと10時頃に目覚めるので、午睡がなかなかできず、保育所での食事もご飯を少し食べるだけだった。しばらく様子をみるが、同じ状態が続いた。少しずつ保護者と挨拶を交わし、日常の会話ができるようになったころをみはからって、かいと君の家での様子を聞いてみた。母親は「眠たいのに起こしたらかわいそう」なので、かいと君の好きなようにさせてあげるのが一番と考えて育ててきたと言う。大きくなったら、みんなと同じようになるから、小さいうちは好きなようにさせてあげたいという考えだったという。

　それから、保育者は保護者と面談を重ねるなかで、「小さいうちは好きなことばかりをさせてあげることで、大きくなったら他の子と同じように、生活のリズムが整ったりはしないのではないか」ということを話し合い、その結果、夜は電気を消して少しでも早く寝るようにすること、朝は目を覚まして、パンだけでもいいから食べて登園するなどできる範囲で心がける生活をするということを確認し合い、その生活を支えることにした。母親は、保育者の言うことを理解し、努力して今日に至っている。そのかいがあって朝は目を覚ましてから登園するようになり、かいと君はみんなと一緒の時間を過ごすことで、笑うようになってきているという。生活のリズムに合わせて食事をするということについては、保育所では「食べようとする意欲」が感じられないが、母親は家では食べていると言っているという。

エピソード 7

　3時のおやつのときにお母さんがお迎えに来る。かいと君は牛乳が苦手で飲んだり飲まなかったりが多いようであるが、今日もなかなか飲まずに、保育者に「少し飲んだ方がいいよ」とすすめられているところをお母さんがみて「コーヒーを入れると、家では飲みますが」という。

エピソード7はそのような中でのやり取りである。これまで「家では牛乳を飲む」と母親は言っていたようであるが、その牛乳にはコーヒーとお砂糖が入っているものだったことがわかる。それで、保育者は数日後にまた、母親に家での様子を聞く機会を設けて朝の食事と夕食、休みのときの食事は何を食べているのかについて、保育所でのかいと君の様子を交えて話し合った。そこで理解できたことは、朝は、チョコレートとジュース（100%還元）、夕食は菓子パンやお菓子類などが多いということがわかり、食事のあり方について検討し合う。保育者は以前に生活のリズムを整える話し合いをした折に「好きなことを好きなだけさせることが必ずしもかいと君のためにはならない」ということは理解してもらえたと考えていたが、食事についてまでは理解が及んでいないことを理解する。かいと君は食が細かったらしく、母親は母親なりの努力をして、何だったら食べるのか試行錯誤を繰り返し、苦労して、チョコレートやバナナに行きついたということが理解できた。
　保育者はコーヒーやチョコレートを主食の代わりにするのは、かいと君の身体に悪いことを話すと、「皮膚がカサカサしているのは、野菜を食べないからかしら」とかいと君を思ってしていたことがかいと君を苦しめていたことを後悔し、少し時間がかかるかもしれないが気長に食事に取り組んでいくことにしたという。ここまでで、かいと君が入所してから1年半が過ぎているという。

①**親は最初から親ではない**

　実習生が実習中に遭遇した保育者の保護者を支えるエピソードから、家族と共にこどもを育てることを考えてみたいと思う。親はこどもを授かることで、**漠然**と育てる側に属していた日常から、**否応なく**育てる側の日常が始まる。親にとっては大いなる生活の変化である。待ったなしで、世話を要求するこどもとの生活は想像をはるかに越えたものとなる可能性が大である。親のこどもとの生活を支える考え方は、これまでに自らが経験してきたことが土台になることが大きい。また、現在の自らの生活を支えている考え方や暮らし方も土台になる。

こうして、エピソードの両親のように、手探りの中で「こどものために良かれ」と思って、あれやこれや努力を重ねながらこどもを育てている。保育者は、親になろうとする人たちに「こどもには、おとなとは違うこどもの生活があること」を具体的なやり取りを通して、親自身が気づいていくことを支えることになる。

　これまでに、保育者とこどもが主体同士としてかかわることで、こどもはその主体的存在であることや主体の内実を豊かにしていくことを述べたが、保護者とのかかわりにおいても同じことがいえる。**保護者の主体性**（子育ての考え方）を受け止め、この家族の現実の中での「子どもの最善の利益とは何か」を考え、こどもの代弁者として保護者とこどもの生活の折り合いをつけていくことになる。たとえ、保護者が「こどもが何も食べないよりはいいと考えてバナナやチョコレートを主食のように食べさせている」としても、それを他者である保育者が「こどもにとってよくないから」と改めるように強いることは（それが正論であっても）できない。もちろん、保護者のそのときの主体性のありようを尊重するということから、そのままにしておくことでもない。このようなこどもの育ちの視点からの食事と親のこどもを思う気持ちのズレる状況は、保育者に葛藤を強いる。保育者は、こどもの育ちや食事について保護者と話し合いながら、その話の中で保護者自身がそれはこどものためではなかったのだということに自ら気づいて、こどもへの向かい方を変えていこうとすることを支援することになる。保育者の「こどもにとって良かれ」に保護者を無理やり従わせることはできない。エピソード７の保育者は、保育所でのこどもへのかかわり、保護者とのやり取りを含めて１年半の時間をかけている。

　以上のような保育者の支えがあって、育てるものとしての自覚が育っていくと考えられる。保育者はこどもと共に生活することを基本にして、保護者がこれまでの生活をこどもの**親（保護者）としての生活**へと移行していくことを支えることになる。親は毎日の生活を通して親になっていく。このとき、家族の生活はその家族にとっての生活のありようを模索することであり、保育者が理想とする家族や親像へ向けて働きかけるのではないことを確認しておく。

③こどもが育つ場の条件

　現実の要因に規定される家族のありようや親としてのありようは、家族の数だけ、あるいは親の数だけあるといえる。その要因の絡み合う中で、それぞれの家族にとっての最善・こどもにとっての最善を模索することを支えるのが保育者の家庭支援であると考える。

　これまでに考えてきたこどもがこどもの生活をすることから、どのような家族のありようであっても、こどもが育つ場としての最低限考慮しなければならない条件を整理すると次のようになる。

　①**生理的な欲求**がタイミングをずらさずに満たされること（主体的な存在として、対応されること）。
　②**安心できる人**がいること（こどもの行く末を案じながら、生活や発達をある程度継続して見届けてくれる人がいること。生活のモデルがある程度変わらずにいること）。
　③**安心して眠る場所**がある程度変わらずにあること。
　④**遊び**があること（ある程度自由に使えるものや場所・時間があること）。

　以上の4つは最低限考慮されなければならないことと考えられる。もちろん、完璧にではなく、**ほどよく**あるということである。

4. 私が「私」として生きることと「保育者」として生きることについて

　本章の最初に、保育者になろうとしている人は、青年期といわれる時期をも生きていると述べた。青年期は私がこれまでの「私」の枠組みを変えていくときである。保育者になるということと、私が「私」の枠組みを変えることはどのような関係にあるのだろうか。この章の締めくくりとして、人が人として成熟することと、保育者の専門性を高めることの関連を考えてみる。

　最初に青年期を生きる「私」について考える。この「私」の確立は、青年期の人であれば誰でもたどるであろうものである。具体的な文化の中での生

図4　専門性を考えるモデル

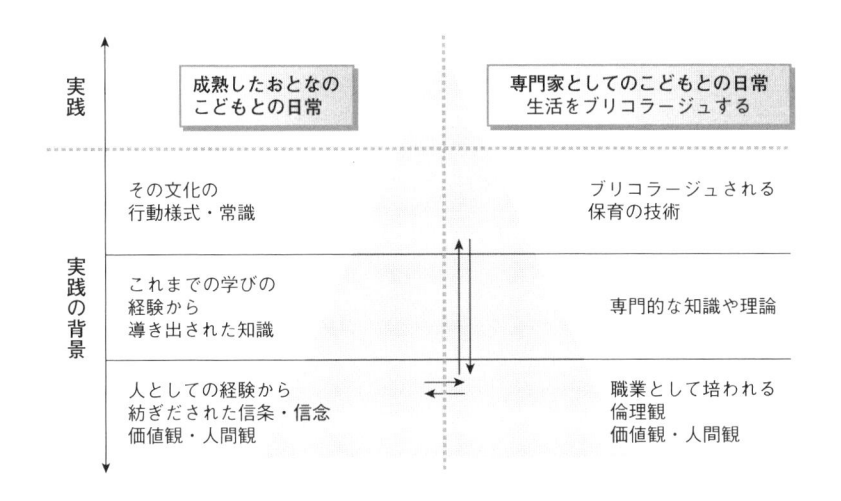

```
実践
     ┃  ┌──────────────┐      ┌──────────────────┐
     ┃  │ 成熟したおとなの │      │ 専門家としてのこどもとの日常 │
     ┃  │ こどもとの日常  │      │ 生活をブリコラージュする   │
     ┃  └──────────────┘      └──────────────────┘
     ┃ ・・・・・・・・・・・・・・・・・・・・・・・・・・・・
     ┃    その文化の              ブリコラージュされる
     ┃    行動様式・常識           保育の技術
実践の ┃ ─────────────────────────────
背景  ┃    これまでの学びの
     ┃    経験から              専門的な知識や理論
     ┃    導き出された知識
     ┃ ─────────────────────────────
     ┃    人としての経験から         職業として培われる
     ┃    紡ぎだされた信条・信念      倫理観
     ┃    価値観・人間観           価値観・人間観
     ▼
```

出所：筆者作成

活（学校での学びも含む）を通して、その文化で生きていく上での**行動様式**や**価値観**が獲得され、どのように生きるかについて考え行動することを通しておとなとして成熟していく（図4の左側の三角形の部分参照）。保育者になろうとする人も図4の左側の三角形を生きることになる。たとえば、こどもを育てる場合、この三角形の部分でも育てる者としてかかわることができる。保育を専門としない多くの人はおおよそ左側のところでこどもとかかわる。

　次に、保育者になろうとする学びの只中にいる人について考えてみる。

　図4の左側の部分を土台にしてであるが、右側の三角形の部分である。保育の専門的な知識・技術について学ぶ。これらの生活（主に図4の左側）や学び（図4の右側）の中で、実践を支える倫理観や価値観が形成されていく。この左右合わせた三角形の中は左右がしっかりと区別されているというより行ったり来たりしながらそれぞれが確立されていくが、実際のこどもとのかかわりにおいては、すべてが絡まり合いながら直感的に働く。

　以上に青年期と保育者になろうとする人の学びをそれぞれに分けて述べた

が、2つの三角形でつくられる大きな三角形を横に縦に行ったり来たりしながら、保育する人の内実が豊かになっていく。保育者になろうとする人と保育を専門としない人のこどもとのかかわりにおいて、現象としては同じようにみえても、専門家は左右の三角形の上でのかかわりであり、専門家ではない人は、主に左側の三角形だけでかかわっているといえる。そのかかわりの根拠を「子どもの最善の利益」の視点から、明らかにしようと努力できるところが大きく異なる。

　保育は図4の左側に位置する人間性だけでは成り立たない。また、いわゆる専門性（図4の右側の三角形）だけでも成り立たない。左右の三角形が合わさったところを基盤にした保育を専門にする人として、こどもと向かい合うことが可能になる。保育における人間性が重視される理由がここにある。青年期の生活を全うすることが保育者の専門性の学びと育ちを支えることにつながる。

引用・参考文献

内山節『共同体の基礎理論――自然と人間の基層から』農山漁村文化協会、2010年

大場幸夫『こどもの傍らに在ることの意味――保育臨床論考』萌文書林、2007年

尾崎新編『「現場」のちから――社会福祉実践における現場とは何か』誠信書房、2002年

尾崎新『ケースワークの臨床技法――「援助関係」と「逆転移」の活用』誠信書房、1994年

厚生労働省編『保育所保育指針解説書』フレーベル館、2008年

三枝博音、飯田賢一編・解説『技術思想の探究』こぶし書房、1995年

ショーン、ドナルド・A.（柳沢昌一、三輪建二監訳）『省察的実践とは何か――プロフェッショナルの行為と思考』鳳書房、2007年

ショーン、ドナルド（佐藤学、秋田喜代美訳）『専門家の知恵――反省的実践家は行為しながら考える』ゆみる出版、2001年

全国保育士養成協議会「保育士養成システムのパラダイム転換Ⅲ——成長し続けるために養成校でおさえておきたいこと」『保育士養成資料集』第48号、2008年

全国保育士養成協議会「保育士養成システムにおけるパラダイム転換Ⅱ——養成課程のシークエンスの検討」『保育士養成資料集』第46号、2007年

全国保育士養成協議会「保育士養成システムのパラダイム転換——新たな専門職像の視点から」『保育士養成資料集』第44号、2007年

中村雄二郎『臨床の知』(中村雄二郎著作集第二期Ⅱ) 岩波書店、2000年

中村雄二郎『術語集・問題群』(中村雄二郎著作集Ⅸ) 岩波書店、1993年

浜田寿美男『子ども学序説——変わる子ども、変わらぬ子ども』岩波書店、2009年

室井尚『哲学問題としてのテクノロジー——ダイダロスの迷宮と翼』講談社、2004年

レヴィ＝ストロース, クロード (大橋保夫訳)『野生の思考』みすず書房、1985年

渡辺公三、木村秀雄編『レヴィ＝ストロース「神話論理」の森へ』みすず書房、2006年

厚生労働省「教科目の教授内容」厚生労働省雇用均等・児童家庭局長通知「指定保育士養成施設の指定及び運営の基準について」平成15年12月9日雇児発第1209001号別添資料

語義引用出典

金田一京助他編『新明解国語辞典』(第5版) 三省堂、2001年

第2章

こどもと家族にとって「保育」とは何か

1. こどもと家族にとって「保育の場」とは

（1）「こどもと家族」という概念

　こどもは、生まれてくるとき、家族に迎え入れられる。両親の命を受け継いで誕生し、母親が「私がお母さんよ」と赤ちゃんに呼びかけて、初めての対面が果たされる。無人の地に孤独に生まれるのではない。そして、**家族**と共に生活し、成長していく。

　ここでいう家族とは、血縁の保護者のみを指しているわけではない。**こどもと共に生活し、こどもと分かたれることなく日々の暮らしを共にしているおとなを含めた生活集合体**が、家族である。歴史的に振り返っても、地球上の様々な民族文化を見渡してみても、家族の形態は実に多様である。しかし、こどもが自分と深くかかわるおとなの生活を通して成長していくという事実は、変わることがない。それゆえ、「**こどもと家族**」とここでいう場合、それはこどもとは別に家族がいるという意味ではない。共に生活しているこどもと家族は、**不可分一体**であるということを意味している。もちろん物理的な意味で一体であるということではなく、生活主体として両者は不可分であるという意味である。

　たとえば次のような光景を考えてみよう。赤ちゃんの乗っているベビーカーが歩道に1台ぽつんと置かれている。近くに人影はない。それを見て、「赤ちゃんがのんびりと佇んでいるな」などとのんきな感想をもつ人はいないだろう。おそらくほとんどの人が、「赤ちゃんをほっぽり出して、保護者はどこにいるの？」と焦った気持ちになるはずである。この反応を考えればわかるように、赤ちゃんだけが単独で存在しているという状況は普通ではない。また、デパートやショッピングセンターで「迷子のお知らせ」が聞かれることがあるが、これも保護者と一緒にいないこどもは、それ自体が存在として不確定であるということを意味している。

　このような例からわかるように、「こどもと家族」は1つのものであり、

2つに分けられるものではない。実際、英語でも"child and family"という表現が一般的である。

　ここで少し細かいところを取りあげると、「こどもと家族」の「と」、そして英語の"child and family"の"and"は、2つのものを並べているのではなく、2つのものが不可分に1つであるという意味で使用されている。

　このことは、英語の場合、明確である。たとえば、英語の初級レベルで習う、"bread and butter"という表現がある。これは、「バター付きのパン」と辞書では和訳されている［新英和中辞典］。つまり、"bread and butter"とは、パンとバターが別々にあるのではなく、バターが塗ってあるパンという意味である。パンにバターが塗ってあるということは、パンとバターは1つになっていて別々ではない。「パンとバター」というと、パンとバターが別々に置いてあるようなイメージになるかもしれないが、そうではなく、「バターが塗ってあるパン」というように、1つになっているのである。

　このような英語の表現はたくさんある。「揺れる」という意味の"rock"と「転がる」という意味の"roll"を組み合わせた"rock and roll"は、短縮形の"rock'n roll"となり、日本語でも「ロックンロール」で通用する音楽用語になっている。これも、"rock"と"roll"が別々にあるという意味ではなく、「揺さぶられ、つき転がされるようなビートと詠唱をもつ音楽」を意味する1つの言葉である。

　このように、"A and B"「AとB」という言い方は、AとBとが2つあるという意味ではなく、AとBとが組み合わされて1つのものになっているということを意味することがある。

　「こどもと家族」の場合も同様である。こどもという存在と家族という存在が別々にあるのではなく、こどもは家族の中に含まれており、こどもを家族から切り離して考えることはできないのである。従って、「こども」といったときには、そこには**本質的**に「**家族**」という概念も伴っていることを理解しておく必要がある。

　先に述べたベビーカーの例のように、赤ちゃんがいるときはその近くに保護者もいるに違いないと私たちが思うのは、赤ちゃんと保護者が不可分であ

ることを無意識に想定しているからである。それゆえ、家族から切り離されて存在せざるをえないこどもは、「浮浪児」とか「ストリートチルドレン」などという呼び方をされる。家族と切り離されたこどもの呼び名があるということは、こどもは家族と不可分であるということの裏返しである。

（2）家族形態の多様さ

　こどもが家族と不可分であるのは、こどもの発達には身近なおとなの存在が不可欠だからである。こどもは、身近なおとなのかかわりによってつくられる生活の中で、自らの発達を実現していく。言い換えれば、こどもは独力で日常生活を送ることはできない。素朴に考えても、乳幼児期のこどものひとり暮らしというのは想像できない。こどもが成長するためには、共に生活するおとなの存在が当然の前提となる。それが、「保護者」である。

　保護者は、一般には血縁の父母を指すが、そうではない場合もある。離婚、再婚が繰り返されて血のつながりのないおとなと生活しているこどもや、実の両親がいないために祖父母や親戚と生活しているこどももいる。

episode エピソード 1

　　ある保育所に通うあやちゃんは、両親と祖母と暮らしていた。あやちゃんが2歳のとき、父親がガンと診断され治療を受けていたが、そんなある日突然母親が脳内出血で他界した。そして母親の一周忌が過ぎた頃、父親もガンで他界し、あやちゃんは4歳のときには、祖母とのふたり暮らしになった。その後は祖母に育てられ成長していった。

　このエピソードでいえば、あやちゃんの保護者は祖母である。実の親がいなくなったという境遇であるが、保護者がいないということではない。このように、血縁の親でなくては保護者になれないということではない。このことを児童福祉法第6条において、保護者とは「親権を行う者、後見人その他

の者で、児童を現に監護する者」と規定している。

　そして、こどもと保護者を軸にして、日常生活を共にしていると意識している共同体的な小集団が、家族である。そこには、こどもからみて、保護者しか存在しないという最小規模の家族もあるが、保護者としての父母だけでなくきょうだい、祖父母なども含むような比較的大人数の家族もある。また、父親だけ単身赴任しているというように、実際の日常生活は一緒ではないが、離れていても家族としての意識を保っているような形態もある。一般的にイメージされがちな、「夫婦とこどもからなる共同生活集団」という画一的な範疇(はんちゅう)には収まりきらない多様性が、現実の家族にはある。ただいずれにしても、こどもと保護者という軸が、家族の核となっている。

（3）保育の場

　こどもは家族との生活を通して発達する。そのことを、保護者によって育てられるという一方向的なイメージでのみ捉えてはいけない。こどもは能動性の発揮による遊びを通して発達する存在である。こども自身の育とうとする力が根底にある。しかし、こどもの能動性が十分発揮されるためには、共に生活するおとなの日常が必要である。身近なおとなの生活において自分の育ちを実現していくのである。

　このことを倉橋は、「自ら育つものを育たせようとする心。それが育ての心である」〔倉橋1976；p.8〕と表現している。これが「**子育て**」である。つまり、子育てとは、おとなから一方的に育てるかかわりではなく、「こどもの**育ち**」と「**おとなの育て**」との両方が含まれるのである。「子育て」という言葉はそのように理解されなければならない。

　また、こどもの生活は、保護者を中心とした家族とのかかわりだけで成り立つものではない。こどもと家族とのつながりは必然的であるが、家族がこどものすべてをカバーできるものでもない。また、仮にできたとしても、すべてを家族のみにゆだねることは、望まれることではない。

　こどもとのつながりがすべて家族の内部で行われるとき、保護者は、こど

もの存在の範囲内で生活することになる。その場合、たとえば母親は就労することができなくなる。現実には子育て家庭の半数以上が、両親共働きである。就労が可能になるためには、こどもとのかかわりを家族だけで抱え込まないことが前提となる。

また、保護者がすべてを抱え込んだ場合、こどもは閉じた世界で生活することになる。こどもの発達には、開いた世界での多様な人やモノとのかかわりが必要であるが、それが困難になる。

このように、こどもの生活は家族の内部のみに閉じるのではなく、家族以外のおとなを身近な存在として生活する場を必要とすることを理解しなければならない。それが保育の場である。

保育の場には様々な様態がある。親が仕事をしている間、親戚のおばさんの家で毎日を過ごすような、プライベートに近い形態がある。その一方で、公的な保育施設の代表である保育所や幼稚園、認定こども園のような形態まで、幅広い。また子育て広場のように、毎日ではないが定期的にかかわりをもつような場もある。

保護者がいない場合、あるいは保護者が保護者としての役割を果たしていない場合、こどもは家庭生活を送ることができなくなる。そのようなこどもの日常生活を保証する場として、生活型の施設がある。乳児院、児童養護施設がその典型であるが、そこも保育の場である。

このように保育の場は多様であるが、その多様性を貫く共通項が、こどもと日常を共にするおとなの存在である。それが**保育者**である。

（4）実践と現場の二重性

保育の場は、こどもにとって家族以外のおとなと共に生活する場であり、こどもの生きる現場である。

ここで現場という言い方をしたが、保育においては実践という用語もよく使われる。**保育現場**と**保育実践**という2つの用語は、様々に交差しながら使用されている。両者は、類似の状況を指し示しているが、同義語ではない。

両者を比較したとき、実践には意図性が明確な場合が多い。このことを須藤は次のように指摘している［須藤2002 ; p. 31］。

> 理論が措定する実践は、現場の日常性のなかから意図的に、客観化、理論化できるものすなわち取り扱いやすい部分だけを取り出し、それ以外の膨大な部分を削ぎ落としている。

それに対して、削ぎ落とされた膨大な部分をも抱えているのが**現場**である。それゆえ、現場は、**日常性**という概念をより多く含んでいる。

たとえば、特定のこどもを毎日預かっている親戚のおばさんを考えたとき、そのおばさんには保育の実践を行っているという意識はさほどないと思われる。しかしそこは、こどもが日常を送る現場ではある。おばさんの意図的なかかわりはなくとも、日常的なかかわりは豊かにある。

保育所の場合で考えても同様である。保育所の保育士は、資格のある専門職として意図的な実践を行っている。しかし、その端々に、意識には上らないが、こどもとのかかわりや生活をつくるための働きかけが数多くある。たとえば、遅出出勤してきた保育者が、園庭を横切りながらこどもたちとささやかなやり取りをしている、という風景は毎日のようにみられる。それは、厳密には勤務開始前の時間帯であり、特定の意図をもってかかわっているわけではない場合も多い。通りがかりながらこどもに挨拶したり呼びかけに応えたりしている保育士の姿は、実践をしているとは言い難くとも、すでに現場にあるものといえる。勤務時間という制度の枠には収まらないが、そこにはこどもの日常を形づくるものがある。そのような場が現場である。

実践という意図的なかかわりが多く含まれる行為を包含するようにして、現場というあり方がある。そして、現場という用語によって示される、実践からはみ出しがちな部分に、こどもの育ちの豊穣さがあることを忘れてはならない。保育の場には、実践と現場という二重性があるのである。

（5）養護と教育の一体性

　私たちは日本語で考え、事物を理解している。「保育」という日本語も1つの概念として捉えている。そして、乳幼児は**保育**であり、小学校は**教育**であるという言い方をしているが、では保育と教育はどこに違いがあるのだろうか。
　この点については、むしろ外国語ではどのように保育を表現しているかを調べてみると参考になる。次の文章は、アメリカの保育学文献の一節である［フィーニィほか 2010 ; p. 2］。

　　　（乳幼児の）現場は、「乳幼児の養護と教育」あるいは「早期の養護と教育」としてしばしば言及されます。なぜなら、保育プログラムと保育者は、養護と教育という二重の特性が一体となっているという点において、他の教師や学校教育から特徴的に区別されるからです。

　ここで、「乳幼児の**養護と教育**」と訳されている部分は、英語原文で"early childhood care and education"となっている。そして、「養護と教育という二重の特性が一体となっている」というのが、日本語で保育のことである。つまり、保育は、養護と教育という2つの要素を1つにした概念なのである。
　このことは、「保育所保育指針」第1章において、

　　　保育所は、その目的を達成するために、保育に関する専門性を有する職員が、家庭との緊密な連携の下に、子どもの状況や発達過程を踏まえ、保育所における環境を通して、養護及び教育を一体的に行うことを特性としている。

と記述されている。保育は、養護と教育が一体となったものであり、"care and education"である。
　「AとB」という表現は、2つのものが別個にあるという意味だけでなく、AとBが不可分で1つである、という意味があることを先述したが、それと同様に、「養護と教育」という表現も、不可分の概念を示している。"care

and education" とは、"bread and butter" と同じように、養護と教育とが1つになっているものであり、それを保育と呼んでいるのである。

　一般的な誤解の1つに、保育には教育がないというものがあるが、それは養護と教育の一体性を十分理解していないところから生じるものである。

2. こどもと家族にとって「保育者」とは

(1)「傍らに在る——*stand by*」ということ

　保育者とは、保育する者という意味であるが、これまで述べてきたように、こどもの身近にいて共に生活する存在である。こどもの身近にいる、すなわち「傍らに在る」ということは、英語では"stand by"と表現される。"stand by"を英和辞典［新英和中辞典］で引くと次のような意味が記されている。

①そばにいる。
②（何もしないで）傍観する。
③（いつでも行動できるように）待機する。
④ラジオ・テレビ（放送開始に備えて）待機する、スタンバイする。
⑤……を援助〔味方〕する。
⑥約束などを守る。

　"stand by"の文字通りの意味は、①の「そばにいる」であるが、そこから派生した③の「（いつでも行動できるように）待機する」という意味が、ここでは当てはまる。日本語でも「スタンバイ」というのは、「いつでも行動に移せる態勢で待機すること。また、その状態」［明鏡国語辞典］という意味である。

　保育者はこどもの傍らに在る（stand by）存在であるということは、こどもとの生活に対する用意や心構えが整っているということである。つまり、こどもの身近なおとなであるというのは、単に物理的にすぐそばにいるというだけでなく、こどものよりよい生活をつくるための働きかけを常に怠らないでいるということになる。

しかしそれは、保育者が主になるということではない。保育者は、こどもを従として自身を主の立場に置くと、直接的な操作によりこどもを動かそうとしがちになる。"stand by"に、「(何もしないで)傍観する」という意味があるように、直接的にはかかわらないでいるということも、保育者のあり方には含まれなければならない。もちろん、無責任な見物人ではなく、**責任ある傍観者**であることを前提とした上でのことである。
　その意味で、保育の場はこどもが主体となる。しかしながらこどもだけで生活を組み立てることはできないので、主体となるこどもの生活に必要なときに必要なかかわりを適切に行えるようにこどもの傍らに在るのが、保育者という存在である。

（２）子どもの最善の利益

　「傍らに在る」という言い方は、字面からだけでは消極的な意味合いが感じられるかもしれないが、実際にはむしろ積極的な意味をもっている。先の英和辞典の字義をみると、「⑤……を援助〔味方〕する、⑥約束などを守る」とある。こどもの"stand by"として考えると、これは「こどもの味方をし、こどもを護る」と読み換えることができる。
　こどもの味方をし、こどもを護るということを専門用語でいうと、「**権利擁護**（advocacy）」である。こどもの傍らに在るとは、こどもの権利を擁護することでもある。
　こどもの権利に関しては、1989年に国連（国際連合）総会で採択され、1994年に日本も批准した「児童の権利に関する条約（The Convention on the Rights of the Child）」という国際条約がある。この条約は、「子どもの権利条約」と通称されることが多いが、ここにこどもの権利とその擁護が位置づけられている。その中核になるのが「**子どもの最善の利益**」という概念である。
　権利というと堅苦しい印象をもたれがちであるが、権利と訳されている"right"は、本来「まっすぐな」という意味である。そこから、「正しい、正当な、当然で、適切な」という語義が生じてくる［新英和中辞典］。こどもの権

利とは、こどもであれば誰でも当然に保証されるもの、という意味である。日本語のもつ語感から、「こどもに権利を与える」という解釈をしがちであるが、権利は与えられるものではなく、本来当然のものとして備わっているものである。従って、こどもの権利を大切にするということは、こどもにどのように権利を与えるかということではなく、こどもに本来備わっている権利を、しかしこども自身は自ら護ることが不十分であるので、周囲から脅かされないように、傍らに在るおとなが護るということである。それが権利擁護である。

　護られるべきこどもの権利の中核をなすのが「最善の利益」であると、児童の権利に関する条約では位置づけられている。では、利益とは何だろうか。日本語では、儲けの意味で使われることが多いが、その解釈ではこどもの権利とはつながらない。

　「利益」は、"interest"の訳語である。"interest"は、"inter"と"est"を組み合わせたもので、「間に存在する」というのが語源である〔新英和中辞典〕。それが儲けの意味になるのは、たとえば100万円で仕入れたものを105万円で売却したとすれば、仕入れと売却の間に5万円の儲けが存在することになるからである。視点を代えて、人を主体として「間に存在する」ことを考えると、人が何らかの対象との間に発生させるものであるから、「興味・関心」という意味が生じてくる。

　このように、「儲け」と「興味・関心」という、一見無関係に思える意味が、"interest"にはある。そして、児童の権利に関する条約では、「利益」という訳語を当てて、「子どもの最善の利益」と表現しているのである。

　ここでいう最善の利益とはこどもに関することであるから、儲け話とは無関係である。関連があるのは、「興味・関心」の方である。このことをもう少し砕いて考えてみると、こどもが身の回りの環境に自らかかわろうとするあり方が、"interest"である。つまり、こどもと環境との間に存在するのは、かかわろうとするあり方であり、それは自己表現とでもいいうる、自分らしさを十分発揮しようとする姿である。それが最も良い状態にあるとき、最善の利益といえるのである。

このように捉えていくと、保育者とは、こどもが自分らしさを十分発揮することのできるような生活を送るために、その傍らに在って支えていく存在であるということになる。

（3）要請される専門性

保育者は、子どもの最善の利益という権利を擁護する存在であるが、それは、こどもが自分らしさを十分発揮して生活することを、傍らに在って護り続けることである。自分らしさを十分発揮するとは、内側から外側へ向けられる心の動きと身体の行動とが、本人に最もふさわしい形で現れ出るということである。その結果として生じる活動が、**遊び**である。遊びを通してこどもは発達するのであるから、最も良い発達を実現することが子どもの最善の利益となる。

このような保育者のあり方は、誰にでもできるようなお手軽なものではない。社会的な通念として、保育者は小さなこどもを預かって怪我させないように子守をしているだけ、と理解されることがある。しかし、ただ預かっているだけで子どもの最善の利益が護られることはない。むしろ最善の利益を妨げることもありうる。子どもの最善の利益を護るためには、**よりよい生活をこどもと共に形成する力**が必要である。そのような資質が、保育者には求められている。

かといって、ごく少数の人にしか可能でないような特別な能力が必要というわけでもない。誰もが保育を学び、保育者となることが可能である。性差もない。必要なのは、子どもの最善の利益という軸を外すことなく、保育を学び、保育の営みを続けていくことである。

保育者の多くが、「こどもが好き」という気持ちから、その道へ向かい始める。しかし、「こどもが好き」なだけでは、学ぶ意欲をもち続けることは困難である。何かの拍子に好きになれないこどもと出会ったとき、「こどもが好き」という気持ちの一面性に気づく。そして、好きになれないこどもがいるのは仕方がない、と後ろ向きになったとき、最善の利益が侵されてしま

い、その子の良い育ちが失われていく。保育者が自分の保育を見失うとき、共に生活する子どもの最善の利益が脅かされてしまうのである。

　それは、現場の大小や公私を問わない。保育所・幼稚園のような通園施設、乳児院・児童養護施設のような生活施設というような制度的な場だけでなく、子育て広場や認可外施設に至るまで、保育の場は広がりをもっている。そこで生きているこどもにとっては、最善の利益が護られているかどうかは、制度とは無関係である。保護者を含めた家族にとって、我が子がよりよく成長する毎日を送れるかどうかということも、制度とは無関係である。保育者は、それがどのような場であれ、こどもの傍らに在って護り続けることを、最優先の義務としなければならない。

　その義務を全うしていくためには、それにふさわしい専門性が求められる。「こどもが好き」という気持ちだけで乗り切れるものではない。保育者を名乗り、保育を生涯の仕事とするためには、**こどもに生きる**という崇高な使命感を自らの光とすることができるかどうかにかかっている。

　本書でもしばしば取りあげている、『保育学入門——子どもたちと共に生きる保育者』［フィーニィほか 2010］として翻訳された文献の原題は、*Who am I in the Lives of Children?* ［2006］である。これをそのまま訳すと、「こどもたちの人生にとって私はいったいどういう存在なのか」という問いになる。これこそ、保育者が自らに常に自問しなければならない問いである。

　同書の序文においてザヴィコフスキー（Docia Zavitkovsky, 1913～2009）は、保育者のこどもに与えるインパクトとして、「先生方が私の傷に包帯を巻いてくれました。それは、私の感情、私の心、私の精神への手当てでありました。…この先生方は私をケアしてくれたのです…先生方は私に翼を与えてくださった」［フィーニィほか 2010 ; p. iv］と述べ、こどもに翼を与えることのできるような存在が保育者であることを示している。

　それは表面的には、ちょっとした傷をやさしく手当てする行為にすぎないかもしれない。しかしそれがこどもにとって大きな意味をもつことがある。そこでは、傍らに在る保育者のかかわりが、こどもを外界へと自由に羽ばたかせ、大きな成長をもたらすことになる。その逆に、保育者のちょっとした

気配りのなさが、こどもを打ちのめすこともある。こどもの成長をもたらすはずの翼が、保育者によってもぎ取られてしまうのである。

　そのようなことが、こどもと過ごすささやかな日常の中に満ちている。そのような日常を共に過ごすことを通してこどもを護り支えることが、保育者に求められているのである。

3. こどもと家族にとって「保育される」とは

（1）こどもにとっての保育者

　こどもは、生涯の極めて早い時期に、保育者という存在と出会う。そのとき、「**こどもと保育者**」と呼べるようなあり方が成り立つ。「こどもと家族」が生活する場が家庭であるならば、保育の場では「こどもと保育者」が生活している。

　保育者はこどもとの信頼関係が大事であると、よくいわれる。それはこどもからいえば、自分の生活を護ってくれるだけの**信頼感**をもてるということである。こどもは、保育の場で生活しているとはおそらく思っていない。こどもは、保育者と出会い、保育者と生活していると感じている。ここが自分の居場所である、そう思えるのは保育者の存在があるからである。

　こどもにとって保育の場が居場所と感じられなかったらどうなるだろうか。そこは自分を発揮する場にならなくなる。ただ時間の経つのをやり過ごす場になる。自らの内側からあふれる思いを遊びとして活動することができなくなってしまうだろう。遊びが生まれてこないとき、こどもの発達が阻害されてしまう。だから、自分の居場所があることが重要なのである。そのためには、こどもが自分で自在に居場所つくりができるわけではないので、共に生活する保育者が、こどもをそのままに意味ある存在として受け入れることが必要である。

　また、こどもにとって発達とは、自分の生活する**文化**を身につけていくこ

とでもある。文化は、形あるものとして静的に存在しているものではなく、**生活する人の身体の中**に動的に埋め込まれている。こどもが身につけていく文化は、保育の場で傍らに在る保育者との生活を通して伝えられていく。その意味で保育者は、共に生活する中で文化を身体を通して伝えてくれる存在でもある。

このように、保育されるこどもにとって保育者とは、安心感の**拠り所**となる存在であり、身につけていく文化の**体現者**である。保育の場におけるこどもの生活は、保育者に支えられて展開されていくことになる。

（2）他者との出会いとかかわり

保育の場の特徴は、多くのこどもが一緒に生活していることである。保育所や幼稚園のように実際に大人数の場もあるが、一見少数にしかみえないような場であっても、こどもにとっては少ない数ではない。

家庭の日常生活で、こどもがこどもに出会うことはあまりない。きょうだいがいず、近所に子育て家庭もない場合、その生活範囲に他のこどもはいない。つまり、こども同士のかかわり合いが生まれにくい状況になる。

それに対して保育の場では、複数のこどもがいることで、こども同士のかかわりが日常的になされる。**他者とのかかわり**は発達における重要な要因であるが、家庭で欠けがちなその部分が、保育の場において日常的に存在する意義は大きい。こども同士という横の関係が育まれるという特徴がそこにはある。

また、保育の場は、閉じられた空間ではない。家庭と同様に、社会を構成する単位であり、そこにいるのは保育者とこどもだけではない。保育者以外のおとなとの出会いもある。送迎の時間帯に、他のこどもの保護者とかかわることがある。仕事で定期的に訪問してくるおとなと出会うこともある。交通安全や避難訓練などのときに、警察官や消防士と出会うこともある。地域の人を招待しての行事がある。散歩に出かけていくと、地域で暮らしている人々との出会いがある。

このように拾いあげてみるだけで、おとなとの出会いがいかに多様であるかが実感できる。若者からお年寄りまで年齢層は幅広い。また、車いすに乗っていたり白い杖をついていたりする人とのかかわりもあるかもしれない。そのような出会いの場をつくり出すのも保育者の役割である。保育者が、出会いの重要性を認識していなかったら、こどもたちは、他者という存在との出会いとかかわりに乏しいままの日常を送ることになりかねない。その意味で、他者との出会いとかかわりは、偶然起きるものではなく、保育者が自らの役割として自覚しておくべきことである。

社会の中には多様な人がいるものであり、多様な人がかかわり合うことによって社会は成り立っていることを、こどもは保育の場において体感していく。それが、教えられることではなく、日常生活としてとけ込んでいるのが、保育の場である。

(3) 共有化する場

こどもは、保育者と共に生活することを通して、他のこどもやおとなとの出会いやかかわりを体験していく。そこに、**人と人とのつながり**（コミュニケーション）が生まれる。

コミュニケーションは、辞書で調べると「伝達する」という意味であるが、その理解にとどまっていては不十分である。コミュニケーションの動詞形である"communicate"の語義は、「他人と**共有**する」である［ジーニアス英和辞典 ※太字は編集部による］。つまり同じものを持ち合うことである。

「コミュニケーションは言葉のキャッチボールである」といわれることがあるが、これほど誤解を招く言い方もない。なぜなら、キャッチボールをしているとき、ボールは1個しかないからである。1個のボールが行ったり来たりするとき、ボールを両者が同時に持ち合うことはできない。

言葉のやり取りはキャッチボールとは異なる。そこでは、言葉を通して理解が両者に共有されていく。その意味で、「コミュニケーションは言葉の共有化である」といった方が実態に近いが、コミュニケーションにおいて他者

と分かち合うのは言葉だけではない。感情も含めた心持ちや身体のあり方なども共有化されていく。いや、そこまで共有化されたとき、「その人とわかり合えた」という実感をもてる。それがコミュニケーションである。言葉を発しない赤ちゃんとコミュニケーションが可能なのは、音声言語以外の部分で共有化することが可能だからである。

　また共有化するというと、「コピペ（コピーアンドペースト）」のように、単に複製することと思われるかもしれないが、コミュニケーションでいう共有化とはそういうものではない。パソコンなどでファイルを共有化するときには、正確な複製が作成される。しかし、人間の共有化には、そのような正確性はありえない。お互いが理解し合うといっても、完全に同質の理解が可能であるわけではない。わかったつもりでわかっていなかったり、誤解してしまったりすることは珍しいことではない。だがそれゆえにこそ、思いがけず深い理解が生じることもある。従って、コミュニケーションとは不完全な分かち合いの連鎖であるといえるが、不完全さは単なるマイナス要因ではない。

　そして、コミュニケーション（共有化）の連なりによって成立する人の集合体を、"community（共同体）"という。その成員が同質であることはない。完全な複製はありえないので、お互いの異質さも当然のこととして了解し合いながら構成しているのが共同体である。

　こどもは、保育者をはじめ、多様な他者と出会い、かかわりを形成する。そのように捉えると、保育の場そのものが小さな共同体であることがわかる。

（4）こどもの保育と家族の支援

　こどもと家族が一体であるということは、こどもの保育はそのまま家族の支援と重なるということである。家族の支援には、大きく2つの柱がある。1つは、家族の生活における子育ての位置づけが安定することである。2つめは、こどもの発達そのものが家族の支援となることである。

　1つめに関していうと、両親が就労している場合、こどもの保育の場が必然的に必要になる。従って、就労家庭のこどもが保育の場を必要とすること

は了解しやすい。一方、専業主婦家庭の場合はどうだろうか。一般には、四六時中母親がこどもと一緒にいるので、保育の場の必要性はないように思われがちである。しかし実際には、家庭内にこどもの生活が閉じこもる傾向が強くなり、家族の生活はむしろ不安定になりかねない。その典型が母子密室化による**育児不安**の増大である。母子関係が閉鎖的になり、家族と社会とのかかわりも薄くなり、生活そのものが脆弱化していく。そうならないような支援を行う役割として、保育の場は重要である。

たとえば、親子広場に参加している母子の例を考えてみよう。親子広場は小さいながらも開いた場であるので、そこにかかわることは、閉鎖的になりがちな母子関係を開放的なあり方に変容することを可能にする。そのことによって、日常の子育てが安定していくとすれば、家族支援の役割が果たされているといえる。

２つめは、こどものよりよい発達が**家族支援**になるということである。子育てにおいて、保護者や家族は、こどもの健やかな成長を願っている。しかし、健やかさとは何か、そのために何が必要かということは、意外に理解されていない。そのため、不必要な早期教育をほどこしたりスポーツトレーニングをさせたりすることもあれば、生活習慣の自立へ向けて抑圧的なかかわりをしたり他のこどもと競争するかのような追い立て方をしたりすることもある。そこではこどもの主体性が損なわれ、発達が危うくなるような状況が出現する。

そのようなとき、保育者は、保育の場において生活における遊びを通して発達するこどもの姿を、家族に提示していくことが求められる。こどものいきいきとした表情や充実した発達がどのような営みを通して実現されているのかを、保育を通して理解することは、家族のこどもへのよりよいかかわりを支援していくことになるのである。

保育者には、こどもの保育と同様に家族を支援する役割が求められるのは、以上のような理由から必然である。ここでも、こどもと家族は切り離されることなく、不可分の存在として捉えることが必要なのである。

引用・参考文献

大場幸夫『こどもの傍らに在ることの意味――保育臨床論考』萌文書林、2007年

尾崎新編『「現場」のちから――社会福祉実践における現場とは何か』誠信書房、2002年

倉橋惣三『育ての心（上）』フレーベル館、1976年

須藤八千代「ソーシャルワークの経験」[尾崎編 2002（前掲書）；p.31]

フィーニィ, ステファニー、ドリス・クリステンセン、エヴァ・モラヴィック（Who am I 研究会訳）『保育学入門――子どもたちと共に生きる保育者』ミネルヴァ書房、2010年

語義引用出典

北原保雄編『明鏡国語辞典』大修館書店、2002年

小西友七、南出康世編集主幹『ジーニアス英和辞典』（第3版）大修館書店、2001年

竹林滋、吉川道夫、小川繁司編『新英和中辞典』（第6版）研究社、1995年

第**3**章

「こどもの生活環境を整える」
ということ

1. 居心地のよさ

　保育の場は、大勢のこどもたちが生活の場として集まってくるところである。そして近年では、保育所での早朝・延長保育や、幼稚園での「預かり保育（教育課程に係る教育時間の終了後等に行う教育活動）」など、保育の場で長時間にわたって過ごすこどもたちも少なくない。このような場では、こどもがまず居心地よく過ごせているかどうかに配慮することが保育者に求められるだろう。こどもの居心地のよさをつくり出すのはどのようなことか考えてみよう。

（1）保育者の温かさ

　こどもの居心地のよさにつながる最初の一歩は、自分が登園したときに毎日の出会いを喜んでくれる人がいる、ということではないだろうか。こどもの心持ちを感じ取り、穏やかに迎え入れる保育者のありようが、こどもの園での居心地のよさをつくり出していくスタートとなるだろう。

　居心地のよさは、その子にとっての園生活が快適であるということでもある。もちろん、毎日の生活の中では、そのこどもにとって快適ではないと感じることも起こる。たとえば、友達と気持ちのすれ違いが起こって悲しい思いをしたり、自分の力ではどうにもならず悔しい思いをすることもあるだろう。これらは、こどもが育っていく過程で大切な体験である。ただ、そうしてゆらいでいる自分を見守ってくれたり、受け止めてくれたり、寄り添ったりしてくれる保育者の存在があることによって、日々いろいろなことはあるけれど、園での生活が全体として心地よいものとなっていくのではないだろうか。自分のありのままが受け入れられていることをこどもが感じていくことができるような保育者の温かいありようが大切である。

　倉橋の「温」と題される文章を紹介する［倉橋 1976 ; p. 56］。こどもの生活環境における保育者の存在の大きさを心したい。

> 温
>
> 　温の一字、保育の意義を尽くすというも過言であるまい。
> 　凝ったものを解き、閉じたものを開き、縮んだものを伸ばし、萎びたものを張り、一切の生命を進歩させる。
> 　見よ、今、この普き温の力を。万物、そこに笑い、ここに躍り、自らの力を楽しむ。
> 　温は下から湧き、上から漲（みなぎ）る、皆自然である。野に園に溢（あふ）るる自然である。つくりもの、こしらえものの温は、その真の力を持たない。温室の温は、到底自然の温ではない。
>
> 　温の人、保育者。春は正に、あなたの、やさしくて強いはたらきをそのままに示している。

（2）こどもの立場に立った園全体のしつらえ

　こどもが居心地よいと感じられるような保育室内をはじめとした園全体のしつらえをしていくことも保育者には求められる。園舎自体はすぐに建て替えたりできるものではないが、保育者側の意識によって、**既存の環境を活か**して居心地よい環境はつくり出されていく。

エピソード 1

　ある園を入園式に訪れたときのことである。玄関近くの花壇に春の花々が咲いている。玄関に入ってすぐのところに、亀や小さなかわいい魚の泳ぎ回る水槽が置かれている。また、『ぐりとぐら』など絵本を題材にした手作りのタペストリがこどもの目の高さに飾られている。

　園舎は古いのだが、こどもたちを温かく迎え入れたいとの思いがそこかしこに感じられるしつらえであった。玄関の花々や小動物は、新入園のこどもたちが登園して入ってくる最初の場所を明るくし、親と離れる際の寂

第3章 「こどもの生活環境を整える」ということ

しさを少しでも和らげたいとの配慮からだという。入園式の日は保護者がずっと一緒なので、こどもが不安になることは少ないが、翌日からは１人で園の中へ踏み出していかなければならない。抵抗の少ない子もいるが、そうでない子もいる。

　入園式翌日、登園してはくるものの、なかなか玄関先から園舎の中へと一歩を踏み出せずに玄関に佇んでいた龍一。長い時間、お母さんが帰っていった門の方を見ていた。やがて身体の向きは門に向けたままであるが、顔だけ向きを変えて玄関のあちらこちらを見始めた。水槽に興味を示したようだったので、保育者が「お魚さんの近くに行って見てみる？」と問いかけると頷く。距離にするとほんの１m程度であるが、それでも靴を履き換え園舎の中へと入ってきた。そこでもずいぶん長い間過ごしていたが、泳ぎ回る魚を保育者と一緒に見ることで慰められたのか表情も和らいできた。保育者の「お魚さん、かわいいね。〇〇組さんのお部屋にも違うお魚さんがいるよ。行ってみる？」の語りかけに頷き、保育者と共にクラスに入っていった。翌日以降も、龍一はしばらく玄関に佇むこと、水槽の魚を見ることは繰り返したが、徐々に玄関で過ごす時間は短くなっていった。

　春先の玄関のしつらえという些細なことのように思うかもしれないが、こうしたことの１つひとつが、その園全体の雰囲気や居心地のよさをつくりあげていく。なぜなら、１つひとつのしつらえに、こどもの気持ちの動きや目線に立とうとする保育者の姿勢が宿っており、その積み重ねが園全体の環境として行き渡って、その雰囲気や居心地のよさをつくり出していくからである。
　こどもは幼いほど、園の環境をそういうものとして生活していかざるを得ない。だからこそ、保育者側にとっての都合を優先することなく、こどもたちにとっての居心地から環境を考え見直していく視点を、保育者は大切にしていきたいものである。

2. こどもの居場所になっているか

(1) 抱え環境——癒される場としての園

　こどもは本来いきいきとした存在であるが、本来の生命力が発現されない場合がある。そのようなとき、保育の場が、こどもにとって癒される場となり、こども自らが本来の生命力を取り戻していくような、いわゆる**自然治癒力**のはたらく環境となっているかを問うてみることも大切である。

　人間の自然治癒の力に着目し、その自然治癒的環境を「抱え」環境として提起したのは、精神療法を専門とする**神田橋條治**(かんだばしじょうじ)(1937～)である。神田橋は、「治療の主役は病む個体である。正確にいうと、病む個体に具わっている自然治癒力とそれを抱える自助の活動とが治療の主役である」とする［神田橋1990；pp. 27-42］。そして「われわれ自身は日頃、主体に具わっている自然治癒力とそれを抱える自助の活動だけで、心身の不調の大部分から回復している」ので、治療はこの活動を最大限に発揮させるよう心がけるのが定石であるとする。そして、主体のもがきが深い場合、この主体の活動を助けるものとして重要なのが「抱え」の環境であり、抱え環境の相手方となるには、「利他の姿勢をもつ人であれば、精神療法の専門家でなくてもよい」とする。さらに「病んでいる人びととはしばしば、実生活のなかで、非専門家による抱えの関係に恵まれるだけで治癒している」と神田橋は述べる。

　大場は、神田橋の考え方を保育現場の意味理解に援用して「こどもの登園によって保育の現場が**包容力**をもっている場になっているかどうか、という問いの設定を試みることは間違いではないだろう」とし、自然治癒的な意味合いにおいて保育環境を問う視点を提起している。そしてそれは保育環境構築の出発点に位置づけるだけの価値があり、具体的には「園生活の環境が、登園してくるこどもたちの気の休まる場であってほしいし、**不安や苛立ち**を慰撫してくれる穏やかな空気に充ち、柔和な風を感じとれるような雰囲気の、園環境づくりの実現を意図する必要がある」と述べている［大場2007；p. 62　※太字は編集部による］。

こどもは本来いきいきとした存在である。しかし、こどもの24時間を見通すとき、家庭が安らぐ場になっていない場合がある。そして、そうした家庭の状況は一朝一夕に変わらない場合も多い。様々な状況を生きざるを得ないこどもが共に生活するのが保育の場でもあることを保育者はいつも心に留めていきたい。具体的な事例で考えてみよう。

episode 2 エピソード

　4歳児クラスの伸哉が母親と登園してくる。伸哉は玄関先でなかなか母親から離れようとしない。「お迎えにくる？」と何度も母親に確かめ、母親はそれに何度か答えると、半ばそのやり取りを断ち切るようにして伸哉のもとを離れ帰っていった。伸哉は以前に、母親が自分を園に送ってくれた後に家出をしてしまい、近隣に住む祖母がお迎えにきて、数日間祖父母宅から通ったという体験をしている。そのため、朝送ってくれた母が、また夕方にも自分を迎えにきてくれるのか不安なのではないかと保育者は感じている。保育者は、伸哉と手をつないで保育室に入り、伸哉の身支度の様子を、今日の楽しい予定などを話しながら見守る。伸哉は身支度が終わると、廊下を行ったり来たりし始める。心ここにあらずという感じでとにかく動き回るのである。

　クラスのこどもたちが登園し始め、伸哉は一緒に遊び出したりもするが、気に入らないことがあると「殺してやる！」と強い口調で相手に言う。また、伸哉は園の近くでサイレンを鳴らした消防車が通ると、何をしていても走り出し、園舎の端までいって自分の家の方角を心配そうに見る。自分の家が燃えていないかを心配しているようだという。

　伸哉の口調の強さや行動が気になり、それとなく家庭の状況を聞いたところ、父親が自分の気に入らないことがあると母親に対して「殺すぞ！」と強い口調で言ったり、「こんな家、火をつけてやる！」とライターを手にしたりするのだそうである。家庭内のことは地域の民生委員が接触を続けているが、同じような状況が繰り返されているとのことであった。

　心が乱れる伸哉が少しでも穏やかに過ごせるように、保育者は伸哉とで

きるだけ一緒に遊んだり、お昼寝のときには隣に付き添ったりする。伸哉は眠っている間に何か起こるのではないかとの思いもあるのか、なかなか寝つけずにいることも多いからである。また、共に横になっているときに、ぽつりと自分の抱えている不安を言葉にしたりすることもある。保育者は穏やかに寝入ったり、遊びや生活の中で穏やかな表情が伸哉の中に少しでも見えるとほっとするという。そして、できるだけそうした時間が長くなるようにと願いながらかかわっている。

こうした過酷ともいえる状況を生きざるを得ないこどもを園で受け入れる場合がある。また、このこどもほど過酷ではなくても、やはりその生活全体の中で、心波立つことを抱えている場合もある。その子がその子らしくいきいきと動き出していくには、その子が少しでも癒され、本人に内在する自然治癒力が働くような場となることが保育に求められることがある。様々な状況を生きるこどもの存在を包み込むような保育の場でありたい。

（2）園に居場所があること

あなたが毎日暮らす場、たとえば学生の立場であるとするならば、大学やアルバイト先など、比較的多くの時間を過ごす場のいずれかで、もし「居場所がない」と感じたら、あなたは毎日その場へ行きたいと思うだろうか。

幼いこどもにとっても同様である。実際の園生活において、こどもが安心感・安定感をもって毎日を暮らしていくためには、園に「自分の居場所がある」と感じられるかどうかが大きな意味をもつ。居場所は、暮らしの中での拠り所であり、物理的な面と、心理的な面との両方が重なり合うことが多い。

エピソード 3

3歳児クラスに入園してきた真由。小柄で、入園当初は母親と離れることをいやがって泣くことが多かった。保育者の隣に居ることが多かったの

だが、入園当初は他にも保育者の近くにいたがるこどもがいる。その中に、真由を慰めたい思いや親しみの思いから、抱きつく行動を繰り返す陸がいた。陸もまだまだ幼く、力のコントロールがうまくいかず、一方的に強く抱きつく。抱きつかれた真由は羽交い締めされたかのように動きが取れなくなるため、陸をいやがって泣くようになってしまう。そして真由は保育室の隅の棚の中に入り１人じっと過ごすことが続くようになった。
　入園したばかりで不安感の高い真由にとっては、保育者の隣が少し安心できる「居場所」であったといえる。ところが、その保育者の近くに居ることで、かえって怖い思いをするようになってしまった。保育者は陸の思いを真由に伝えたり、陸の行動を事前に察知してさりげなく防いだりもしていたが、限界がある。真由は棚に自分の居場所をみつけていった。棚の中に身を寄せるようにしている真由の姿を見ると、保育者として切ない気持ちになったという。しかし、保育者は自分が真由にとっての安心できる居場所となり得ない状況にあることも十分承知していたので、今の真由にとってはちょうどすっぽりと身体を収めることのできる棚は、園においてとりあえず安心できる居場所なのだと感じていた。

　園での「居場所のなさ」を感じることほど、こどもにとって心細いことはないだろう。そういうこどもにとっては、保育者が安心できる「居場所」となれるような関係づくりがまずは大切である。しかし真由の場合は、それが適わなかった。それもまた実際の保育の場では起こりえることである。真由の場合、それでも「保育室内」の棚に入り込んでいった姿に、保育者は、自分や他のこどもたちとのつながりを断ち切っていないように感じたという。
　こどもが居場所を求めて彷徨い、それが廊下やホールの隅になったり、給食室のそばになったりすることがある。そうしたこどもの姿を受け入れながらも、そうせざるを得ないこどもの心のサインを受け止め、保育者としてのありようや保育のあり方を振り返ってみることが求められるだろう。

（3）園が居場所となること

　こどもは園内で自分の居場所をみつけて安心感や安定感を得ることで、そこを**拠り所**としながら、動き出していく。それを積み重ね、こどもが園内を臆せずに動き回るようになるとき、園がその子にとっての居場所となっている姿だと考えることができるだろう。それは言い換えるならば、こどもが自分のやりたいことを自分で、あるいは仲間と共に実現していくようになり、各々のこどもが園というステージで**主人公**となって動き回れるようになるときである。保育者には、各々のこどもが園での居場所をみつけられるように、そしてやがては、園内を自分の居場所として動き回っていけるようにしていくことが求められるだろう。

エピソード 4

　その後の真由の姿である。5月に入って、真由は母親を求めて泣くことが少しずつ減った。また陸が抱きつかなくなったこともあって、棚の中から出てきて、保育室の隅（製作コーナーの近く）に居るようになった。まだ身を固くしているときが多かったが、棚の中とは違って、保育室内の様子がよく見える場所であり、周りで遊ぶこどもたちの様子をみて過ごすようになっていった。担任保育者は真由のその姿を受け入れながらも、真由が何か好きなことをみつけて、安心してそこからも動き出すようになってほしいと願い、声をかけたり誘ったりを繰り返すが、真由が動くことはほとんどなかった。そこで担任は、真由の表情が動くのはどんなときか、保育者とのやり取りが成立するときはいつか、など、場面の1つひとつを丁寧に捉えていった。そうしていくと、製作コーナーで保育者や他のこどもが作っているものをじっと見ていて表情が和らぐときがあること、また真由は保育者に誘われると余計に身を固くするようなところがあったが、朝の早いうちなど、まだ他の子が誰もいない場であれば、楽しそうにやり取りすることもあること、しかし他のこどもが加わってくるとすっと抜け離れてしまうようであることがみえてきた。

5月下旬のある日、製作コーナーで、絵理が小さな丸い画用紙に細い紙を貼りつけて「あのね、ふうせんなの」と嬉しそうに保育者に見せてきた。保育者は自分も真似をして同じような風船を楽しそうに作った。その場にいた他のこどもにもそれが魅力的に感じられたのか、多くの子が真似をして作り、風船を飛ばすようにしてひらひらと持ち歩いて遊び始めた。真由がその様子を目で追っていたので、保育者は思い切って誘ってみるが「真由ちゃん、しない」と動かなかった。動き出しはしないものの、真由がいつもと違って身を乗り出して見ている姿に、気持ちが動きかけていることを担任は感じた。そこで、直接的に誘うことは控えて、保育者自身がもっともっと楽しそうにその遊びに取り組み、片付けるときには、その風船を大切に壁面に貼った。その日真由は遊びに入ってくることはなかったが、ずっとその遊びの様子を見続けていた。

　翌日、絵理は登園してくると、さっそく自分の風船を壁面から外して持ち歩き始めた。楽しそうな絵理の様子に、さらに多くの子が自分の風船を作ろうと製作コーナーにやってきていた。製作コーナーにこどもが大勢いる間、真由は入ってこないだろうと保育者は思っていたという。でも、目を離さず見ている真由の姿があったので、多くの子が自分で作った風船を持ってテラスの方へ行ってしまい、製作コーナーの人数が少なくなったタイミングを見計らい「真由ちゃんもする？」と声をかけてみた。すると真由は嬉しそうに自分のクレヨンを持って製作コーナーへやってきた。真由は丸い紙に、クレヨンでぐるぐるっと描き、保育者に見せてくれた。保育者は真由の動きに驚きつつも嬉しく思いながら「きれいね」と言って、寄り添っていた。できあがるとテラスの方へ保育者と共に行き、他のこどもたちにためらいなく混じっていって、自分の作った風船を持って駆け回り始めた。

　真由はその日以降、少しずつ保育者と一緒であると遊び始めるようになり、クラスの集まりで皆が歌を歌ったり身体での表現をする場でも自分なりに歌ったり表現したりするようになっていった。

保育者が真由との関係を築いていくことで、保育者が再度真由にとっての「居場所」となり、そこを**安全基地**としながら動き出していく様子が伝わってくる。真由のように時間のかかるこどももいれば、比較的スムーズにそうなっていくこどももいる。それぞれのこどもにとって、園が自分の居場所となり、そしてやがては主人公として動き回れるよう手助けしていける保育者でありたい。

3. トータルな保育環境づくり

（1）やりたいことが実現できる

　園は様々なこどもが集まり生活する場であり、居心地よくほっとする場であること、園が自分の居場所となって動いていける場であることが大切であることがみえてきた。各々のこどもが園での主人公となって、自分のやりたいことが実現できてこそ、育ちにつながる体験を重ねていくことができるからである。また、こどもがそうなっていけるよう、保育者は手助けをし、い**ろいろな体験を積み重ねていく**ことができるような舞台としての環境づくりをすることが求められるだろう。

episode **エピソード 5**

　ある幼稚園の3歳児クラスの5月、こどもたちが登園してくる。保育室の一隅にはままごとコーナー、その向かいに製作コーナーがあり3歳のこどもたちが使いやすいような紙やクレヨンが出ている。少し広さがあるところにはスポンジ積み木が置かれている。こどもたちは、登園してくると嬉しそうに担任に「おはよう」と挨拶し、自分がしたいところへ行って遊び出す。保育者はその様子を見守りながら、保育者を居場所としているこどもらと一緒に製作をする。しばらくすると、できあがったものを持って、さりげなくままごとコーナーのお家へ「こんにちは」とお客さんとして参

加していく。保育者を拠り所にしているこどもたちも一緒に動くので、お家ごっこのこどもたちもお客さんたちを迎えて遊びがより楽しくなり、ひととき、一緒に遊ぶ楽しさを体験している。
　同じ園の5歳児クラス、男児のあるグループの子らは登園してきた子から、積み木を積んでいく。地域で大きな祭りがあり、屋台で輪投げを体験してきた子らが、それを再現しつつ、自分たちなりに楽しもうとしている。輪投げの的を並べる台を積み木で組み立て、的は牛乳パックを並べている。点数の高い的として、自分たちで必要な材料を材料棚から探し出し、話し合いながらロボット人形のようなものを製作している。輪を投げる際のルールも話し合って決め、輪を投げる人になったり、得点を言う人になったりして遊び込んでいる。

　幼稚園に入園してまだ間もない3歳児のクラスでは、保育者は幼いこどもたちが遊び出したくなるような室内環境をしつらえて迎えている。少しでも幼稚園に居て楽しかったという思いをもつことや、こどもが自ら遊び始めることがこの時期の育ちとして大切だと考えているからである。ただ3歳児は、遊び始める力も遊び続ける力もまだまだ淡いので、保育者はそうした行動を引き出すような環境を構成したり、援助したりする必要がある。保育者は、積み木をこどもと一緒になって積んでみたり、ままごとコーナーでは、身につけるエプロンやドレスを必要に応じて一緒に出したりしていた。おもちゃや道具の使い方、何がどこにあるかなどをこどもがわかっていくことで、こどもにとってなじみのある**使いこなせる環境**となっていくからである。
　製作コーナーなども同様であるが、さらに、こどもたちの遊ぶ様子をみて、必要な道具や材料を加えていく。たとえばプラスチックの空き容器を車にみたてて遊ぶような様子が出てくると、似たような材料や、プラスチックに色をつけやすいような油性ペンなどを、材料・道具棚に加えていく。こどもが、なじみのある使いこなせる環境となっている中で、新しい素材や道具などとの出会いがもたらされると、さらに**好奇心**をそそられることとなる。こどもに

とって、日常的な安定性をもちながらも、こどもの動きに応答していくような環境をつくれるのは、毎日を共に暮らす保育者にしかできないことである。

　また、3歳児クラスの保育者は、こどもたちが一緒に遊ぶ機会も積極的につくり出している。こどもが「一緒に遊びたい」と言い出しているわけではないが、保育者をつなぎ手としながら共に過ごすことの楽しさを感じ始めているこどもの様子を受け止め、保育者が共に実現していっている。3歳児など幼いこどもにとって"やりたいことが実現できる"というのは、こどもの中で動き出している**興味や関心の方向**を保育者が感じ取り、それを十分に実現できるような状況をこどもと共に手探りしながらつくり出していくことも含んでいるといえるだろう。

　一方、この園で3年目を迎える5歳児たちは、室内のみならず園内全体のことを知り尽くしていて、自分たちの思いついたことを仲間と一緒になってつくり出していけるようになっている。こどもたちを迎える室内のしつらえは、むしろすっきりとしている。なぜなら、こどもたちが、遊びの場を自分たちでつくる過程から話し合い、**イメージを共有化**させていくことが大切な経験であると考えているからである。必要な道具や材料もどこにあるかこどもたちは既にわかっているので、自分たちで取りに行ったり、材料を探し出していく。やりたいことがこどもたちの中で明確にあり、目的に向かって実現していこうとする年長らしい姿である。そして、自分たちの"こうしたい"という思いをどうやって実現したらいいのかわからないところが出てくると、保育者に相談にやってくるのである。

　自分たちが思いついたことをどんどん遊びの中で実現していくのが園生活であり、それを支えてくれるのが保育者の存在である、という育ち方をしてきているからこその5歳児のこどもたちの動きである。各々のこどもが主人公となって自分のしたいことが実現できるよう、その時期に大切な経験を見通しながら環境構成や状況をつくり出す保育者のあり方を考えていくことが大切である。

（2）心や身体を休めることができる

　こどもにとって、やりたいことが十分にできると同時に、休めることも大切である。自分のやりたいことに打ち込み集中した後には、心も身体も緊張を解いて**休める場**を人間は必要とするからである。また、人と人とのかかわりが生まれる場は楽しい場でもあるが、同時に、思いのすれ違いやけんかなど、関係の中で心が波立つことも出てくる。そうした際にも、少し休んで心を鎮めることができる場が必要となる。心や身体がよく動くには、いろいろな意味でよく休める場が必要なのである。それが保育者の傍ら、ということもあるだろう。また、1人でゆっくりとしたい場合もあるだろうし、仲間と共に身体を休めることができればいいという場合もあるだろう。そうした時間を過ごすことのできる場や状況づくりをしていくことが保育者には求められる。

エピソード 6

　ある園の園庭、藤棚が設けてあり、その下にこどもサイズのベンチが置いてある。大きな桜の木もあり、園庭に木陰をつくってくれている。春から夏へ向かう時期、年長のこどもたちは園庭を力一杯駆け回って鬼ごっこをした後、少人数なら藤棚の下のベンチに座ってよく休んでいる。大勢だと、木陰に行って腰を下ろしたりしている。自分たちなりにどこで休むといいか、意識的ではないようであるが自然と選んでいるように思われる。

　別な園での冬のある日、園長先生が園庭でたき火をする。そこがこどもの休める場となっていて、固定遊具で遊んだり鬼ごっこで精一杯走り回ったりした後に、ひとときそのそばに来て休んでいく。また、火の暖かさに吸い寄せられるようにやってきて、園長先生の隣でずっと一緒になって火の番をしながら、何とはなしに自分の思うことを話す子もいる。

　また別の園の絵本室、こどもがゆっくりと絵本を読めるようにと絨毯（じゅうたん）を敷くことにした。もちろん、絵本が読みたくてやってくる子が多いが、その部屋に誰もいないと電気もつけずにぼうっと過ごしている子がいる。通りかかった保育者が「電気つけようか」と声をかけるとそのままがいいと

いう。話を聞いてみると、一緒に遊んでいた友達とけんかになり、そこにいたようである。保育者が「1人でいたいの？」と問いかけると頷く。自分なりに心を鎮めたい様子が伝わってくるので、保育者はその場を後にした。しばらく後、その子はまたクラスへ戻っていった。

長い時間を園で暮らすこどもも多い。心や身体が疲れたときに、どこで休んでいるのだろうか。休める場を実際的にどのようにつくることができるかは、園舎の構造などによって異なってくることだろう。大切なことは、こどもが羽を休める場をつくっているか、またそうした存在となっているかと保育者のありようを考えてみることである。

（3）心の動く出会いがある

園が慣れ親しんだ場になっていくことは、こどもにとっては安定性をもたらすが、反面、新しい出会いがなければ、こどもにとってはつまらなく、飽きのくる場になってしまう。

大場は「馴染み親しんでいる場であるとしても、そこに面白いことや、感動すること、あるいはびっくりするような出来事を発生させる期待がもてて、実際にしばしばこどもたちにビックニュースとなるようなことが起きる場かどうか。それが保育者の期待や予想されることである場合に限らない。保育者の想像もしないようなことで、こどもたちは心騒ぎするようなことに遭遇する。居場所となる園には、こどもを引きつけるような魅力がこどもたちの生活圏や行動圏に豊かにあることが不可欠だ。園は、こどもたちの発信と受信の交叉する居場所でもある」とし、「**新奇性**はこどもの新たな活動を喚起する契機になる。目撃者であるこどもは、それを遊びの中に表現したり、描画として表現することが少なくない。園環境そのものを育てる保育理念と技術が欠かせない理由は、新奇性に富む環境づくりが、こどもの居場所づくりにおいて不可欠であるからだ」と述べている［大場2007；pp. 69-70 ※太字は編集部による］。

こどもたちの生活圏や行動圏に変化をもたせていくこと、その中でこどもがそれぞれに**新奇なもの**に出会って心が動き、それを受信したり発信したりしていくことで遊びがつくり出され発展し、こどもが仲間と共に様々な挑戦をし、手応えを感じていくことになる。そうした変化をもたせるものの1つとして行事があげられるだろう。

episode エピソード 7

　5歳児クラスの遠足で遊園地に行ってきた翌日のことである。女児4人が2人掛けの椅子を向かい合わせて4人で座れるようにし、その周りを囲うように積み木を並べて遊び始めた。遠足で一緒に乗った観覧車が楽しかったらしく、それを再現しようとしていたようであった。最初は、できあがった場所に乗っては「高いわねえ」など、そのつもりになって楽しんでいたが、実際に観覧車は動くわけではない。女児たちは物足りなくなってきているのだが、自分たちではどうしようか思いつかない。そこで保育者に相談してみようということになった。女児たちは口々に「観覧車が上に回っていくみたいにしたい」と保育者に話す。保育者はその思いを受け止めて、「そっか、本物みたいに動くようにしたかったんだね。でもね、本当の遊園地じゃないから、本当にはあれを上にあげることはできないと思うんだよ。何か動いている感じにする他の良い方法はないかな？」と投げかけていく。すると、あるこどもが「いいこと考えた！　窓から見える景色を、紙芝居みたいにして変えていけばいい」と発言し、他のこどももそれがよさそうだと、周りの景色が変わっていく様子を何枚かに描いたという。それができあがると、観覧車の外で景色の紙芝居をめくって変えていく役割を順番にしながら楽しんでいた。周りで別の遊びをしていたこどもたちもそれに興味を示してやってくると、最初から遊んでいた4人の女児は、遊園地の切符を作って売ったり、案内をする係をしたり、景色を変える係となり、誇らしげに嬉しそうに、自分たちの作りあげた観覧車に他のこどもを乗せてあげていた。

クラス皆で同じ遊園地に行き、一緒に観覧車に乗るという新たな共有体験をしてきたことがこどもの心を動かし、新しい遊びを始めることにつながっている。もちろん、遠足といった行事だけでなく、日常生活の中でも様々な心の動く出会いは保育者の工夫しだいでつくり出していくことができるだろう。園内での栽培や飼育なども、こどもと共に丁寧に取り組んでいくと、たくさんの発見がある。また、散歩をはじめとして、地域をこどもの生活圏としていくことで、地域の人々や様々なこととの出会いがもたらされることになるだろう。また、こどもたちが家庭などで体験してきたことを園内に持ち込んできてくれることもあるだろう。

　そうした新たな出会いの中で、こどもたちの"こうしたい"という発想が形になっていくことを支えていく保育者のありようも大切である。このエピソードでの、観覧車を動かしたいというこどもの思いは実現が難しく、ともすれば受け流してしまわれがちな内容である。しかしこの保育者は受け流さず、何か良い方法がないかと一緒に考えていっている。心が動き、その**心の動く出会い**から生まれる発想や活動を、頭から無理なこととされることが度重なれば、こどもは思いついたことを表現したり形にしていくことをあきらめていってしまうことになりかねない。心の動く出会いをつくり出していくとともに、こどもの中で動くものを受け止め、共に手探りしていく保育者のありようも大切である。

引用・参考文献

井口佳子「（1）保育の環境」『保育の実践と研究』vol.13、No.1、相川書房、2008年

榎沢良彦『生きられる保育空間——子どもと保育者の空間体験の解明』（淑徳大学社会学部研究叢書20）学文社、2004年

大場幸夫『こどもの傍らに在ることの意味——保育臨床論考』萌文書林、2007年

大場幸夫、前原寛編著『保育心理学Ⅰ　子どもと発達』東京書籍、1995年

大場幸夫、前原寛編著『保育心理学Ⅱ　子どもと保育』東京書籍、1995年

尾崎新編『「現場」のちから——社会福祉実践における現場とは何か』誠信書房、2002年
尾崎新編『「ゆらぐ」ことのできる力——ゆらぎと社会福祉実践』誠信書房、1999年
神田橋條治『精神療法面接のコツ』岩崎学術出版社、1990年
倉橋惣三『育ての心（上）』フレーベル館、1976年
柴崎正行「〈特集〉乳幼児は心の拠り所をどのように形成していくのか」『発達』vol.24、No.96、ミネルヴァ書房、2003年、pp. 2～5
柴崎正行「乳幼児にとって保育園のくつろぎ空間とは」『発達』vol.24、No.96、ミネルヴァ書房、2003年、pp. 5～11
フィーニィ, ステファニー、ドリス・クリステンセン、エヴァ・モラヴィック（Who am I研究会訳）『保育学入門——子どもたちと共に生きる保育者』ミネルヴァ書房、2010年

第**4**章

冗長な日常を
意味づける

being

1. 変わらずに在ることの意味──生活のリズム・日課

人の生活は、具体的な「今・ここ」で営まれている。この具体的な今・ここで、誰とあるいは1人で何をしているのかということが生活である。保育所に通うあるこどもの1日の生活を素描すると次のようになる。

episode 1
エピソード

　朝、母親に起こされる。起床時間は保護者の勤務の時間に合わせて6時30分頃である。パジャマから洋服に着替えるのは、こども自ら箪笥から好きな洋服を出して着ることが多いが、季節や天候で母親がアドバイスすることで多少もめたりする。顔を洗い、歯を磨き、保育所に行く準備を促されながらする。時には鞄を開けて、昨日作って持ち帰った折り紙を確認して母親と昨日の出来事などを話す。そうこうしているうちに、兄が起きてきたり、朝食の準備が整い、兄と2人で朝食を食べ始める。少し遅れて母親も食卓につく。今日のお迎えの予定を聞いたり、兄の学校の話を聞きながら食事を終える。いつも見ているテレビ番組を見たり新聞をチェックしたり、お気に入りの玩具で遊び始めるが、登園の時間になり促されるように家を出る。

　保育所まで自転車の後ろに乗り、友達のことを話したり、道々のジュースの自動販売機を数えたりしながら10分ほどで保育所に到着する。同じクラスの仲良しに会い、2人で先に保育所に行く。

　夕方、延長保育の時間帯、年齢の異なるクラスの子とトラブルを起こし、納得がいかずに仲直りをしないで、1人で絵本を読んだりしている。約束の時間より少し遅れての母親のお迎えに、不満を言ったりして甘える。帰りの支度を保育者や母親に促されながらする。保育者や友達に挨拶して帰路に就く。また自転車の後ろに乗り、今日のもめごとの内容を話したり、好きなテレビ番組の話をしながら帰る。家では、すでに学童保育から帰っている兄がテレビを見ている。保護者が夕食の準備をしている間に、きょ

うだい2人でお風呂に入るときもあれば、テレビを見ているときもある。お風呂は保護者と食後に入るときもあるが、帰宅時間が遅いときには、先に入ることが多い。テレビを見ながら、夕食を食べる。朝早い時間に家を出る父親が早く帰宅して一緒に食べることもあるがほとんど3人の食事である。父親と一緒のときは、日曜日に遊ぶ約束をしたり、テレビ番組の話、保育所の行事の話をしたりする。

　寝る前のひととき、お風呂に入るときもある。お風呂に入るときはテレビ番組の関係で大急ぎのときもあるが、だいたいは保育所での出来事や学校での出来事が話題になる。

　兄が机に向かい宿題をしているそばで、絵本を読んだり、絵を描いたり、字の練習（と本人は言う）をしたりしている。母親が兄の宿題をみることが多いので、話しかけても無視されたり待つように言われるので時折、すねている。9時半頃になると就寝準備。布団に入りきょうだいで、母親に続きの物語を読んでもらい眠る。

　エピソード1は、エピソードのこどもの保育所での時間を除く1日のおおよその生活の様子である。この生活は、話される内容が異なったりはするが毎日激しく変わるのではなく、ほぼ同じような1日が繰り返されて1週間になる。1週間単位で素描すると日曜日の生活の流れが別にあり、月曜日には月曜日の特有のこどもの様子がみられたり、週末はお弁当持参だったり、昼前に帰ったりと多少違った日を織り交ぜて決まったように1週間の生活の流れがある。

　人の生活は、生理的・社会的な様々な要因に規定される。様々な要因から解放されて自由に生きたいと願っても、そこからまったく自由になることはできない。ましてや、その生活を営む上で他者の保護を必要とするこどもにあっては、生活を共にするおとなの生活に、その多くが規定される。人の生活には、エピソード1にみるように決まって繰り返される**パターン**（生活のリズム・日課）がある。このパターンはだいたい、ある程度変わらずに持続

表1 4歳児クラスの午前中のこどもの姿

時間	2月○日 こどもの姿	2月△日 こどもの姿	2月☆日 こどもの姿
8:30 登園	○順次登園 ホールで自由に遊ぶ（ブロックで遊ぶ・コマ回しの練習をする・ボウリングをする・お絵描きをする）。	○順次登園 ホールで自由に遊ぶ（コマ回しの練習・カルタ取り・人形で遊ぶ・ままごとをする。ブロックで遊ぶ）。	○順次登園 ホールで自由に遊ぶ（ままごと・コマ回し・お絵描き・人形遊び）。
9:00	○片付け 保育室からホールに椅子を持っていく。	○片付け	○片付け
	○朝の集会 朝の挨拶をする。 日にちの確認。 保育者の話を聞く。 歌「コマ回し」を歌う。 コマ回しの大会の説明を聞く。 コマ回しの練習をする。	○朝の集会 朝の挨拶をする。 今日の日にちの確認。 「今日はウサギ組（4歳児）でお店屋さんごっこがある」ことを伝える。 ○保育室に戻る	○朝の集会 保育者の話を聞く。 歌（カレンダーマーチ・焚き火・コマ回し）を歌う。 実習生と握手して保育室に戻る。
9:30	○コマ回し大会 家族（父母は5歳児組、兄姉は4歳児組、こどもは3歳児組）対戦をする。 ○椅子を持って保育室に戻る 保育者の話を聞いてから上着を着る。	○お店屋さんごっこの準備 エプロンをつけ、品物を並べる。 お店屋さんごっこ（ウサギ組以外のこどもに品物を売る）。 他の組のこどもを呼びに行く。	○実習生の話を聞く 絵本（『はるのパーティーはじめるよ』）を読んでもらう。 春をイメージし、画用紙にその絵を描く。折り紙や綿を貼る。
10:00	○園庭で自由に遊ぶ 鬼ごっこ・かくれんぼ・砂場・ままごと・泥団子	○園庭で自由に遊ぶ （鬼ごっこ・かくれんぼ・砂場・ままごと）	○手を洗い自由に遊ぶ コマ回し・パズル・絵本
10:30	○片付け 保育室に戻り、うがい・手洗いをしてから給食の準備をする。	○片付けをして保育室に戻る 手足を洗う。	○片付け
11:00	布団敷きをする。 当番は給食室に給食を受け取りに行き配膳をする。	○給食の準備をする ホールで布団敷きをする。 給食の配膳が終わるまで座って待つ。	○給食の準備をする ホールで布団敷きをする。 保育室に戻り、当番の子は配膳をする。その間絵本を読んでもらう。
11:30	○給食（魚・ほうれん草のおひたし・ご飯・お吸い物・サツマイモてんぷら）	○給食	○給食 「いただきます」の挨拶をする。
12:00	○ごちそうさまをして、パジャマに着替える 手遊び・絵本 ○排泄をしてからホールに行く	○食器を片付け、自由に遊ぶ （手遊び・絵本）。 ○保育者に抱っこされてから排泄をし、ホールに行く	○パジャマに着替える コマに色を塗る。コマ回しをする。片付ける。 手遊びをする。 絵本を読んでもらう。 ○実習生とじゃんけんしてから、排泄し、ホールに行く
12:30	○午睡	○午睡 お話『いやいやえん』を聞きながら。	○午睡

出所：筆者作成

表2　基底となる生活と変化する生活

時間の流れ									
基底となる生活	○順次登園	片付け朝の自由遊び	朝の集会	その日の活動	片付け	手洗い・うがい・排泄	食事布団敷き自由に遊ぶ	着替え絵本・紙芝居・手遊び	午睡
	○日	*保育室でブロック・コマ回し・ボウリング・お絵描きなど		*ホールでコマ回し大会園庭で自由に遊ぶ（鬼ごっこ・かくれんぼ・砂場・ままごと・泥団子など）				手遊び・絵本を読んでもらう	
変化する生活	△日	*ホールでコマ回し・カルタ取り・人形遊び・ままごと・ブロックなど		*保育室でお店屋さんごっこ（他のクラスを誘う）*園庭で遊ぶ鬼ごっこ・かくれんぼ・砂場・ままごと				手遊び・絵本を読む	
	☆日	*ホールでままごと・コマ回し・お絵描き・人形遊び		*保育室で実習生に絵本を読んでもらう絵にちなんだ制作				コマに色を塗るコマ回し・手遊び絵本を読んでもらう	

出所：筆者作成

的に繰り返され、日常生活の基底として括られる。保育所における日課も、以上のような1人ひとりの生活のありよう（生活のリズム）から、つくり出されたものと考えることができる。保育所の生活もその社会や文化から切り離されてあるものではないことがわかる。

　保育所の日課は、こどもの**生理的なリズム**（寝る-食べる）を基本にして、家庭生活を支える保護者の働くことからくる社会的な要因と絡み合ったところでつくり出された保育所生活の基底である。

　表1は、ある実習日誌から4歳児クラスの連続する3日間を抜き出して、その午前中のこどもの姿をまとめたものである。それをさらに整理したのが表2である。

　表2にみるように、任意の3日間ではあるがほとんど同じような日々の繰り返しである。具体的にみていくと、朝の始まりは、保育室かホールである。そこにはいつもの友達、保育者（迎え入れる保育者は日により多少の違いがあるがまったくの知らない人ではない）がいる。そして、いつも遊び慣れている玩具

がある。日々、多少の時間的なずれがあるにしろ、ホールでの朝の集会がある。それから、ホールで、園庭で、保育室でのこどもたちの好きな遊びだったり、保育者からの提案だったりの活動をし、給食の時間になるというように、生活がある程度構造化されている。この繰り返される生活が少し先の未来を予測しやすくする。さらに、ある程度予測した通りにことが展開されることで、この**生活世界**が信頼に足るものであるという信頼感を育むことになる。他方、毎日同じようなことが繰り返される冗長ともいえる生活は、生活の**マンネリ化**を招くことにもつながる。繰り返される生活は生活の安定と安心を生み出すこととマンネリ化を招く諸刃の剣でもある。保育者は、今を生きるこどもの欲求と生活が変わらずにあることの意味を意識して、こどもにとっての最善の利益を問い続けることでマンネリに陥らない努力をする必要がある。

2. 基底となる生活（生活のリズム）を どのように獲得するか

　先に述べた人の**基底となる生活**は生まれてすぐからあるわけではない。人は基底となる生活（おおよそ、昼は起きて活動し夜は寝るという生活のリズム）も生まれた後の周囲とのかかわりを通して獲得していく。

　出生後の1人ひとりのこどもの（その人固有のものであり最も主体的である）**生理的なリズム**をベースに、単層眠（夜1回寝）をその文化とする周囲の人々との生活の中で、その文化の**生活のリズム**を獲得していくことになる。その過程は、こどもの「目覚め－飲む－遊ぶ－排泄」という生活と結びついて働きかけられる（あるいは応答される）。生活のリズムが安定してくると、こどもの情緒も安定してくる（機嫌が良い）ことがいわれている。

　こどもの情緒の安定のためを考えて、早く生活のリズムが安定するように働きかけることも考えられる。たとえば、夜寝られなくなるからと寝ているところを起こすとか、空腹で泣いているが、まだ、ミルクの時間ではないからと、気分を変えるための働きかけをしたりすることもできなくはない。また、集団での日課を早くつくりあげるために、こどもの生理的なリズムより、

みんなと一緒に遊んだり、食べたり、排泄したりするように働きかけることもできるかもしれない。このような働きかけをすることでクラスのこどもたちの生活のリズムが早く整うということもある。

　一方、(生理的な欲求に基づいて寝る－起きる－ミルクを飲む－遊ぶ－排泄するという) 1人ひとりの固有のリズムを尊重し、それらの欲求に対応した生活を援助する生活もある。それは、やがては単層眠へという願いをもってかかわることになる。目覚めたときは、しっかりと目覚めて活動できるように働きかけ（ミルクはやさしく話しかけながら、遊びは覚醒状態が高まるようなやり取りをするなど）、眠いときは安心して眠れるように配慮する生活である。このような生活の過程の中で、**安定した生活**に至る。

　こどもの主体としての願いや思いを受け止めるところから保育を考えると、生活がとにかく安定し機嫌よく過ごせればいいだけではなく、**主体としての自己**が形づくられるように支えるものでなければならない。こどもの欲求に沿った満足をもたらすリズムがある程度変わらずに繰り返されることで、その生活を支えている人への信頼感が培われる。その人がいる安心できる場所が変わらずにあることで、**場に対する安心感**もともに培われる。そして、自ら生きる「この人」と「この場」が「安心できる良いもの」であることを獲得していくことを意識しておきたい。

　後者のような意味で生活のリズムの獲得過程を考えたい。

3. こどもへのまなざし──「ほどよい」ということ

　表1の実習生の実習日誌に整理したように保育の日常は、毎日繰り返される基底となる生活を地にして、こどもの遊びがとりとめもなく展開されているようにみえる。発達の経験となるような保育者からの積極的な働きかけもないようにみえる日誌のようなこどもの生活は、保育者が、こどもの動きに、またはこどもの生活する空間や周辺の出来事に、**興味・関心・注意**を払うことがなければ、マンネリ化したものとなってしまう。

保育者のこどもへの興味・関心・注意は保育の計画に表されるが、計画だけでは保育はできない。計画を保育者自身の身体にくぐらせ、主体的存在としてこどもに向かうとき、計画は保育者のこどもへの願いになり、願いはこどもへのまなざしとなって生きたやり取りとして展開される。こどもの発達の姿を理解してそれをもとに作成された保育の計画でも、こどもの「**今を生きる願い**」は保育者のこども理解をはるかに越えていくことが多い。計画の修正が迫られる理由がここにある。修正に柔軟であることが重要である。

　計画にこだわりすぎて、こどもが主体的存在であることを忘れて、こどものために良かれと思って、あるいは、将来役に立つことを信じて無理強いすることは、こどもの主体性の育ちを危うくする。また、こどもの「今を生きる願い」を鵜呑みにしてすぐに計画を変更することは、保育者の主体性（育てる責任）を危うくする。主体同士のかかわり合いは、こどもの「**今を生きる願い**」と保育者の「**こどもの今の充実と育ちへの願い**」に折り合いをつけるやり取りを豊かに展開することにあると考える。お互いの折り合いのついた生活が計画を修正する結果になるという意味で、柔軟になることが必要ということである。このことを保育者に視点を当てて捉えなおすと、どのように心を砕いた計画であっても完璧に実施することを求めるのではなく、あるいはこどもの願いに圧倒されて自らの願いを放棄してしまうのでもない「**ほどよい**」あり方が求められるということである。

　いうまでもないが、「ほどよい」ということは最初から手を抜くことではなく、実際に生きて働きかける保育者のその時々の最善を尽くすことが、結果としてこどもにとってほどよいというかかわりになるということである。

（１）保育の準備・後片付け

　こどもへのまなざしは、直接にこどもへ向けられることばかりとは限らない。こどもが生活する場（保育室・玄関・廊下・トイレ・ホール・園庭など）にも向けられる。第１章の表３ (p.50) にみるように、こどもたちが登園する前から保育者はこどもたちとの生活に心を砕いている。こどもたちが安全で安心

した生活ができるよう場を整えてこどもたちを迎え入れる準備をしている。保育室が安心できる場となるためにドイツの教育哲学者である**ボルノウ**（Otto Friedrich Bollnow, 1903～1991）に依拠して、そのあり方を考えてみることにする。

ボルノウはその著である *Mensch und Raum* [1963]『人間と空間』の中で、自分のために自分に属する生活空間をつくり出すことが生きる上での基礎であることを述べている［ボルノウ 1978］。そして、その空間が安全で庇(ひ)護的であり、さらに住み心地がよくなければならないとして、その空間の特徴を9つあげている。この9項目にならって保育室を整える視点をあげると次のようになる。

こどもを迎え入れる安心できる場は、玩具の置き場所などの遊具を整えることも重要であるが、護られていると感じられる**空間の大きさ**（広すぎず狭すぎず）も重要である。空間にロッカーなど生活に必要なものが、ほどよく配置され、手入れが行き届いているというように、保育室は保育者の人としてのありようの表現であり、保育者自身が空間と化した区画となっている。保育室が保育者の表現であるとしたら、保育室はその保育者の保育・生活の歴史でもある。安心できる保育室とは、安心・安全を得ようと努力し、それを保育者自身の回りにつくり出そうとする可能性のことであるといえる。

---

* 　ボルノウは『人間と空間』の第3章第1節に家屋の意義の中で住まうことの幸福感をバシュラール（Gaston Bachelard, 1884～1962）を援用して次のようにいう［ボルノウ 1978；pp. 143-146］。
①家屋は保護と防護の機能をもつ。
②家屋が人間に伝達する生の根源的感情は安らぎの中で快適と感ずる感情である。
③家屋は内部に向かって暖かさと快適さとを寄贈するだけでなく、外部に向かっても堅固さと世界の中で自己を維持する力とを人間に与える。
④体験される家屋は生命のない箱ではない。家屋は情緒的で人間的な諸特性を備えている。
　さらに第3節で住み心地のよさについて以下のように述べている。
①住居空間は隔離されているという印象を創り出さなければならない。
②空間の大きさも1つの役割を果たしている。
③諸空間が調度品によって整えられている仕方が問題である。
④いくらかの暖かさも住み心地の良さには必要である。
⑤空間は愛情をもって手入れされていることがみて取れるものでなければならない。
⑥部屋を飾っているいろいろな調度品についても、それが愛情をもって選ばれ、手入れされているということがみて取れなければならない。
⑦住居はそこに居住している人間の表現となり、この人間自身の空間と化した区画になる。
⑧住居は生活の歴史の表現である。
⑨住み心地の良い我が家というのは、居心地の良さや快適さの雰囲気をつくり出す力をもっている。

たとえば、片付け。次の活動のために急ぎすぎて大きな籠に投げ入れるように片付けていないだろうか。利便性を考えて保育室の壁にスーパーマーケットの袋をむき出しのまま提げて汚れもの入れにしていないだろうか。破れた絵本を破けるに任せていないだろうか。保育室の安全や衛生面から掃除のしやすさを考えて何も置かない殺風景な保育室になっていないだろうか。また、次に使うこどものことにのみ気持ちが向かい、作りかけのブロックをこのままにしておきたいこどもの気持ちを否定していないだろうか。また、ルールだからとこどもの気持ちを考えることもなく従わせていないだろうか。住み心地のよさを考えて、保育者とこどもの欲求の折り合いをつけたほどよい保育室に意味を見出したい。

（２）そばにいること

保育者は、こどもに向かって働きかけることだけではなく、そばにいることそのことが重要な意味をもつことが次のエピソードから理解できる。保育者にとって、こどもとのこれまでのかかわりの履歴の上に今の時間があることを考えると、そばにいることは当たり前といえば当たり前のことである。

episode エピソード 2

０歳児の昼下がり

ほとんどの子が眠っている。さゆりちゃん（10か月）は、保育者が連絡帳を書いているそばで、早く目覚めて機嫌よく遊んでいる。風にふわふわ動いているビーチボールを捕まえようとはいはいで追いかけている。手を伸ばすとつかみきれずにボールは余計に遠くへ行ってしまう。また、捕まえようと這っていくことを繰り返している。保育者が、用を思いついたらしくテーブルから離れて保育室から出ていこうとすると「ふぇーん」と泣いて後を追う。

いつもと変わらずに、いつものようにそこに居ることの意味は意外に大きい。保育者が入れ替り立ち替りめまぐるしく変わることは極力避けたい。年齢が低いほど、変わらずにいつものように在るおとなのありようがこども自身のありようを映し出す鏡の働きをする。そのように考えると、ゆったり穏やかにそこにいる居方がこどもの居方を意味づけることになる。年齢が高くなって、自分自身を獲得したこどもにおいても同じである。いつものように保育者がクラスに居てくれることが、こどもの安心した生活を支える。さらに、こどもは行動の仕方を、保育者の意図しないところまで写し取る。のんびりした動きをする保育者のクラスのこどもたちは総じてのんびりしているといわれている。保育者自身の無意識も含めた**まるごとのあり方**が、保育者の意図を越えてこどもの行動を意味づける。

（3）一緒にする

①こどもから働きかけられる

　発達の初期であればあるほど、こどもの欲求を充足する上で、おとなにしてもらうことが多い。できないけれども自らしようとし、それを周囲のおとなに支えてもらい、少しずつ自分でできるようになることが増えていく。エピソード3のさおりちゃんは、自分の生活に見通しをもち、自らするようになるが、時におとなに手伝ってもらいたいことがある。このエピソードの保育者は、テーブルにはみ出したクレヨンをさおりちゃんと同じやり方で手伝う。さおりちゃんは、手伝ってもらいながら、同じ失敗をしなくて済む方法を思いつく。保育者は、さおりちゃんに手伝ってと言われたときに下敷きを敷いて塗ることを伝えることもできたが、さおりちゃんと同じ方法で消すことを手伝うことに意味を見出していたことになる。

第4章　冗長な日常を意味づける

エピソード 3

　　　　延長保育の時間帯になり、保育室を移動する。
　保育室に着くと、さおりちゃん（5歳4か月）が折り紙でおひなさまとおだいりさまを折る。折り終わってから「そうだ、お顔を描こう」とクレヨンを出してきて、頭の部分をはみ出さないように注意深く塗っていた。が、手が滑ってテーブルにはみ出してしまう。「あっ」と小さな声で叫んで、慌てて、手で消し始める。「消しゴム、消しゴム」と言いながら消しているがなかなか消えない。その様子を見守っていた保育者は「消すの手伝って」と訴えられ、保育者も一緒に手でこする。「消えないね」と言いながら何回も何回も擦(こす)っているうちに消える。「あ、消えた」と言うので、「よかったね」と見守る。さおりちゃんは続きを始めようとして「あ、そうだ。これでやろう。あったまいい」と歌うように呟(つぶや)いて、そばにあった紙を台紙にしてはみ出してもいいようにして続きをする。

　もしかすると、下敷きを敷くことを思いつかないかもしれないが、保育者は今のさおりちゃんの生活はそれで十分に充実していると判断して、その先を見守り続ける。結果として、さおりちゃんは自ら同じ失敗を繰り返さないように、はみ出してもいい方法（下敷きを敷く）を思いつくことになる。

②保育者から働きかける

　保育者とこどもが一緒にすることは、こどもから働きかけられてというだけではなく**保育者の側から働きかける**ことも多くある。エピソード4は、秋の収穫も終わり、来年のために畑を掘り起こす作業をクラスの皆ですることを保育者から提案される。作業はスコップに足をかけて土中深く差し込み掘るというもので力のいる仕事である。それぞれに作業に取り組み頃合いをみて保育者が「今日のところはここまで」と終わりを告げるが、じゅんぺい君は保育者と共に黙々と作業を続けている。

エピソード 4

　4歳児クラス、今日は、みんなで畑を掘り起こす作業をすることになる。じゅんぺい君（5歳6か月）は、他の子が飽きてしまって、別の遊びを始めても黙々と掘り続けている。掘りながら、そばの保育者に「疲れる。ここが痛い」という。保育者「頑張ったからね」というと、張り切って「お百姓さんになる」という。保育者が「大きくなったら？」と聞くと嬉しそうにうなずく。そして「疲れる、疲れる」と連発しながら掘る。保育者が「少し休んだら」というが「これは仕事だから（だから、疲れてもする）」と言いながら掘り続ける。

　土を掘り起こす作業が気に入ったらしく、腕が痛くても続け「（興味をもった土掘りを仕事とする）お百姓さんになる」という。今していることは仕事だから疲れてもやめられないという。
　最初は自分の興味・関心からやり始めたことではないが、誘われるままにしてみると面白いこともある。保育者は日々のこどもの姿から、こどもの興味や関心に沿って生活をつくりあげるための**提案**をする。半年後にサツマイモを植えることを提案することも含んでの今の提案になっている。半年後は、ゾウ組（4歳クラス）のときに、掘り起こしておいた畑にサツマイモを植えることを話しながらの提案となる。
　来年というこどもにとっては実感がわかない先のことについて、来年よりもっと先の将来の仕事のことにまで思いめぐらし土を掘り起こしているこどもの気持ちに出会えたことを保育日誌に残している。

（4）見守る（見届ける）

　園庭で遊具入れを整理しているときに、保育者は何やら母親に言われて泣きながら登園してくるやすお君の姿を見る。やすお君親子と少し遅れて保育

室に戻ると、なるみちゃんが「やす君が泣いてる」と知らせに来る。

エピソード 5

　やすお君（5歳3か月）が登園してすぐに保育室の隅にある机の下に入り込んで顔を両手で隠してうずくまっている。それを見たなるみちゃん（5歳7か月）が、「先生、やす君が泣いてる」と知らせに行く。やすお君の周りに数人のこどもたちが集まってワイワイ言いながらのぞき込んでいる。保育者が「そーっとしておいてあげなさい」と声をかけると、なるみちゃんが「何もしていない。見ているだけだよ」と言う。

エピソード 6

　午睡明けのおやつの時間、保育者はやすお君の隣に座り、「今日の朝、やすお君のお母さんがかわいい男の子と手をつないで歩いているところ、園庭で見たよ」と言うと、やすお君は「（見てたの）知ってたよ。泣いてたでしょ」と言う。保育者「あまりよくわからなかったけど……泣いてたんだ」と言うと、「うん。うそ泣きだよ。そして、（保育室に来て）机の下に入ってたらなるみちゃんが泣かないでって、肩、触ったんだよ」と言う。そのやり取りをそばで聞いていたなるみちゃんが「そうよ。そしたら、出てきたんだよねー」と朝の出来事が話題になる。

　机の下に入り込んで泣かなければならない事情がやすお君にあるのだと判断した保育者は、そーっとしてあげるようにこどもたちに言うが、保育者の思いはこどもたちには伝わらずに「見ているだけ」とのぞき込むのをやめない（エピソード5）。
　少しして、保育者は園庭でいつもの仲よしと遊んでいるやすお君の姿を確認する。さらに、午睡明けのおやつの時間、隣に座りやすお君に今朝のことをやんわりと尋ねると、やすお君は保育者に見られていたことも自分が泣いていたことも言葉にすることができた。そのやり取りを聞いたなるみちゃん

の話から「泣かないで」と友達の働きかけをきっかけにして、机の下から出て遊び始めたことをも保育者は理解する（エピソード6）。元気になったやすお君は「うそ泣きだった」と言うほどに元気なったのか、そう言わざるを得ない心境なのかを気にかけながら保育者は見守り続けることになる。何があったかわからないがいつのまにか元気になって遊んでいたので安心ということではなく、こどもをこどもの行動の流れの中で理解したい。

（5）任せる（信頼する）

　保育所全体がこどもたちにとって安全で安心できる場だとしたら、保育所内ではこどもが自分たちの生活の必要に応じて移動することが可能であるということになる。保育所のこどもたちの生活をのぞかせてもらっているとき、興味深いあまりじーっと目を凝らしていることもしばしばである。もっと知りたくて仲間に入れてもらおうとすると「だめ、来ないで」と言われるときもある。それでもそばで気づかれないように見ていると「見ないで」と、場所を変えて、見えないところで遊びの続きをすることもしばしばである。時に、役割が足りないからと遊びに誘われたり、できないところを手伝ってと言われたりする。

　安全で安心できる場のこどもたちは、見守られていることを肌で感じながら、自分たちの生活（遊び）を楽しみ、遊びの必要に応じておとなの助けを求めてくる。エピソード7の保育所では、さらに保育所内にこどもだけの自治区のようなところがあり、こどもたちだけの空間（空き地）がある。空き地での出来事は、その外側からある程度の雰囲気が伝わることもあるという。

エピソード 7

　E保育所はお寺が経営する保育所である。
　園庭と地続きになっている境内に続く狭い空き地がある。そこは背丈があまり高くない木々が植えられている。また、外側からは空き地がはっきりとは見えないくらいに草も生えている。今日は雨、保育室では3歳から

5歳のこどもたちが思い思いの場所で遊んでいる。保育者と一緒に、またこども同士、絵を描いたり、図鑑で調べていたり、ビーズで飾りを作っていたり、ブロックをつなげて電車ごっこ、そのために駅の絵を描いている子、踏切の先の道路を作っている子などである。少しして、数人のこどもが保育者に何やら言ったかと思うと部屋を出て傘をさして空き地に入っていく。観察者も急いで後を追いかけて「仲間に入れて」と言うと「ここはこどもだけの秘密基地、おとなはダメ」と断られる。そこは、邪魔されずに遊びたかったり、気持ちを立て直したりするこどもたちにとっての自由空間だという。そこにはほとんど保育者も入らないという。年に数回、こどもに断ってから入って安全の点検をするだけだという。

　この空間への出入りに関する約束事は、保育者に断ってから、また、そこで起きたもめごとで自分たちでは解決できないと思ったときは保育者に言うことが約束事としてあるという。

　そこは、保育者に叱られて自分の気持ちを立て直す場所だったり、疲れているときに静かに絵本を読むところだったり、おとなに知られたらまずいとこどもが思っていることを密かにするところだったりするという。

　こどもと一緒に生活する中で、こどもの行動を理解し、さらにそれをもとにしたこどもとの生活を重ねることで、こどもだけの空間でのこどもの動きは、保育室内での空間とつながっているこどもの行動から、ある程度の想像がつくと保育者はいう。また、保育者との**信頼関係**が深まれば、こどもは無理をしないともいう。こども同士で注意し合うともいう。事故や大きなけがも今まではなかったという。

　「見ないで」と言うこどもの言葉は、見てもらわなくても大丈夫ということだとしたら、その発達過程にあるこどもの最も**主体的**で**自立的**な願いであり、それを実践することがこどもにとっての主体的で自立的な生活であるといえる。

（6）ことに埋没する（遊び込む）ことを保証する

　乳幼児期は遊びを通して発達するといわれている。おとなからみると何が面白いのかと思うほどに、とりとめもなく時を過ごしていたり、時にダイナミックに動き回ったりしている。おとなしくあるいはトラブルもなく遊んでいるからと安心することなく、そこで何が起きているのか、何を経験しているのかを見届けることが重要になる。

エピソード 8

　早く登園したゆうた君（5歳5か月）が保育室の隅にあった段ボール箱をみつけて「バスを作ろう」とクレヨンで周りを塗る。遅れてきたさおりちゃん（5歳9か月）が「何作ってるの？」と聞くと「バスだよ。路線バス」と言いながら窓を描いている。さおりちゃんも保育者に段ボール箱を催促し「さおりは赤ちゃんの乳母車作る」といい、それらしく色を塗り始める。2人ともできあがって自ら乗ったり、人形を乗せて押している。さおりちゃんのところにゆりちゃん（2歳5か月）が寄っていくと、乗せて押している。そのうちバスと衝突してしまう。それを見た、とし君（6歳2か月）が「大変大変、救急車です」と言って、大型の積み木に乗ってそばに来て、けがをしているゆりちゃんを乗せて病院に連れていく。乳母車だった箱を大急ぎで病院の手術台にして「ここに寝てください。手術をします」とさおりちゃん。そして、バスに乗っているゆうた君に「せんせい、早く手術してください」と催促すると、少しとまどっていたゆうた君が「こちらの手術台に」と自分のバスを手術台にして看護師さんのさおりちゃんに手伝ってもらいながら治療をする。いつの間にかゆりちゃんのお母さん役までできて、家に連れて帰り……というように朝の保育時間いっぱいその遊びが展開する。

　エピソード8は早朝保育の時間のものである。ゆうた君は最近、家庭の事

情もありバスに乗って登園してくる。それが路線バスというものであることを保育者に教えてもらっている。そのバスを作って保育所でも乗ろうと、経験したことを思い出しながら作っている。さおりちゃんは、赤ちゃん組の散歩のときの乳母車を作り、人形やゆりちゃんを乗せて押している。バスと乳母車の衝突から、最初の思いからずれて遊びが急展開する。状況に応じて次から次へと物語がつくり出され、使っているものが、乳母車・路線バスから手術台へ、運転手さんからお医者さんへ、お姉さんから看護師さんへとその場での出来事に**埋没する**ように物語をつくり続け、物語が展開する楽しさの中にいる。

　最初に作ろうとした路線バスや乳母車に固執していると遊びは展開しない。自分の思いから自由になり、ことに身を任せて新しい決まり（手術台、看護師、医師など）を受け入れることで遊びが展開していく。ことに埋没して物語をつくりあげていくというように、時にはルールをつくり換え、そのルールを共有し**想像的な世界**を創造しているということができる。遊び込んでいるこども同士がそれぞれに自らの世界を抜け出して、お互いに繰り広げることを、実感を伴って楽しんでいるということができる。このような経験の積み重ねが他者と共にあることの喜びをつくり出す。

　エピソードのように、自ら遊ぼうとし、遊びが状況に合わせて自在に展開され、楽しさをつくり出すために、コマ切れではないこどもの自由になる時間がある。ことが展開するある程度の広さをもった場所、こどもの興味や日々の出来事を触発するものがあることが必要になる。そして、何より、その遊びに共感して受け入れる保育者がいることである。保育者は、1人ひとりのこどもの日常の出来事を理解し、そのこどもの出来事の意味を、環境を整えることで伝えたり、直接的なかかわりを通して伝えたりすることになる。**遊び込むことを支援すること**は「自分自身を十分に生きることが他者と共にあることの喜び」につながることや、「他者と共にあることの喜びが自分自身の喜びにつながる」ことが伝わることを願っているということの表れである。

引用・参考文献

大久保孝治『日常生活の社会学』学文社、2008年

大場幸夫『こどもの傍らに在ることの意味——保育臨床論考』萌文書林、2007年

佐伯胖編『共感——育ち合う保育のなかで』ミネルヴァ書房、2007年

伊藤嘉余子『児童養護施設におけるレジデンシャルワーク——施設職員の職場環境とストレス』明石書店、2007年

矢野智司『意味が躍動する生とは何か——遊ぶ子どもの人間学』世織書房、2006年

加茂陽編『日常性とソーシャルワーク』世界思想社、2003年

山口一郎『現象学ことはじめ——日常に目覚めること』日本評論社、2002年

阿部和子『続子どもの心の育ち——3歳から5歳　自己のひろがりと深まり』萌文書林、2001年

阿部和子『子どもの心の育ち——0歳から3歳　自己がかたちづくられるまで』萌文書林、1999年

八木紘一郎編著『ごっこ遊びの探究——生活保育の創造をめざして』新読書社、1992年

ボルノウ, オットー・フリードリッヒ（大塚恵一、池川健司、中村浩平訳）『人間と空間』せりか書房、1978年

第5章

「発達」を捉える視点

1. 発達の「見方」か、こどもの「味方」か

（1）発達論という平均像

ある保育園での光景である。

とても元気のいい乳児がいる。立ち上がって歩き始めようとしている。とても生後9か月とは思えないほど、身体も大きい。

何度も鉄棒の逆上がりにチャレンジしているうちに、とうとうできるようになった3歳児。「手の皮がむけた」と痛そうな手のひらを見せながら、臆せず鉄棒に下がっている。

このような姿が日常的にみられるのが、保育現場である。でもよく考えると、少し奇妙なことに気づく。

歩行の始まりは、生後10か月から1歳3か月ごろとなっている。しかしこの乳児は、生後9か月なのにもう歩き始めている。

鉄棒の逆上がりは小学校3～4年生の体育の授業にとり入れられている。おとなでもできない人はいるだろう。それが3歳児では早すぎないだろうか。

この乳児と3歳児は、発達の平均的な姿からみると逸脱している。かといって特別な子でもなければ早熟な子でもない。珍しいことではなく、どこの保育の場でもあり得ることである。「何歳児では○○ができる」という言い方をよくするが、実際のこどもの姿はそれに当てはまらないことが多い。

保育においてはこども理解が重要であるとよくいわれる。そのためには発達についての知識が求められるので、保育者は発達心理学をはじめとする発達研究を学ぶ必要がある。

発達研究は過去1世紀以上の歴史があり、決して新しい学問というわけではない。しかし、人間の発達を十全に解き明かしたといえるところまでは、まだ到達していない。現在でも新しい知見が見出され続けている。

ここで気をつけなければいけないことは、既存の発達の理論は、実際のこどもを様々な角度から研究したことを集約し、抽象化したものであるという

表1　満2歳のこどもの語彙数

久保 (1922年)	谷田部 (1956年)	谷田部 (1956年)	播磨 (1965年)	大久保 (1967年)	高橋 (1969年)	前田 (1978年)
303語	約180語	約110語	約500語	360語	324語	652語

出所：[村田 1984] をもとに作成

ことである。この点に関して、本章の論旨に則って発達論の特徴をあげるとすると、次の2点がある。1点が**平均化**であり、もう1点が**分析化**である。

発達を理解するためには、こどもの実像を収集しなければならない。従って初期の発達研究には、こどもについての描写記述が多い。そこで収集される実態は実に多種多様である。そのままではまとまりがないので、最大公約数的なところに落ち着くようにまとめられることになる。その結果、理論化されたこどもの発達は、どうしても平均的な像にならざるをえない。それは実験的研究においても同様である。

そして、平均化することは純粋に客観的にはできない。こどもは数字ではないので、平均的な部分を定めるのは、研究者のセンスである。研究者のセンスが異なれば、平均的な部分そのものが異なってくる。従って、発達論には平均的なこどもの姿が浮かんでくるが、それは**理論のもつ平均像**であり、保育者がかかわる「その子」の特徴を描き出しているとは限らないということである。

たとえば、言葉の語彙数の発達研究を取りあげてみたい。やや古くなるが、村田は過去の語彙研究を整理して述べている [村田 1984]。それをまとめると表1のようになる。

この表をみると、同じ年齢でも語彙数に大きな違いがあることがわかる。それは個人差だけの問題ではないと村田は指摘している。この違いの中には、語彙の測定の仕方の違いがある。自立語と付属語とを区別するかしないか、語根とその派生語を区別するかしないかによって、当然語彙数は異なる。また、測定時間の長さも絡んでくる。表1で、久保は10日間、播磨は1カ月間の観察期間をおいている。また、どの場面を対象にしているかも影響してく

る。遊び場面と食事や排泄などの生活場面では、当然発話する語彙の種類は異なる。

　このようにみてくると、満2歳のこどもの語彙数を測定するという、極めて明瞭に思われる研究であっても、研究者の研究方法によって大きな違いが出てくることがわかる。これをもとに、満2歳のこどもは、数百の語彙数を獲得していると説明しても、それが目の前のこどもの実態とそのまま重なるわけではない。

　2点めの分析化ということであるが、こどもという人間は、それだけで1つの存在である。しかし、人間の存在を丸ごと描き出す方法は、有史以来まだ発見されていない。文章にしても映像にしても、ある特定の角度からしか描き出すことはできない。そのため理論化にあたっては、こどもの発達を様々な角度から描き出すような工夫がなされている。言い換えれば、特定の分野が特化されて理論化される傾向がある。

　たとえば、特に著名な発達研究者である**ピアジェ**（Jean Piaget, 1896〜1980）は膨大な研究を残しているが、その大半が**認識**の分野である。時間の認識、空間の認識、量の認識、数の認識や、さらに複雑化した認識についての発達を理論化しているが、感覚や感情、社会性などについてはほとんど理論化をしていない。それはピアジェの理論的関心が認識に向かっているからである。従って、認識とは別の分野の発達に関する理論は、ピアジェの研究とはかなり異なる様相を示すことになる。

　たとえば、ピアジェ同様に著名な発達研究者である**エリクソン**（Erik Homburger Erikson, 1902〜1994）は、**フロイト**（Sigmund Freud, 1856〜1939）の**リビドー**（libido）理論を土台にしながら、社会的・文化的視点を絡めつつこどもの発達を捉えようとしている。そこにはピアジェのような認識の発達はほとんど描かれていない。なぜなら、エリクソンの関心が**自我**の形成に向かっているからである。

　認識の発達と自我の形成は、ともに発達の大きなテーマである。それぞれに巨大な足跡を残したピアジェとエリクソンの発達の理論は、どちらも有益なものでありながら、その様相はよほど異なっている。素人考えでは、ピア

ジェとエリクソンの理論を合成すれば、認識の発達も自我の形成も同時に描けそうであるが、そうはならない。認識を捉える視点と自我を捉える視点とは、そもそもの立ち位置からして異なるからである。

しかも、発達のテーマはその２つにとどまらない。感覚・知覚の発達、言語の獲得、情動・感情の形成、母子関係の形成、社会性の発達など、あげればきりがない。それぞれのテーマに対して、多くの研究者が独自のアプローチを試み、こどもの発達が理論化されていく。

このように発達論は、研究者によって描き出され方が異なってくる。こどもの発達の全体像を丸ごと捉えた単一の理論は、まだ存在していない。従って、発達の理論や発達心理学を学ぶことは、こどもの発達のある側面について学ぶという意味で重要であるが、こどもの**全体像を捉える**ことと同じではないということには、十分に注意を払う必要がある。

（2）こども理解ということ

ここまで述べてきたように、発達の理論を学ぶことは重要であるが、それはこどもの存在すべてを学ぶことと同義ではない。理論を参考にすることはいいが、理論に惑わされて自分のかかわっているこどもの姿がみえなくなっては、保育者として本末転倒である。

発達していく道筋は、巨視的にみれば統一性をもっている。そこには大きなぶれはない。たとえば、赤ちゃんははいはいをしてから歩き始める。それが逆になることはない。また、ごっこ遊びの時期からルール遊びの時期へ**移行**するのであり、それも逆にはならない。もっと大きく捉えれば、乳児期から幼児期、そして学童期へと発達の道筋は名づけられていて、学童期の特徴が人生の最初期にくることはない。

このように大きな道筋はある程度定まっているが、焦点を絞っていくと、非常に多様な様相が立ち現れてくるのが、人間の発達である。

乳児が、はいはいから立ち上がるという道筋にしても、はいはいを長くする赤ちゃんもいれば、はう行為をほとんどせずに立って歩き出す赤ちゃんも

いる。それは、はえなかったわけではなく、はえるけれどもその行為をあまりしなかったにすぎない。

ごっこ遊びをいつまでもしているようにみえるこどももいれば、ほとんどごっこ遊びをしないまま幼児期を過ごすこどももいる。そのこどもがおかしいのではなく、それぞれの個性の違いにすぎない。別な言い方をすれば、こども自身の**興味・関心の現れ方**が、発達の細かい様相を彩るのである。

このことを踏まえると、発達が早い遅いと一般にいわれる問題は、違った視点からみることを要請されることがわかる。外側にある基準があって、それに比べて早いか遅いか、できるかできないかという視点ではなく、そのこどもがどのようなものに興味・関心を抱き、動こうとしているかという視点から、発達を捉えることが、保育者には必要になる。それが、その子の発達を理解するということである。

つまり、発達という抽象概念を学ぶのではなく、その子自身の**発達の事実**をみることが求められている。そして、事実としてのその子の発達は、平均的、抽象的発達概念を常に越えて立ち現れくる可能性を秘めており、その可能性まで含めて、保育者はその子という存在を理解しなければならない。その意味で保育者は、発達の見方を学ぶことにとどまるのではなく、その子の**味方**であることを自らの立場とするのである。

2. 発達のステージ

(1)「発達段階」という用語

保育現場においてよく聞かれる言説の1つに「こどもの発達段階を踏まえて保育しなければならない」というものがある。そこで使われている「**発達段階**」という用語は、誰もが理解していて当然という雰囲気があるが、本当にそうだろうか。発達段階とはどのような概念として理解することが必要だろうか。

発達段階という用語を、発達研究において一般化するにあたって、最も大きな影響を及ぼしたのがピアジェである。

　ピアジェは、自身の母語であるフランス語で幾多の研究を発表しているが、そこで英語の"developmental stage"に相当する用語を使用している。それが、日本語では「発達段階」と訳され、今では定訳となっている。ピアジェは、**認識の発達が、①感覚運動的段階、②前操作的思考の段階、③具体的操作の段階、④形式的操作の段階**と、4つの発達段階を経ていくことを理論化している。そこでの年齢幅は、大まかであるが、①が出生から2歳前後、②が2歳前後から7歳前後、③が7歳前後から11・12歳頃、④が11・12歳以上という具合である（図2〔p.134〕参照）［ピアジェ 1976］。

　ここでみられるように、発達段階の年齢幅はかなり大きい。それは、こどものある特定の様相の出現している期間を示しているからである。

　それに対して、発達段階を短い期間で、階段のように理解する傾向が強くある。つまり、本来の用語である"developmental stage"を、あたかも"step"として理解しているのである。そのことには注意が必要である。

（2）ステージとステップ

　発達段階は"developmental stage"の訳語であるが、それが"developmental step"と誤解されることの危うさを考えていきたい。

　段階は"stage"の訳語であるが、段階という言葉自体、日常会話で頻繁に使用する言葉ではない。使用する場合は、「5段階評価」のように、順序づけた等級のような意味合いが多い。そのため、段階は、階段と同義のように理解されがちである。

　階段は、英語では"steps"である。"step"は、足の一歩とか踏み段という意味である。踏み段が連なって複数形になると、それが階段である。

　ここで階段の特徴を考えてみたい。階段は、1階から2階へ行くときの通過場所である。階段がないと2階へ行けないが、階段そのものが目的地ではない。階段はスムーズに通過する場所である。従って、階段の幅は一足を置

ける程度の広さしかない。

　もし発達を"step"として捉えたならば、発達することは階段を上るようなイメージになる。つまり、ある時点の発達の姿は、その次の準備にすぎず、そこで立ち止まるものではないということになる。次へ次へとスムーズな移行をすることが求められることになり、現在という時点は未来への準備にすぎないことになる。

　このように発達はステップを踏んで徐々に上昇するという理解の仕方が、発達理解につきものの危うさである。この場合、目的地はどこになるのだろうか。現実の階段は、どこかへ通じている。発達の階段もどこかへ通じるための通過場所であるとするならば、発達することは、それ自体に目的地がないことになる。極論すれば、一生すべてが準備期間にすぎないということになる。

　ピアジェが位置づけた発達段階"developmental stage"は、そうではない。"stage"をここでは段階と訳しているが、"stage"に最もしっくりくる訳語は、「**舞台**」である。あるいは、そのまま「ステージ」とカタカナ書きでも、すでに日常語として定着している。発達には、ステージの性質があるということである。

　では、ステージの性質とは何だろうか。ステージ、舞台とは、「演劇・音楽・舞踊などを演じるために設けられた場所」［明鏡国語辞典］である。つまり、そこはまとまった何かが展開される場である。"step"の性質とは大きく異なり、ステージにはそれ自体に時空の広がりがある。

　たとえばコンサートホールのようなステージを考えてみよう。そこは、大がかりな仕掛けを可能にする（たとえば大きな階段や劇のセットなどを設定できる）ような広さがある。また、時間的な長さがないと、演出するものを展開することができない。そして、劇などはいうに及ばず、一般的な歌手のコンサートにしても、ただ歌を歌っているのではなく、オープニングからエンディングへ至るまで、何らかの流れ、すなわち**ストーリー**をもっている。つまり、ストーリーが展開されるだけの時空の広がりのある場が、ステージなのである。そこでは、ステージ自体が目的である。ステージはどこかに行くための準備をする場所のようなものではない。

（3）こどもの生が繰り広げられる場

　発達をステージとして捉えるということは、このような性質をその時期の発達に見出しているということである。つまり、発達段階、発達のステージとは、その時期特有のこどものストーリーが繰り広げられる場である。

　事実ピアジェは、それぞれの発達段階は、他の発達段階と比較して優劣があるのではなく、その発達段階の特性を大事にすることを求めている。こどもはこどもの世界を生きているのであり、おとなはそのこどもの世界に即して理解しなければならない。おとなの世界観でこどもを見下げたような視線では、こどもの生きている発達のステージは理解できないことを、繰り返し強調している。

　ピアジェの研究で有名なものの1つに、こどもが**アニミズム**（animism）の世界を生きていることを明らかにしたものがある。アニミズムは、周囲の事物すべてに、生命現象を当てはめて理解しようとする考え方である。過去において、アニミズムは、原始的で素朴であり、知性の働かせ方としては一段低いとみなされがちであった。しかしピアジェは、こどもはすべての事物に生命が宿っているような世界を実際に生きているのであり、それがその時期の特徴であることを明らかにした。それを原始的とみなすおとなの世界観こそが問題だと指摘したのである。次に一例をあげてみよう。

> Roy（6歳）は月は伸びると言う。月の「半分」（三日月）が「全部」になる。「どうして月は伸びるのですか？」「大きくなるからです」「どうしてですか？」「ぼくたちだって伸びるからです」「何が月を大きくならせるのですか？」「雲がです」。
>
> ［ピアジェ 1969；p. 208］

　ここでRoyは、月が自分と同じように生きているという認識を示している。このような会話は、こどもにはよくみられるものであるが、それはこどもが未熟だからではなく、おとなとは異なる世界に生きているからである。

　ピアジェは、認識の仕方が変化することによって、発達のステージを移行

図1　階段を上るように発達するイメージ

すると捉えたのである。そして**ステージの移行**は、おとなが人為的に急がせるようなものではなく、時期がくれば必然的に至る発達の道である。それゆえ、急がせるよりも、そのステージを充実してじっくり過ごすことが重要であるということになる。

しかし、次のステージへ移行したからといって、前のステージが消滅するわけではない。ステージの移行は、前のステージを含みながら新たなステージが立ち現れてくるのである［ピアジェ 1969；p. 208］。

このようにみてくると、発達を**ステージ**として理解するか、**ステップ**として理解するかによって大きな違いがあることがわかる。ステップとして理解すると、図1のように階段を一歩ずつ上るようなイメージになる。他方、ステージとして理解すると、図2のような入れ子構造のイメージになる。

図2のように、新しいステージはそれまでのステージを含みながら、質的に新しいものとして現れてくる。前のステージの特徴が目立たなくはなるが、消えてしまうわけではない。先述したアニミズム的世界観は、**前操作的思考の段階**の特徴であるが、それは**具体的操作**や**形式的操作**の段階に至っても、内包されているのである。事実、おとなの思考形態は形式的操作であるが、すべてを形式的、抽

図2　ピアジェの発達段階を
　　　入れ子構造として図式化

形式的操作の段階
（11・12歳以上）

具体的操作の段階
（7歳前後から11・12歳頃）

前操作的思考の段階
（2歳前後から7歳前後）

感覚運動的段階
（出生から2歳前後）

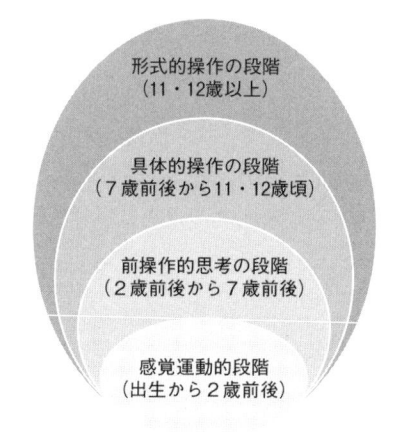

出所：［ピアジェ 1976］を参考に筆者の解釈により作成

図3　エリクソンの発達の漸成的図式

		1	2	3	4	5	6	7	8
Ⅷ	円熟期								自我の統合対絶望
Ⅶ	成年期							生殖性対停滞	
Ⅵ	若い成年期						親密さ対孤独		
Ⅴ	思春期と青年期					同一性対役割混乱			
Ⅳ	潜在期				勤勉対劣等感				
Ⅲ	移動性器期			自発性対罪悪感					
Ⅱ	筋肉肛門期		自律対恥と疑惑						
Ⅰ	口唇感覚期	基本的信頼対不信							

出所：［エリクソン 1977；p. 351］をもとに作成

象的に思考しているわけではない。抽象的な思考を行うおとなであっても、アニミズム的世界観に親和性をもっている場合もあるし、いわゆる身体で覚えるという**感覚運動的段階**も、おとなには存在している。

　このようにステージとして発達を捉えるのはピアジェだけではない。先述したエリクソンも、自我の発達を生涯にわたる**漸成的形成**として捉え、それを図3のように図式化している。

　この図をみると、エリクソンの理論はステップの形にみえるかもしれない。しかし、エリクソンは次のように書いている［エリクソン 1977；p. 350］。

　　　個人、或は文化によっては信頼に関して、非常に遅滞して、Ⅰ1の段階から、Ⅰ2を越えてⅡ2へ進むこともある。或は加速されて前進し、Ⅰ1から、Ⅱ1を越えてⅡ2へ進行することもある。しかし、そのような加速現象にしても、遅滞現象にしても（比較上の）、その後のすべての段階に対して何らかの修正的影響を与えるものと考えられる。

以上のように、漸成的図式は互いに依存し合う諸段階の体系を表している。
　エリクソンの説明から明らかなように、この図を左下から右上へと対角線に進むステップの図と理解してはならない。Ⅰ2やⅡ1という空白のセルに言及しているように、空白は何もない部分ではなくて、すべてのセルが発達の可能態として表現されている。しかも、この図はきれいな長方形として示されているが、実際には各セル同士は「**互いに依存し合う**」のであり、それによって全体の形態が変化することがあり得ることを表現している。
　だからエリクソンは、「もし信頼が、最終段階で（Ⅷ1）年輪を重ねた人間が、彼の属する文化的背景や時代の影響の中で奪い起すことのできるもっとも円熟した信仰にまで発達していたと期待するならば」［エリクソン1977 ; p.350］と述べているのである。つまり、Ⅰ1の**基本的信頼**は、Ⅱ1、Ⅲ1……と発達する可能性があるし、逆にⅠ1からⅡ1、Ⅲ1へと**不信**のまま発達する可能性すらあるということを、この図は意味している。そのどこにも、階段のステップのような意味合いは込められていない。エリクソンが、「漸成的図式」と名づけているのはそれが理由である。
　これも、ピアジェのステージ論とは異なるが、やはり発達をステージとして捉える視点においては共通している。このような捉え方によって描かれるのが、「発達段階」なのである。

（4）「発達」という用語の検討

　発達段階の「段階」とは以上のようなことであるが、それに合わせて「**発達**」という用語も検討しておきたい。
　発達という日本語は、「出発して到達する」という漢字の組み合わせであり、出発点から到着点まで直線的に向かうというニュアンスをもっている。そのため、なるべく直線で効率よくスムーズに急がせることが発達である、という理解になりかねない。
　それに対して、"develop"という英語は、「包みを開ける」を原義としている［新英和中辞典］。つまり、展開する、繰り広げるという意味であり、内側から外側に

向かって何かが曲線的に現れてくるというイメージをもっている。その何かとは、こども自身のもっているストーリーであると理解することができる。

そうすると、発達とは、何らかのストーリーが繰り広げられ、展開することであり、どこか目的地に向かうというような直線的なものではなくなる。そのストーリーが繰り広げられる場がステージである。そしてその繰り広げ方が質的に異なってくるとき、ステージを移行するのである。

それが、こどもの発達のあらゆる側面で行われており、それをすべて捉えきれるような理論はない。むしろ保育者は、その子が今どのようなストーリーを繰り広げつつ生活しているか、そこで繰り広げられているものは内的な充実を伴うものであるのか、ということについて、理解することが重要になってくる。それが発達段階を理解するということである。

3. 発達は、達成できる行動項目の加算か

（1）「能力の加算」ということ

発達とはこども自身のストーリーが繰り広げられることであり、発達段階とはそのストーリーの繰り広げられる場のことであるということを、論述してきた。この視点から考えると、「力をつける」という表現はなじまないところがある。

能力という言葉がある。それは一般には、「物事を成し遂げることのできる力」ということを意味している［明鏡国語辞典］。そして発達は能力と関連づけられることが多い。その場合、発達とは、「できないことができるようになる」という理解がなされがちである。この理解は、発達のステージ論とはつながらない。発達をステージとして捉えると、重要なのはその時期に特有のストーリーが繰り広げられることであり、それは何かができるということとは直接関連しない。能力の発揮とストーリーの充実とはイコールではないのである。

たとえば、アニミズムのステージにいるこどもが、別のステージに移行し

たとき、そのこどもは、能力が加算されたとはいえない。別のステージに移行することは、何らかの能力の発現を伴うものであるが、しかし、アニミズムとして外部世界を認識する能力が弱まるというマイナス面もある。たとえば、秋に木の葉が散るときに、「葉っぱが地面に行きたがっている」と表現するような感性は乏しくなっていく。

　このように、何かができるようになることはできなくなる何かを伴っている。その意味において、能力が単純に加算されるのが発達であるという見方は成り立たない。能力の増加という視点では、発達を捉えることは不十分である。

　確かに、発達に伴い能力が発現する。しかし、能力によって何ができるようになるかということよりも、そのことにどのような意味があるかを捉えることが本質的である。力ではなく、意味を問うことである。

（２）発達の体験

　発達に伴い発現する能力の意味を問うためには、そこで得られる体験を問う必要がある。なぜなら、内側から外側へ繰り広げられていくのは体験だからである。

　発達の体験というのは津守の用語である。

> 　発達の体験は、あるときには、生命体の世界の自然の推移の中に部分的に意識され、あるときには、その中で、決意をもって、自分から一歩をふみ出す瞬間として意識される。〈中略〉
> 　こども自身、自分から何かをはじめ、自分でそれと取り組み、その中にこども自身が意味を見出し、自分自身が新たになってゆく体験をしている。
>
> [津守 1979 ; p. 17, 20]

　この記述を捉え直せば、発達体験とは、後から振り返ったときに実感をもって**想起される記憶**、といえる。ここでいう記憶とは、明瞭なイメージとして想起できる知識の類だけを指しているのではなく、明瞭さはなくとも身

体の中にあることに手応えを感じられるような何かまでも意味している。

　おとなになってからこども時代を振り返ったときに、刻み込まれるような記憶をもって思い起こされる出来事は、その多くが意欲的にいきいきと取り組んだ遊びである。「こどもが遊ばなくなった」と指摘されるようになって、もうすでに長い年月が経っている。現在、中年以下のおとなは、遊ばなくなったといわれ始めた世代であるにもかかわらず、実感を伴って思い起こすこども時代の多くが、身体を使って遊んだ記憶である。そして、「今のこどもは遊ばない」と慨嘆する。客観的には、自分もそんなに遊んではいないはずであるのに。

　このことからわかることは、おとなになってから振り返るこども時代の記憶は、自らが主体となって取り組んだ体験が中心になっているということである。やらされていやいや取り組んだことや、時間を浪費するかのようなテレビ視聴やテレビゲームは、記憶に残りにくい。あるいは思い起こすときにも、楽しい感情ではなく好ましくない感情とともに想起されがちである。そうではなく、その人の為人(ひととなり)を形成するのは、自分の中に刻み込まれていく体験である。

　「験」という漢字は、「①ためす、こころみる、しらべる。②しるし、きざし、あかし」［字通］という意味をもっている。そのことから、体験とは、自分の身体を使ってためし、こころみることによって、刻み込んでいくしるしやきざしという意味になる。それが、「意味をもった記憶」である。

　人間は、自分の行為すべてを等しく記憶するものではない。よく記憶するものもあれば、マイナスの感情とともに記憶されるものもあるし、思い起こせないような薄い記憶もある。それらの記憶の集合体として今の自分がある。従って、どのような記憶につながる体験をするかということが重要なのである。

　津守は、そのような記憶につながる体験として、遊びを位置づけている。遊びを通して得られた体験の積み重ねが発達を形づくる。そこに見出されるのは、能力の発揮というよりも、自分なりの意味を伴うものである。後から振り返ったとき、豊かな記憶をもっていることが、人間形成において重要である。そう捉えるならば、発達においては、能力を発揮することそのものではなく、能力の発揮によって得られた意味を問うことが重要である。

(3) 文化的営みとしての発達

　ロゴフ (Barbara Rogoff 1950～) は、発達を文化的営みという視点から捉える理論を提示している［ロゴフ 2006］。
　こどもの発達は、その時代社会に規定されている。ロゴフは、たとえば小さなこどもが刃物を使う文化を取りあげている［ロゴフ 2006 ; pp.3-4］。

> 　米国の中産階級の大人たちは、5歳以下の子どもがナイフを扱えるとは思っていないことが多いのですが、コンゴ民主共和国のエフェの人々の間では、赤ちゃんたちが日頃から安全に鉈（なた）を使っています。フォレ〔ニューギニア〕の赤ちゃんたちは、歩けるようになる頃までには、ナイフと火を安全に扱えるようになります。中央アフリカのアカの親たちは、生後8～10ヶ月の赤ちゃんに、小さな矢の投げ方や、小さくとがった穴掘り用の棒や、鋭い金属の刃のある小型の斧の使い方を教えます。
>
> 　　　　　　　　　　　　　　　　　※読みがなは編集部による

　ここに紹介されている例は、アメリカの中産階級の人々でなくても、にわかには信じ難いものであるが、しかし現実のこどもの発達の姿はそのような先入観を簡単に覆してしまう。
　また、ロゴフは、別の箇所で、中産階級ヨーロッパ系アメリカ人の親は、生後2週目の乳児は、親から離れて別の部屋でひとり寝させる文化をもっていることを指摘している［ロゴフ 2006 ; p.256］。

> 　中産階級ヨーロッパ系アメリカ人の民間の知恵は、夜間に乳児を親から分離することを、健康的な心理的発達には欠かせないもので、自立精神を育むものとして描いてきました。〈中略〉
> 　米国の中産階級の親たちは、夜の間子どもをあやすのは避けなければいけないと感じていることが多いようです。ある母親は、子育て専門家のアドバイスに沿って、泣いている赤ちゃんの声が聞こえないように、枕を頭の上から被せ

るのだと語っています。このコミュニティの乳児と親は、自立した夜間の睡眠をめぐって、しばしば対立します。そこでは、親と乳児は、精神力と精神力の戦いにおける敵同士の役割を演じるのです。

　日本での子育てを考えると、乳児期の早い時期からひとり寝させることは、ほとんど想像外である。しかし、現実にアメリカのある階層の人々にとってはそれが普通の子育てになっている。そのことで、アメリカ人のこどもが身体的、精神的変調を来しているということもない。

　ここにみられるように、当該の文化においては当然視される事柄が、必ずしも普遍性をもつわけではない。しかし、それは普遍的な発達ではないから間違っているというようなものでもない。むしろ、**文化**という特殊性において発達は現れると受けとめるべきである。

　文化は、人間のあり方そのものである。文化は、人間の行為によって表現されるし、人間のかかわり方としても現れる。すなわち文化はかかわりなのである。文化的営みというのは、人の他者やものとの**かかわりのあり方**として捉えることができる。

　「かかわり」という用語を使用するときには、人と人とのかかわり合いに限定されてしまう傾向がある。もちろんそれは重要であるが、それですべてではない。ものとのかかわりも包含していかなければならない。

　そこで重要になるのが、「**三項関係**」である。三項関係とは、「自分」が「他者」と何らかの「対象」への体験を共有するという捉え方である。三項関係は、静的ではなく、動的なものである。発達の最初期に出現する三項関係の典型が、「**指さし**」である。モノを指す指先は、モノを表象するモノとなる。そして、それを他者（たとえば母親や保育者）と共有する。自分で指さすこともあれば、他者の指さしを認識することもある。そこでは、こどもは保育者を含む他者とのかかわりの中で発達するのであるが、その内部に閉じているわけではない。おとな－こども関係というのは、外部へ開かれた系でなければならない。

　三項関係は指さしだけにとどまるモノではない。こどもの遊び全般にみら

れる。他者がおとなに限定されるのではなく、こども同士においても三項関係を発達させていく。ごっこ遊びはもちろんのこと、ルール遊びにおいても三項関係は重要な役割を果たしている。それを通して、人とかかわる力が形成されていく。

　近年、人間関係が重視されているが、それがいきすぎると、人間関係がうまくいくことのみが重要であるように錯覚され、人間関係がだめだとすべてだめという感覚が強い。そのため、こどもの発達に即効性を求めるとき、人間関係をうまく育てることだけに焦点を当てる傾向も現れてきている。

　三項関係におけるモノには、**自然や社会**も含まれている。自然や社会の環境へのかかわりを入れると、人間関係万能の危うさがみえてくる。たとえば自然は、こちらの思う通りに振る舞ってくれるわけではない。むしろ、思うようにならない自然のありように対し、どのようなスタンスを取るかが、文化的な要因なのである。そして、思うようにならないということが、人間関係万能主義に陥る危うさから逃れる契機となる。

　2011年3月11日に、マグニチュード9.0という途方もない巨大地震と大津波による東日本大震災が起きた。未曾有の大災害であり、人間の思いの全く及ばない規模の猛威が襲いかかってきた。それに対し、被災した人々は秩序を保ちつつ堪え忍ぶ中で再起を図り、日本中の人々が心を寄せてかかわろうとした。ここにみられる秩序性について、海外のメディアは驚嘆して報道していた。

　このような出来事からわかるのは、人間関係とはその内側で閉じるのではなく、外側へ開いたあり方として現れるということである。その現れ方が文化的な営みである。人智の及ばぬ状況に対して秩序を保ち堪え忍ぼうという姿は、誰かが指示したわけではなく、個人の任意の行動でもなく、人と人とのつながりの中から現れた姿である。そのことが、マイナス面としては、横並び、個性のなさ、などといわれるが、しかし肯定的な姿として、このような状況で現れてきたのである。こどもの発達を理解するためには、このように文化的な営みという視点が必要なのである。

　そして、発達するのは、こどもだけではない。保育者もその中でダイナミックな変化をとげていく。その意味で、保育者も発達するのである。

4. 保育者として「発達」するということ

（1）保育者にとっての発達の意味

　先に、こどもも発達するが、保育者も発達すると述べた。保育者が、静的で不変の存在であるということはない。では、保育者の発達とはどのようなものだろうか。ここでは、**カッツ**（Lilian Gonshaw Katz 1932～）の理論を手がかりに考えていきたい。

　カッツは、保育者には専門職としての発達があると指摘し、次の４つのステージを提案している。①生き残り（survival）、②足元固め（consolidation）、③再生（renewal）、④円熟（maturity）の４段階である［Katz 1995］。

　最初が**生き残り**とは穏やかでないが、保育について学ぶ立場から、保育者として実践する立場になることは、非常に大きな移行である。その移行についていけない場合もあれば、自分の思い描いていた保育実践と現実の実践とのギャップに挫折する場合もあるかもしれない。そこを越えていくのは、保育者として大きな発達の節目である。

　次の**足元固め**は、保育者としての地歩をしっかり固めていく時期である。別な言い方をすれば、目に見えるような進歩がなかったり、本人としても感じにくかったりする時期である。マンネリ化したり、変わらない状況に嫌気がさしたりしかねない時期でもある。それだけに、見かけの変わらなさにうんざりせずに地道に過ごすことが求められる。

　発達は、ステージの移行である。なだらかな変化ではなく、変わらないようにみえる時期から一足飛びに大きな変化を示していく。その典型が、**再生**である。文字通り、脱皮して生まれ変わったように大きく飛躍していく。保育が面白くて仕方がない、と感じられる時期である。

　そして**円熟**の境地に達していく。いわゆる保育のベテランと呼ばれるようになり、実践の安定感と周囲からの信頼感がいや増していく。人によっては、現場や組織においてリーダー的な役割を発揮するようにもなっていく。

（２）保育者の発達とジレンマ

　このようにカッツによって提案された保育者の発達の筋道は、典型としてこうであるというだけで、誰もがこのような道をたどるわけではない。そして、そこには、保育者個人としての発達だけではなく、同僚職員によるチームとしての発達もある。また、発達は順調に進むものではない。保育者において発達する側面としては、人間性や専門性があるが、それは既存のものとして想定されているのではなく、ジレンマにさらされる中で見出され身につけていくものである（第６章１．(3)〔p. 152-〕・第７章３．(3)〔p. 188-〕・第８章３．(2)〔p. 216-〕も参照）。

　ジレンマとは、相反する２つの事柄の板挟みになって、どちらとも決めかねるような事態のことである。これは単に選択の問題ではなく、単純にどちらかを選ぶだけでは解決に至らないような状態である。その中には倫理性を伴うジレンマがある。

　倫理的ジレンマには誰しも遭遇したくないと思うものであるが、しかし専門職として保育する者には、避けて通れないものである。

　たとえば次のような例がある。保育の場は、基本的に就学前のこどもが対象である。保護者にとっては、保育の修了は小学校への就学を意味する。そこで、保育者に対して、就学準備として文字の読み書きや数の計算などをこどもの学習としてとり入れることを要望してくることがある。

　このような要望は、保護者として無理からぬものがある。しかし、保育者としてその要望を受け入れることは**職業倫理**としてためらわれる。なぜなら、読み書きそろばんを保育実践にとり入れるということは、保育の核である遊びの時間を削ることになるからである。遊びが保証されないということは、こどもの健やかな発達を保証できないことになる。従って、保護者の要望の受け入れは困難ということになる。

　しかしながら、保護者の要望を受け入れないということを伝えた場合、保護者は自分の要望を尊重してくれない保育者であるということで、信頼関係を損ねることにつながりかねない。こどもの24時間を考えたとき、保育現場

と家庭との連携が損なわれることは、こどもの生活が不安定になりかねず、そのためこどもの発達も危うくなる。

このような事態では、どちらを選択しても、こどもの発達の保証という職業倫理に抵触することになる。従って、保育者は、読み書きの導入の要望の受け入れはできないことを、信頼関係を損なわないようなやり取りを通して保護者に理解してもらうことが求められる。

そのようなジレンマに出会い解決しようとするとき、保育者は、保護者との信頼関係を維持したままコミュニケーションをとるような**人間性**を求められる。また、早期からの読み書きの問題点と遊びの重要性を説明できる**専門性**も求められる。

求められるのはそれだけではない。遊びを重視する保育が、その保育者1人だけの考えであってはならないのであり、保育現場全体の共通のものになっていることも必要である。保育者は、単独で保育実践を行っているわけではないのだから。

このように、倫理的ジレンマに遭遇することは、保育者の人間性、専門性、協働性を鍛えることになる。つまり、ジレンマこそが保育者を発達させるのである。

ここでは一例だけあげたが、保育においては様々な倫理的ジレンマに遭遇する。それを前もって予想することは困難であり、解決法が楽に見出せるわけではない。

両親の不仲が決定的となり、別居状態になっているがまだ離婚が成立していない状態で、お互いが相手が迎えにきてもこどもを渡さないでほしいと主張したとき、保育者はどちらの言い分を聞き入れるべきであろうか。

障がいのあるこどもとかかわるとき、どこまでも遊びを中心とするかかわりを主張する保育者と、必要に応じて生活訓練をとり入れるべきだと主張する保育者とが、互いに譲り合わないような論争になったとき、同僚である自分はどちらの立場に立とうとするだろうか。

このようなジレンマに遭遇することはどの現場でもあり得るし、それを通して保育者は鍛えられていく。ジレンマに遭遇することを想定すれば、普段

より自分の資質を向上させることが必要にもなる。そこに保育者の発達のプロセスが存在する。

　倫理的ジレンマに遭遇したとき、そのせめぎ合いにひるんでしまうのか、それともひるむことなく取り組もうとするのかということが、保育者の発達において重要なのである。

引用・参考文献

エリクソン，E. H.（仁科弥生訳）『幼児期と社会2』みすず書房、1980年

エリクソン，E. H.（仁科弥生訳）『幼児期と社会1』みすず書房、1977年

コール，マイケル（天野清訳）『文化心理学——発達・認知・活動への文化－歴史的アプローチ』新曜社、2002年

津守真『子ども学のはじまり』フレーベル館、1979年

ピアジェ，J.（芳賀純訳）『発生的心理学——子どもの発達の条件』誠信書房、1976年

ピアジェ，J.（滝沢武久、岸田秀訳）『判断と推理の発達心理学』国土社、1969年

ピアジェ，ジャン（滝沢武久訳）『思考の心理学——発達心理学の6研究』みすず書房、1968年

ピアジェ，ジャン（波多野完、滝沢武久訳）『知能の心理学』みすず書房、1967年

村田孝次『日本の言語発達研究』培風館、1984年

ロゴフ，バーバラ（當眞千賀子訳）『文化的営みとしての発達——個人、世代、コミュニティ』新曜社、2006年

Katz, Lilian G., *Talks with Teachers of Young Children : a Collection*, Norwood, N.J. : Ablex Pub. Corp., 1995.

語義引用出典

北原保雄編『明鏡国語辞典』大修館書店、2002年

竹林滋、吉川道夫、小川繁司編『新英和中辞典』（第6版）研究社、1995年

白川静『字通』平凡社、2003年

第6章

保育者としての自らへの問い

~保育者として成長していくために~

becoming

1. 専門職としての保育者の責務を理解する

　保育について学び始めたあなたは、**保育の専門家への一歩を踏み出した**といえる。そして卒業時には、幼稚園教諭の免許状や保育士資格を取得することになるだろう。そのために学び身につけていかなければならないことは多いが、免許・資格の取得はゴールではない。社会は変化し、それに伴い家族やそこで育つこどものありようも変化する。そうした変化に対応し、充実した保育を展開していくには、専門家として絶えず成長をしていくことが求められるのである。何より、あなた自身が実際にこどもと毎日を過ごす立場になると、目の前にいるこどもたちとより充実した生活をしていくために成長していきたいと感じることになることと思う。ここでは、保育の専門家となり、さらに専門家として成長し続けていくために大切なことを考えていきたい。

（1）専門家としての保育者──「契約」という感覚

　保育の専門家としての責務のうち最も大事ことは**子どもの最善の利益**を護ることである。第2章において前原は、保育者がこどもの傍らに在る（stand by）存在であるというのは、こどもとの生活に対する用意や心構えが整っているということ、つまり、単に物理的にすぐそばにいるというだけでなく、こどものよりよい生活をつくるための働きかけを常に怠らないでいるということなのだと述べた。そして、こどもの傍らに在るとは、こどもの権利を擁護することでもあり、その中核になるのが「子どもの最善の利益」という概念であること、こどもは本来備わっている権利をこども自身は自ら護ることが不十分であるので、周囲から脅かされないように、傍らに在るおとなが護るのであること、保育者はそれがどのような場であれ、こどもの傍らに在って護り続けることを、最優先の**責務**としなければならないことを述べた（第2章2.〔p. 75-〕参照）。

　「**責務**」とは**責任**と**義務**のことであり、それぞれの言葉を辞書で調べると

「責任」は「人が引き受けてなすべき任務」、「義務」は「自己の立場に応じてしなければならないこと、また、してはならないこと」[広辞苑]と出てくる。子どもの最善の利益を護ることを「あなたが専門家としてしなければならないこと」とされると、自分にできるだろうかと不安の方が先立つ人ももしかするといるかもしれない。でも、こう考えたらどうだろうか。「こどもの傍らにいたいと願う私が、子どもの最善の利益を護ることをこどもと『約束』し、その約束をできるだけ守っていくために考え行動していこうとするのだ」と。このように、当事者の間で約束を取り交わすこと、つまり専門家として相手と大事なことを「契約する」との感覚をもって、保育に臨むのである。

「契約」という考え方（概念）は、保育においてはなじみが薄いかもしれないが、この感覚をもつことが、専門職としての自覚をもたらすのではないだろうか。変化の著しいこの社会において、自分自身の問題として引き受け、こどもとの約束を守っていくために自分に何ができるかと考えていく姿勢が、専門家として保育に携わる者には今後ますます必要となってくると思われる。

（2）「羅針盤」としての倫理綱領

では、あなたは、専門家となるにあたって、こどもとどのような約束をしたいと考えるだろうか？　その内容について考えていく際に手がかりになるものの1つが、**全国保育士会**の倫理綱領（次頁参照）である。**倫理綱領**とは、一般的には行動の規範としての道徳観や善悪の基準などの要点を簡単に述べたものである。全国保育士会の倫理綱領は保育の専門家集団としての**社会的責務**を宣言しているものであるといえる。これを、自分が保育の専門家として、こどもと契約するとの感覚をもって内容を捉え直してみることが大切である。この綱領でも、「一人ひとりの子どもの最善の利益を第一に」考えることが最初にあげられている。倫理綱領にあげられているから守ると考えるのではなく、保育の専門家として目の前に居るこどもたちと「私は、あなた（たち）の最善の利益を第一にして自分の考えや行動を組み立てていく」と「契約」し、その契約を守るための努力をしていくとの覚悟をもつことなのである。

全国保育士会倫理綱領

　　すべての子どもは、豊かな愛情のなかで心身ともに健やかに育てられ、自ら伸びていく無限の可能性を持っています。
　　私たちは、子どもが現在（いま）を幸せに生活し、未来（あす）を生きる力を育てる保育の仕事に誇りと責任をもって、自らの人間性と専門性の向上に努め、一人ひとりの子どもを心から尊重し、次のことを行います。

　　　　私たちは、子どもの育ちを支えます。
　　　　私たちは、保護者の子育てを支えます。
　　　　私たちは、子どもと子育てにやさしい社会をつくります。

（子どもの最善の利益の尊重）
1. 私たちは、一人ひとりの子どもの最善の利益を第一に考え、保育を通してその福祉を積極的に増進するよう努めます。

（子どもの発達保障）
2. 私たちは、養護と教育が一体となった保育を通して、一人ひとりの子どもが心身ともに健康、安全で情緒の安定した生活ができる環境を用意し、生きる喜びと力を育むことを基本として、その健やかな育ちを支えます。

（保護者との協力）
3. 私たちは、子どもと保護者のおかれた状況や意向を受けとめ、保護者とより良い協力関係を築きながら、子どもの育ちや子育てを支えます。

（プライバシーの保護）
4. 私たちは、一人ひとりのプライバシーを保護するため、保育を通して知り得た個人の情報や秘密を守ります。

（チームワークと自己評価）
5. 私たちは、職場におけるチームワークや、関係する他の専門機関との連携を大切にします。
　　また、自らの行う保育について、常に子どもの視点に立って自己評価を行い、保育の質の向上を図ります。

（利用者の代弁）
6. 私たちは、日々の保育や子育て支援の活動を通して子どものニーズを受けとめ、子どもの立場に立ってそれを代弁します。
　　また、子育てをしているすべての保護者のニーズを受けとめ、それを代弁していくことも重要な役割と考え、行動します。

（地域の子育て支援）
7. 私たちは、地域の人々や関係機関とともに子育てを支援し、そのネットワークにより、地域で子どもを育てる環境づくりに努めます。

（専門職としての責務）
8. 私たちは、研修や自己研鑽を通して、常に自らの人間性と専門性の向上に努め、専門職としての責務を果たします。

　　　　　　　　　　　　　　　　　　　社会福祉法人　全国社会福祉協議会
　　　　　　　　　　　　　　　　　　　　　　　　　　全国保育協議会
　　　　　　　　　　　　　　　　　　　　　　　　　　全国保育士会

全国保育士会の倫理綱領の項目を１つひとつたどっていくと、どれも大切な理念を示しており、保育者としてこどもと約束し、できるだけ実践・実現していきたいと感じることだろう。倫理綱領を身近なものとしていくことが大切である。
　それでは事例を通して少し具体的に考えてみよう。

エピソード 1

　雪国の冬から春にかけて、１歳児クラスでのことである。クラスの子が散歩に出かけても、美里は室内で遊んでいる。とにかく外に出さないでほしいと親から強く要望されているからである。理由は、親が仕事を休むことができないので、外に出て体調を崩されては困るからとのことであった。
　極寒の時期はともかくとして、天気の良い日には陽射しに誘われクラスのこどもたちは外で遊びたがる。保育者側にも外に出て心も身体ものびのびと動かして遊ぶことや、その季節ならではの遊びを体験することを大切にしたいとの思いがあり、園庭や近くの公園に出かけていく。もちろん、その日体調のすぐれない子や外に出たくないという子もいるので、美里が１人になるわけではない。出たくない子や体調の悪い子の場合は、こども本人も納得できる。しかし美里は自分の体調が悪いわけでもなく、本人は出たがっているのに出られないでいるのである。

　実際の現場に身を置くとこの事例のように、保育者としてどう判断し行動していったらいいのか、判断に迷うことが出てくる。専門家として「こどもの健全な心身の育ちを大切にしていくこと」と「親の意向を受け止め応えること」との間でジレンマを保育者は抱えることになるからである。このようなときに、自分たちの現在位置を確認し、その目指す方向を指し示してくれる**羅針盤**のような役割を果たしてくれるものの１つが倫理綱領でもある。この役割をはっきりと打ち出しているのが、**全米乳幼児教育協会**（NAEYC: National Association for the Education of Young Children）の倫理綱領である。

(3) 専門家としてのジレンマ

　NAEYCの倫理綱領（資料〔p.166-〕参照）の大きな特徴は、保育者には「いつでも**倫理的なジレンマはある**」とはっきりと記していることである。そして、その「まえおき」で、倫理綱領は「子どもたちにかかわる保育者にとって、道徳的とも倫理的とも言えるような判断〈中略〉のなかで必ず遭遇する重要な倫理的ジレンマの解決を図ろうとするもの」であると述べている。

　この倫理綱領は、①子どもたち、②家族、③同僚たち、④地域と社会、という4つの柱から構成されており、それぞれの柱ごとに「序論」「規範原理」「行動原則」の部分から成り立っている。「序論」では、その領域における保育実践者の基本的な責任は何かが述べられており、「規範原理」には、実践者の志望が反映され記されている。「行動原則」は、その領域で遭遇する倫理的ジレンマの解決に臨んで、実践者の身の処し方を教えたり、援助することを意図して作成されている。しかし、各々の規範と原則とを一致させようとする必要はなく、各々の規範も原則も共に、問題に相対している**実践者に示唆を与える**ところに意図があるのだとしている。

　さらに、倫理的なジレンマに「"これぞ正解"と言えるような、最も倫理的な行動があるか？　というと、大概は、断言できません。一つ事に対処するために、直ちに明白で疑う余地のないやり方などないと言っていいでしょう。一つ大事な価値とみれば、必ず別の大事な価値がそれを否定するでしょう。私たちが"苦しい選択を迫られる"とき、その取るべき最も倫理的な行為のポイントが何かを探すために、関連する当事者たちと**相談をすること**は、私たちの専門的な責任であります」と述べている（※太字は編集部による）。つまり、ジレンマを抱えつつ、それに対する最も適切な判断を周りの人と一緒に見つけ出していくのが、専門家としての責務となるのである。

episode 2

　美里について先の園では、まず園内の保育者で話し合い、その後、担任と園長で母親と話す機会をもったという。母親に、美里ちゃんも外に遊び

に行きたがっている様子がみられること、身体を動かしてのびのびと遊ぶことの楽しさや、それをクラスのこどもたちと一緒に体験することの大切さを伝えてみたが、「美里が外に出て、風邪をひいたり体調を崩したりしたら、園が責任をとってくれるんですか！」といった強い調子の言葉が返ってきたという。

　保育者たちは「わかりました」とまずは受け止め、これまでと変わらず美里ができるだけ楽しく室内で過ごしたり、身体を動かせるようにしていった。同時にできるだけ母親に寄り添い、美里の体調の変化にもぎりぎりまで園の方でケアをするようにしていった。徐々に母親の険しい表情が和らぎ、美里が成長とともに体調を崩すことが少なくなっていったこともあり、翌年の冬から春にかけては、クラスのこどもと同じように園生活を送ることを母親も拒否しなくなっていったという。

　こどもにも親にも心を寄せながら、少し長い目で解決を目指して歩んでいった保育者たちの姿が感じられるだろう。あなたも、目の前の子どもの最善の利益を護るという契約を胸に、周囲の保育者と共に一歩ずつ専門家として成長していこう。

2. こどもの置かれた状況を理解し、担い合っていく

（1）こどものサインを見過ごさない

　こどもは、自分の今を精一杯、その子なりのありようで生きている。専門家としての保育者には、こうしたこどものありようを受け入れるとともに、それをサインとして捉えていく目ももつことが必要とされるだろう。

episode 3

　4歳児クラスの弘樹は、時々ワーっと大きな声を出して近くにいたクラスのこどもを追いかけていったり、通りがかりに肩や背中のあたりを強い勢いで叩いていったりする。弘樹にそうされるこどもたちに心当たりはなく、その場で弘樹に叩き返してけんかになったり、弘樹に直接言えない子は担任保育者に「弘樹くんが何もしないのに叩いた」などと訴えてくる。また、弘樹は時折2歳児クラスに行って、小さい子と一緒に遊ぶ。かわいがって抱き上げるのだが、抱き上げた手を突然放し、抱かれていた子がストンと落ちて痛い思いをして泣いたりする。度重なると2歳児の中には弘樹が来るのをいやがって、時には弘樹の姿を見ただけで泣き出してしまう子が出てきていると2歳児クラスの保育者から話があった。
　弘樹の担任（2人）は、叩くことはいけないことや、大きな声を出すことは相手をびっくりさせてしまうことなどを弘樹に知らせようとかかわっていた。しかし、なかなか弘樹の変化はみられず、どうしようかと話し合っていたところに2歳児クラスからも話があり、なんとか対応しなければとの焦りが出てきた。そこで園長や主任保育者に相談し、しばらくの間クラス担任のうちのどちらか1人は必ず弘樹の様子をよくみたりかかわったりしていこうということになった。
　弘樹の様子をよくみていると、ワーっと大きな声を出す行為は、自分のしていた遊びの領域（弘樹自身が領域と思っていると思われる範囲）に、近くで遊んでいる子がそれとは知らずに入ってきたときなどに、弘樹なりの抗議の思いから出てくるようであることがみえてきた。叩く行為は、その相手に脅かされたような思いをもった後のようであること、また、クラスから出ていくのは、自分の遊びが思うようにいかないときやクラスの中で居場所がみつからないときであり、その1つが2歳児クラスであることもみえてきた。
　弘樹が全体として発達がゆっくりとしている子であることは、担任保育者たちも承知していた。しかし、弘樹がそこで感じている自分の思い、たとえば「入ってこないで」などの簡単な言葉での表現ができず、相手に思いを

伝えられていないとは思っていなかったとのことであった。また、遊んでいる様子をよくみていなければ、それが弘樹にとっての遊びの領域に属する場所だとは保育者にもわからなかったという。こうして、弘樹の姿を丁寧に追って考えてみると、大きな声を出すのも叩くのも、自分の領域が脅かされるような思いをもち、他の存在に緊張感や不安感を感じているとのサインなのだと思えてきたという。以前は、他のこどもから訴えがあると「また」との思いが先立ち、その行為をやめさせ、いけないことだということを伝えるだけのかかわりになっていたと気づいたという。そこで「怖かったね」「壊されると思って驚いたんだね」「ここに入られるのがいやだったんだね」など、弘樹の思いを保育者が言葉にしていくようにすると、弘樹の様子が少し穏やかになって、保育者の言葉に耳を傾けてくれるようになっていった。また、困ったときには保育者を頼ったり甘えたりするようにもなってきたという。

こどもによっては、言葉で自分の思いをうまく伝えることが難しい場合がある。こどもの**表情**や**行為**そのものが、心のありようなど様々なことを表現していることが多い。しかしそれは、こどもの行為をサインとして受け止めていこうとする保育者側の構えがあってこそ、その理解が成り立っていくものなのである。必ずしもおとな側にとってわかりやすいサインばかりではないが、言葉では語られない**身体的メッセージ**をも含めて受け止めていこうとする保育者として成長していきたい。

（2）担任保育者の見解を大事にしつつ、共通理解へと高めていく

こどもを理解していく際には、場面の1つひとつに丁寧に留意していくことが基本となる。先の保育者たちも丁寧に見つめ考えていくことで、（こども自身が自覚していない思いも含めて）そのこどもの中にある思いに気づき援助を行っていっている。だが、そのプロセスにおいては、こどもの理解や援助のあり方に迷うことも出てくる。迷いを抱えながらも、担任保育者はその

こどもと共に生き、かかわりを**試行錯誤**していく必要に迫られる。こうした状況を支えるのが、専門家としての保育者集団の**相互理解**である。

episode 4

　弘樹のことについて、担任保育者は自分たちだけではなく、園長や主任保育者を含めた話し合いの中で、弘樹を優先的に見守っていくとの保育体制が理解されたことがよかったという。このクラスに2人の担任保育者が配置されていたのは、他に配慮を要する子がおり、そのための加配措置だった。しかし、弘樹の様子を優先的に見守ることになると、加配措置を受けているこどもの思いに応えられないことも出てくる。そのことについて周囲の理解が得られるかどうか懸念があったとのことである。ただ、その子はこれまでの保育の中でかなり落ち着いてきており、担任からひととき離れて過ごせると思われること、また、今は弘樹に配慮をしていくことが弘樹自身の育ちにとってはもちろんのこと、クラス全体のこどもの育ちにつながっていくのではないかとの理解が共有化されたのである。

　さらにしばらく後、園内の保育者全員が揃う機会をとらえて弘樹について話し合う場をもった。担任からは弘樹の行為の意味をどう捉えているかや現在のかかわりの方向性などが話された。他のクラスの保育者からは各々が目にした弘樹の様子などについて話があった。そしてしばらく担任の方針でかかわり続けてみることになった。その話し合い後、2歳児クラスでも「かわいいって思ってくれて、抱っこしてくれるのね」と受け止めながら「降ろすときも優しく降ろしてくれると○○ちゃんは嬉しいって」や「弘樹くん、おにいちゃんだから○○ちゃんにやってあげようと思ってくれたのね。でも、もう○○ちゃんも自分でやりたいって思ってるから、やさしく教えてあげてね」などとかかわっていった。

　やがて、担任保育者との関係の中で弘樹が安心感や安定感をもち始めていると感じられるようになってきた頃、2歳児クラスへ来る頻度が減り、「そういえば最近、弘樹くんほとんど来なくなった」との声が寄せられたという。

担任保育者は、自分たちの弘樹についての理解や保育の方向性が、園内の他の保育者によって理解されているとの精神的な支えが、たいへん心強かったという。こうした支え合いを生み出したのは、保育者が自分を開き、自分のこども理解や保育について語ったこと、同時に、同僚の保育者が担任の語ることに耳を傾け、共に考え合っていく関係や場が開かれていったことにある。
　そうした担任のありようを受けて、他のクラスでも同じ方向性でのかかわりが試みられていった。2歳児クラスの保育者らは、同じようにかかわってほしいと依頼されたわけではないが、話し合いを受けて、弘樹がクラスに来たときには居場所を求めているサインだと受け止め快く受け入れると同時に、弘樹の気持ちを代弁するなど同じようにかかわってみたらどうだろうと話し合ったのだという。
　この事例では、しばらくしてこどもが落ち着き安定していったが、そうでない場合もある。そうした際には、他の保育者の提案が変容のきっかけになる場合もある。担任保育者にとっては、自分の思いが受け止められた上で、同僚が一緒に考えていってくれているとの思いがあり、自分が否定されている感じをもつことなく、今度はその方向で試してみようとの前向きな思いがもてるという。

（3）保育者相互に支え合い、協働する姿勢をもつ

　こうして保育実践の根幹のところで**共通理解**が成立していることで、保育者1人ひとりの個性や違いは大切にされながらも、保育者が相互に支え合うことへとつながり、園全体として力をもった実践が展開されることになる。
　大場は「専門的な発達ということが、個々の保育者の力量や資質を論ずる視点から考えていくと、理論や技術の習得という形を描きやすい。それと同等かそれ以上に、園の保育者全体が相互支援という態勢を、日常的にさりげなく振る舞うなかで、ちゃんととれることが、専門的な発達のもう一つの側面として大事になる。保育者個人の能力ではなく、集団の組織力としてこどもの園生活を支えるものになることが、本当の意味での専門的な発達ではな

いか」と述べている［大場 2007 ; pp. 187-188］。専門的発達としての相互支援の意義を理解し、支えられることに感謝し、また自分も支えていこうとする保育者として成長していきたい。

3. こどもと共に暮らす思いを実現する保育における計画を作成する

（1）立案の目的を明確にする

　何かの計画を立てるとき、というのはどのようなときだろうか。多くの場合、実現したいこと（目的）があるときであり、そのためにはどのように（方法）、**何を**していったらいいか（内容）を考えていくだろう。

　たとえば、あなたが「遊園地に行ってたくさんの乗り物を楽しみたい」（目的）と思えば、同じように遊園地での乗り物が好きな友人を誘い、お互いに都合の良い日時で、乗りたい乗り物などを勘案してどの遊園地に行くかを決めて出かけていくだろう。しかし、「〇〇さんと一緒に楽しい時間を過ごしたい」（目的）とき、その相手が遊園地は大の苦手という人だったらどうするだろうか？　お互いに楽しめそうなものを話し合って、その結果映画になるかもしれないし、スポーツや登山になるかもしれないだろう。主の目的をどこに置くかによって、その内容は変わってくる。

　保育の計画の作成も、実現したいこと（目的）があって、そのためにどのような方法や内容がいいかを考えていくという点で、基本的には日常の様々な計画を立てることと共通している。ただし、保育の場合、共に過ごす相手が「乳幼児期のこどもたち」であることが前提となる。そして、あなたがそのこどもたちと何を大事にして、どのように暮らしていきたいのかという思いの実現が基本となる。

　たとえば、「こどもたちと楽しい園生活を送りたい」（目的）と思っていたとしよう。あなたは「楽しい」という言葉にどのような「楽しさ」をイメージしているだろうか？　遊園地のように何もかもを保育者側で準備して、こ

どもたちはその準備された中で、（ちょうど乗り物を楽しむように）楽しむ、という楽しさだろうか？　入園初期こどもの不安感が強い時期など、まずは幼稚園が楽しいところだという体験をこどもたちにしてほしいと願う時期なら、そうした楽しさのありようもいいかもしれない。しかし、いつもおとなが準備してくれた楽しさの体験だけがこどもに続くような園生活をあなたは願うだろうか？

　それとも、もう少し質の違う楽しさを体験していってほしいと思うだろうか？　たとえば、自分たちでルールを決め合って鬼ごっこを楽しんでいったり、試行錯誤して大きな砂山にトンネルを掘っていったり、なりきって遊ぶための道具を工夫して作ったりするなど、時には意見がぶつかったり、挫折したりしながらもそれを乗り越えて味わうことのできる充実感や達成感を伴った楽しさを経験するような園生活を、こどもたちとつくりあげていきたいと願わないだろうか。

　もとより、園での暮らしは楽しさだけで語られるものではない。目的のもち方はいろいろあり、こどもたちの年齢や時期によっても違ってくるだろう。また、目的を複合的にもっている場合もあるだろう。

　何よりも大切なのは、自分が保育者としてこどもたちとどのように暮らしていきたいかという「思い」がしっかりと自分の中でみえていることである。そうした思いは、今の段階ではすぐにはみえてこないかもしれない。だからこそ、大学や実習で学び、自分の中で確かなものにしていくのである。そして、その思いを実現していくにはどうするかを**長期**の計画案で見通しながら、目の前のこどもたちの様子に合わせて**短期案**を作成して保育にあたるのである。

　保育者としての自分の「思い」を確かなものにしていく作業は保育者になってからも続く。そしてその思いを具体的に実践できているかなどを時に立ち止まり、自分のありようを問い直すことが保育者としての成長につながっていくことになる。

（2）立案の過程を大切にする

　保育における計画は、できあがった計画案そのものというよりも、**プランニングの過程**にこそ意味がある。

　先にも述べたように保育の計画は、保育者がこどもたちの様子をとらえて作成していくところに大きな特徴がある。その日の保育を振り返り、各々のこどもがどんな様子であったか、どのようなことに興味や関心を抱いているかなどを考える。それをもとに、翌日にはどのような遊びが展開されるかなどを予想し、保育者の願いを加味して、環境の構成を考えたり、どのように援助をしていくかを考え進めて立案していくことになる。

　しかし、立案通りに実際の保育が展開されるということはほとんどないといってもいい。なぜなら、案を立てるのは保育者であるが、遊ぶのはこどもたちだからである。その日その環境にかかわって、こどもがどのような遊びをし、どのような体験をしていくことになるかは、その日の生活が始まってみないとわからない。予想した遊びが展開され、案に沿った援助が展開される部分もあるだろうが、そうでない部分もあるのが保育の実際である。

　だからといって、保育案を作成することに意味がないと思うのは早計である。プランニングの過程で、自分の担任する1人ひとりのこどもの育ちや遊びについての理解を確かなものにし、援助の方向性を考えておくことで、実際に起こった遊びが予想とは違っていても、そのときの遊びを通してそのこどもにとって必要な援助が可能となるからである。計画案をどこかから引っ張ってきて形だけ整えてもそこには意味がないことは明白である。計画案ができあがるまでに行う作業に重要な意味があるとの自覚をもって、**目の前のこどもの姿**から立案を行う保育者となっていきたい。

（3）省察する

　こどもたちと実際に過ごす場面での保育者は、瞬時の**判断**で援助を行っている。そうした援助は、保育者としての総合的な判断として行われているこ

とが多く、その判断をより適切に行えるようになりたいというのは、多くの保育者の思いであろう。まして、これから保育者を目指している人であるなら、その思いは切実な願いだろう。

　適切に判断していく力をつけていくには、保育の場面について**省察**することが大切となる。1人ひとりのこどもについて振り返り、そのこどもの体験の意味を考えたり、環境や自分の援助が、こどもにとってどのような意味をもつものであったかなどを熟考し、これからにつなげていくのである。

　倉橋は、「子どもらが帰った後」と題する文章で省察することの大切さを述べている［倉橋1976；p.45］。

　　　子どもらが帰った後

　子どもが帰った後、その日の保育が済んで、まずほっとするのはひと時。大切なのはそれからである。

　子どもといっしょにいる間は、自分のしていることを反省したり、考えたりする暇はない。子どもの中に入り込みきって、心に一寸の隙間も残らない。ただ一心不乱。

　子どもが帰った後で、朝からのいろいろのことが思いかえされる。われながら、はっと顔の赤くなることもある。しまったと急に冷汗の流れ出ることもある。ああ済まないことをしたと、その子の顔が見えてくることもある。――一体保育は……。一体私は……。とまで思い込まれることも屢々である。

　大切なのは此の時である。此の反省を重ねている人だけが、真の保育者になれる。翌日は一歩進んだ保育者として、再び子どもの方へ入り込んでいけるから。

※読みがなは編集部による

　少し長いスパンでこどもの変容を振り返ることで、そのこどもの行為の意味がみえてきたり、自分の援助の意味がみえてきたりすることも多い。この

ような際に、記録は重要な意味をもつ。日々の記録があることで、その当時のこどもの様子や自分の援助を振り返ることができるからである。自分なりにこどもや保育について記録し、省察を続けることが保育者としての成長につながっていく。

4. 研修に参加し専門家としての自分を磨いていく

研修に参加することは、保育に関する他の見方や考え方に触れ、保育者としての自分の考え方や保育を振り返り、専門性を高めていくための機会となる。ここでは、園外研修、園内研修、自主研修の3つに分けて取りあげたい。

（1）園外研修に参加する──新たな知識・技術を学んだり、異なる考え方に出会い自分を振り返る

保育者の研修の1つとしてまずあげられるのは、園の外に出かけて参加する研修である。「園外研修」や「職場外研修（Off-JT）」と呼ばれる。

園外研修にも様々な種類がある。たとえば、幼稚園で働いている場合には所属する都道府県教育委員会などによって行われる新採用研修、5年研修、園長研修など、保育のキャリアを重ねていく中で課題となってくる内容についてプログラムが組まれる研修もあるし、教育課程などのテーマに基づいて行われる研修もある。公私立合わせての研修もあれば、公私立別々の研修もある。私立の教諭を対象とする研修は、都道府県や地区の私立幼稚園協会が主催して行う研修が主となる。これら教育委員会や私立幼稚園協会などが主催する研修は、現在の保育の課題となっていることや、保育者として考えていきたい課題など、その時代や地域の課題を反映させていこうとするものが多いようである。

研修の方法としては、講師による講義やグループワークなどの演習、参加者の代表による研究発表や事例発表、それについての討議など、研修の目的や内容に受講人数などを加味して決められていることが多い。

保育所で働いている場合の研修もほぼ同様で、県や地区の保育士会、私立保育園連盟などの主催によって行われるものが多い。

　こうした園外での研修は、保育に関して新しい知識や技術を学んだり、他の考え方に触れたりすることになる。しかし、その場で聞いたり見たり話し合ったりしたことを、自分の保育に重ね合わせて考えたり、必要とあれば実践に反映させていこうとする、保育者本人の構えがなければ、その場限りのことに終わってしまう可能性も高い。

　園外研修に参加した際に大切なことは、学んだ知識や技術、気づいたことなどが、自園のこどもたちとの生活の中ではどうなっているか、それをとり入れて実践することが自園のこどもたちにとってどのような意味をもつか、などをきちんと考えてみることである。そして、必要と判断した上で実践にとり入れてみたのなら、実際のこどもの姿から、こどもたちにとってどのような体験となっていたのかなどを再度考えたり、さらに工夫したりしていくことも大切なこととなる。園外研修を有効に活用して、専門性を高めていける保育者となりたい。

（2）園内研修を行う——保育者集団として専門的力量を高めていく

　保育者の研修として次にあげられるのは、園内のメンバーで行われる研修で、「園内研修」あるいは「職場内研修（On-JT）」と呼ばれる。

　自分のクラスの保育や気になるこどもについての事例をまとめて話し合ったり、保育を公開し合って話し合うなど、自分たちの保育のあり方をよりよいものにしていくための取り組みとして行われる。また、場合によっては、園が研究指定を受けたり、地区での研修会での発表担当となり、テーマを設定して園内研修として取り組んでいったりする場合もある。与えられるテーマであっても、自分たちの保育を見直し考えていく機会と積極的に捉えて取り組んでいる園が多いようである。

　近年では保育が長時間化し、園内行事などの打ち合わせや会議のために保育者全員が揃うのさえやっとの現状があり、園内研修を実施し継続していく

のは難しいとの声が聞こえてくることが多くなっている。しかし、園内での研修的な取り組みは、その園がこどもの生きる現場としての力をもつためには、大切な営みであると考える。園内の保育者全員が揃ったり、「研修」としての形を整えたりすることが難しい場合でも、園内の保育者同士で、必要に応じて自分たちの実践について見つめ直し、一緒に考え合っていく営みを続けていくことが大切なのではないかと考える。

（3）自主研修を続ける──自らの問いを探究していく

最後にあげられるのは、**自主的に行う研修**である。様々な取り組みが可能となるだろう。たとえば、お互いに保育実践について考え合いたいと思う保育者で研究会をつくり、所属の園にとらわれず話し合うといった取り組みなどがあげられる。筆者も実践者が中心となった研究会に参加していたことがあったが、その時々の構成メンバーにより、テーマや方法が変化していった。皆で1冊の本を取りあげ時間をかけて話し合うようなことも行ったが、中核になった取り組みは、参加者が自分のクラスで悩んでいることや、気になるこどものことなどを事例にまとめて**話し合う**ことだった。自分の園では当たり前のように思われることでも他園では違っていることがあり、それによって自分のこども理解や保育のあり方について自覚することになったり、考え方に広がりが出ていたりしていた。

また、こうした研究会などを組織したり参加したりするだけでなく、自分の保育実践から考え続けていくことも、その取り組みによっては自主研修に位置づくものとなるだろう。**自らの問いを探究し続ける**保育者でありたい。

5. 保育者各々の持ち味を活かし、人間としての自分を磨いていく

保育者は**人間のモデル**としてもこどもに出会うことになる。大場は、「こどもたちが園内でいろいろな保育者と出会い、親しく接する機会を得ること

の中で、その人との味わい深いかかわりを体験することが、こどもの感性や認識を豊かにしていく有効性をもつのではないか」とし、「保育者集団が多様な世代構成であることで、多様な人間モデルとの出会いを可能にしているというふうに理解していいだろう」と述べている［大場2007；pp. 208, 209］。

　様々な年代の男女がこどもたちの生活する場に存在することが理想的ではあるが、必ずしもそうではない現場もあるだろう。それでもこどもにとっては、保育者の数だけ人間としての出会いとなる可能性がある。保育の場に実習生や新任保育者として身を置き始めたばかりのときには、自分がこどもの思いに十分に応えられなかったり、保護者と思うように関係が結べず、何もできないかのように感じてしまうことも多いようである。専門家としてのあなたはまだまだ力不足でも、逆に若手保育者だからこそ、そしてあなただからこそその持ち味もあるはずである。**人間同士**として関係を結んでいける存在でありたい。

　また、人間としての自分が磨かれていくのはその人の生活全体を通してである。いろいろな人と出会ったり、親しい友人とたくさんのことを話したり、家族と過ごしたりなど、様々な関係を生きることや、好きな本を読む、絵を描く、楽器を演奏するなど、自分の好きなことや得意なことに心ゆくまで取り組むこと、美術館や展覧会へ行く、旅に出るなど、日常とは違う経験をすることなども、意識しにくい部分であるがその人のありようや魅力につながっていくだろう。あなたの日常生活はどんなふうに彩られているだろうか。

　さらに、人間としての成長は、職業生活を通してもなされていく。日々、力まず、されどたゆまずに、こどもや保育について自分自身に問いかけ、そのありようを考え続けていく保育者でありたい。それが、専門家として、そして人間としての成長にもつながることとなるだろう。

NAEYC（全米乳幼児教育協会）倫理綱領〔抜粋〕

［フィーニィほか 2010；pp. 575-577］

まえおき

　NAEYC（全米乳幼児教育協会）は，子どもたちにかかわる保育者にとって，道徳的とも倫理的とも言えるような判断を，日々頻繁に求められるということを承知しています。NAEYC倫理綱領は，保育者の責任ある行動を取るために必要なガイドラインを提供し，養護と教育の一体となった取り組みのなかで必ず遭遇する重要な倫理的ジレンマの解決を図ろうとするものであります。この綱領は，出生より8歳ごろまでの子どもたちとその家族のために行う日常の実践，例えば，乳幼児プログラム，就学前教育，チャイルド・ケア・センター，ファミリー・チャイルド・ケア・ホーム，キンダーガーテン，プライマリー・クラスルームなどの実践に最も焦点を当てております。

　また，この倫理綱領は，実践現場で必ずしも直接子どもたちと日常的にかかわらない近接の専門職，例えば，プログラム・アドミニストレーター，両親や職業教育指導者，大学教授，その他，チャイルド・ケア資格を有するスペシャリストなどにも適用しています。

この綱領の中核となる価値

　保育における倫理的な行為の基準は，私たちの専門分野の歴史に深くかかわる根本に基づくものです。私たちは以下のように配慮してかかわってきました。

- 子ども期が，人としてのライフサイクルにおいて，ユニークでかけがえのないステージである，と認めること
- 子どもの発達についての知識をもって子どもと共に勤しむための基礎とすること
- 私たちと「子どもと家庭」との間の緊密な絆を重んじて支援すること
- 子どもたちが家庭，文化，コミュニティー，社会と切り離されずに最善の理解と支援を受けるべき存在であると認めること
- 1人ひとり（子ども，家族，同僚）それぞれの，人としての尊厳，価値，独自性を尊重すること
- 子どもや成人が自らのもっている可能性を実現できるように，信頼と尊敬と好意をもって援助すること

綱領の基本構想

　この綱領は，私たちの専門的な責任の考え方について，その専門的にかかわる領域なりの取り組みによって，(1)子どもたちに対し，(2)多くの家族に対し，(3)同僚たちに対し，そして(4)地域と社会に対し，という4つの柱で構成します。おのおのは，その領域における保育実践者の基本的な責任が何かという点の序論，典型的な専門実践の指導において示される一連の考え方，要請され予防され，そして容認される実践のあり方を特徴づける一連の原則などから構成されます。規範原理（ideals）は，実践者の志望を反映しています。行動原則（principles）は，その領域で遭遇する倫理的ジレンマの解決に臨んで，実践者に身の処し方を教えたり援助することを意図しています。おのおのの規範と原則とを一致させようとする必要はありません。規範も原則もともに，これらの問題に対する実践者に示唆を与えるところに意図があるのです。その問題は，身を入れて応えようとするなら，誠実な意思決定のあり方を示してくれるに相違ないのです。この綱領はなんらかの倫理的な

ジレンマに立ち向かうために特別の方向づけや示唆を用意していますが、他の多くの綱領では、実践者にその綱領のガイダンスをジレンマなどの迷いのない専門職のあるべき判断と結びつけようと求めるでしょう。

　この綱領における規範と原則は、私たちの分野で何を最も大切にしているか、という公約を宣言する専門的な責任を共有する概念として提示しています。この綱領は、この領域の私たちが担っているという責任、そしてそのように責任を全うしようとする私たち自らの働きのなかで示す倫理的な行為を支援することを、公に承認しています。倫理的なジレンマに直面する保育実践者たちは、この綱領のどこか該当する部分に、あるいはまた綱領全体を構成する精神のなかに、指導を求めてやまないでしょう。

・いつでも倫理的なジレンマはある

　"これぞ正解"と言えるような、最も倫理的な行動があるか？　というと、大概は、断言できません。一つ事に対処するために、直ちに明白で疑う余地のないやり方などないと言っていいでしょう。一つ大事な価値とみれば、必ず別の大事な価値がそれを否定するでしょう。私たちが"苦しい選択を迫られる"とき、その取るべき最も倫理的な行為のポイントが何かを探すために、関連する当事者たちと相談をすることは、私たちの専門的な責任であります。

第1部：子どもたちに対する倫理的責任

　子ども期は、人のライフ・サイクルのなかにおいて、ユニークで価値ある時期です。私たちの最も重要な責任とは、その子どもたちのために安全、健康、養育、受け入れ体制などの備えをなすことです。私たちは、子どもたちの発達を支援し、個人差を尊重し、子どもたちが共に生き共に取り組む手助けをし、健康、自己理解、有能感 (competence)、自尊心、しなやかさ (resiliency) を促進するなどを、社会から負託されているのです。

規範原理 (Ideals)

I-1.1. 乳幼児の保育（養護と教育）の基本的知識を熟知すること、そして生涯教育や現職教育 (in-service training) によってレベルを保つこと。

I-1.2. 保育プログラムの実践は、子どもの発達の領域や関連する分野における新しい知識と、1人ひとりの子どもに関する個別の知見に基礎をおくこと。

I-1.3. 子ども1人ひとりに独自性や潜在能力のあることを容認し、それらを尊重すること。

I-1.4. 子どもたち特有の脆弱性を正しく理解すること。

I-1.5. 子どもたちの社会的、情緒的、知的、身体的発達を助長し、子どもたちの地位と役割を重んじ、安全で健康な生活の場を創出し保持すること。

I-1.6. 乳幼児期の包括的な (inclusive) プログラムのなかで、そこに含まれるいずれの内容にも最大の関心をもって、1人ひとりの子どもが遊びかつ学ぶという権利を支援すること。ちょうど大きなコミュニティーのなかで無力な状態にある成人と同じように、子どもたちがもし障がいさえなければ恩恵を受けるはずのことが、さまざまな障がいをもつ子どもたちにも同様に対等に処遇されることが望ましいこと。

I-1.7. 障がいのある子どもたちが適切で活用の容易な支援のサービスを受けることや、すべての子どもたちにとって最もふさわしい場を備えるために必要な資源を護ることなどを保証すること。

行動原則 (Principles)

P-1.1. なによりも第1に、われわれは絶対に子どもたちを傷つけない。子ども

たちに対して，軽んじたり，蔑んだり，危険に晒したり，不公平に処したり，萎縮させたり，気持ちを傷つけたり，体に害を及ぼしたりするような実践に与しない。この行動原則を，この綱領の他のすべてのことのなかで，最優先事項とする。

P-1.2. 最善の利益を否認したり，えこひいきをしたり，人種，民族，宗教，性，出自，言語，能力，あるいは身分，立ち居振る舞い，さらにその両親の思想信条に基づいてプログラムや諸活動から子どもを除外したりするなどにより，子どもを差別するような実践には参与しない。(この行動原則で禁ずるようなことを，特定の子どもたちの集団に対するサービスを提供するために，法的な指令に適用してはならない。)

P-1.3. われわれは，子どもにかかわる意思決定には，(スタッフや両親たちも含めて) 関連する知識のすべてを動員して実践に携わる。

P-1.4. すべての子どものために，教える戦略，学習環境，カリキュラム，家族の相談などにおいて，われわれは柔軟に実行する。また，プログラムから恩恵を得るために，子どもたちの潜在能力を最大限に引き出すためには，スペシャリストからの適切な提案(勧告)を求めるようにする。もしも子どもと家庭と共に勤しむために，こうした努力がなされても，その子どもにプログラムの恩恵を得ている兆しも顕れないとか，あるいはまたその子どもが同じプログラム恩恵を受ける他の子どもたちの能力を重大な危険に晒したりするなら，われわれはまずその子どもの家族や適切なスペシャリストと意思疎通を図ろう。そしてその子どもの当面しているニーズがなにかを探り，それらのニーズに対処するために最も適切な場と必要なサービスを探り出し，その子にとって適切な場を設けて家族を支援する。

P-1.5. われわれは，子どもが虐待を受けた徴候，すなわち身体的，性的，言語的，情緒的な虐待やネグレクトなどについて熟知しておく。われわれは，子どもたちを心身への虐待やネグレクトから護る州法や地方自治体の対処についてよく知っておいて，必要な手を打つために行動する。

P-1.6. 子どもへの虐待やネグレクトの疑いについて，はっきりとした原因を把握した時には，しかるべき市町村の関係機関にその旨を報告し，適切な対応措置が確実に講ぜられるために必ず追跡調査を続けるようにする。

P-1.7. 子どもが心身への虐待やネグレクトを受けているのではないかと，人から懸念を告げられたなら，われわれは，その子どもを護るために適切な行動をとれるように，その人を支えることとする。

P-1.8. 子どもの保護機関が，心身への虐待やネグレクトの子どもたちの適切な保護を必要とする備えができなかった場合，われわれは，これらのサービスの改善に努める倫理的な共同責任があることを認めることとする。

P-1.9. われわれは，もしも子どもの健康や安全が脅かされるような実践あるいは事態に気づいたとき，しかもそのような状況にあることをあらかじめ掌握していなかった場合には，そのような事態を改善できる人及び同じような危機から子どもたちを護ることのできる人に，自分の気づいた情報を伝える倫理的な責任があることとする。

※文中の読みがなは編集部による

引用・参考文献

フィーニィ，ステファニー、ドリス・クリステンセン、エヴァ・モラヴィック（Who am I 研究会訳）『保育学入門――子どもたちと共に生きる保育者』ミネルヴァ書房、2010年

大場幸夫『こどもの傍らに在ることの意味――保育臨床論考』萌文書林、2007年

戸田雅美『保育をデザインする――保育における「計画」を考える』フレーベル館、2004年

ショーン，ドナルド（佐藤学、秋田喜代美訳）『専門家の知恵――反省的実践家は行為しながら考える』ゆみる出版、2001年

大場幸夫、柴崎正行編『障害児保育』（新・保育講座15）ミネルヴァ書房、2001年

尾崎新『対人援助の技法――「曖昧さ」から「柔軟さ・自在さ」へ』誠信書房、1997年

大場幸夫、前原寛編著『保育心理学Ⅰ　子どもと発達』東京書籍、1995年

大場幸夫、前原寛編著『保育心理学Ⅱ　子どもと保育』東京書籍、1995年

津守真『子ども学のはじまり』フレーベル館、1979年

倉橋惣三『育ての心（上）』フレーベル館、1976年

共通カリキュラム作成部会・特定非営利活動法人保育総合研究所「第二期高知のこどもをどう育てるかを考える会――共通カリキュラム作成部会報告書」2005年

語義引用出典

新村出編『広辞苑（普通版）』（第6版）2008年

第7章

保育者の協働

1. 保育者に求められるもの

（1）保育者に求められる資質──「独り立つ気概」

　保育士、幼稚園教諭はこどもたちに人気の職業であり、毎年、女児の将来なりたい職業ランキングでは上位にあげられている。その理由には、保育者がこどもたちにとって身近なおとなとして存在していること、そのありようが魅力的に映っていることがあるのだろう。保育者という職業の一般的なイメージには、「温かい」「優しい」「明るい」「元気」「誠実」などの言葉があげられることが多い。こうした保育者に対する一般的なイメージは、こどもや社会が求める保育者としての資質であろう。しかし、こうした資質だけで、こどもと家族を支援する専門職である保育者を務めることができるのだろうか。

　大場は、保育者に必要な資質として、「独り立つ気概」というものをあげている［大場 2007；p. 173］。

> 　保育者がそれぞれ自分の責任において、こどもとかかわり、保護者と対応する。そういう基本的な役割をきちんと果たす姿勢が、こどもからも信頼され、また保護者の不安を払拭してくれる。その意味では独り立つ気概は欠かすことのできない保育者の資質である。独り立つ気概とは、自らの実践理念と方法に対する責任をもった取り組みをする心身の構えのことであると、私は考えている。毅然とした姿勢での保育実践と言うこともできる。

　「気概」という言葉を『広辞苑』で調べると、「困難にくじけない強い意気。気骨。いきじ」とある。これは先述した「温かい」「優しい」「元気」という、どちらかといえば柔らかく明るい言葉で語られる保育者のイメージと比べると、強さや固さを感じる言葉であり、異質に思う人もいるかもしれない。しかし、保育者という仕事は、乳幼児期という生涯で最も重要な時期のこどもの育ちを援助しながらその家族を支えるという公的にも重要な役割を担っている専

門職である。また、こどもと家族は安定しているときばかりではなく、不安定なときや危機的な状況にあることも多く、保育者には多少の困難に出会っても、強い信念や意気込みをもち続けて仕事に取り組む姿勢が必要となる。そのため、保育者には「気概」という、頑丈さや芯の強さをもつ側面が必要になる。

「独り立つ」という言葉の「独り」は、通常は「1人」「単独」「孤立」ということを意味するが、ここでは少し異なる意味で使われている。大場はさらに、「それは、自分勝手とは異なる。自分勝手は弁解はすることができても、他者の共感を得ることは難しい」［大場2007；p.173］と述べ、他の保育者の意見や保護者の思いに耳を傾けることなく、自分1人の思いだけで保育を行おうとする保育者の「独走」や「ひとりよがり」を否定している。

また、担任や担当など1人ひとりの保育者がクラスの運営や個々のこどもの保育を任されるような場合においても、「保育者の立つ状況への現実的な対応は、何よりもまず保育者自身を孤立させてはならないのであり、その置かれている立ち場を蔑ろにさせてはならない。初歩的だが基本的な気づきを鉄則として『意見交換』が継続し、相互の意識が高まるように努めることが必要だと思う。保育者の立ち位置は、常に初心にかえる省察的実践の積み重ねを求められている」［大場2007；p.179］と、保育者の「孤立」を否定し、「孤軍奮闘」ではなく保育者同士が意見を交わし合うことにより自分たちの保育実践を振り返るという学びを基本にした上での「独り立つ」を重視している。

episode
エピソード 1

お互いの意見を調整する

R保育所の3歳児クラスは、保育経験15年のA保育者と保育経験3年のB保育者で担当している。このクラスには、超未熟児で生まれた真子と自閉症の疑いがある一樹がいる。主にA保育者はクラス全体の保育をリードし、B保育者が真子と一樹の援助を行うという体制がとられている。この日は、自由遊びの後に運動会で行うダンスの練習を初めて行った。しかし、一樹はダンスに参加することをいやがり自分の遊びを続けたがり、真子も

疲れたからダンスはやりたくないと泣き出した。2人の姿につられたのか、ダンスをやりたがらないこどもたちが出てきてしまい、この日のダンスの練習はうまくいかなかった。A保育者は「明日は一樹が遊びに夢中になったり、真子が疲れたりしないうちにダンスをした方がよいと思う。だから、朝の自由遊びの前にまずは全員で練習をしたいと思う」とB保育者に伝えた。B保育者は、A保育者の考え方も理解できなくはなかったのだが、一樹はいつもと1日の流れが違うと不安になること、好きな遊びができないことで余計にみんなと同じ活動に参加したがらないことが多いので、率直に自分の意見を伝えてみた。A保育者はB保育者の意見を聞き、「それもそうかもしれない」と思い直し、2人で話し合うことにした。

　最終的には、一樹には朝のうちにB保育者がダンスの練習があることを話しておき、一樹の遊びの具合をみながらダンスの練習に使うCDプレイヤーやリボンを一緒に用意することで、一樹の気持ちをダンスに向けてみることになった。真子については、体力よりも初めてのことに対する不安があるのではないかというA保育者の意見をもとに、お客さんになって見ているだけの参加を認めながらも、新しいことに挑戦できるように励ましていくことを確認した。

　このエピソードのA保育者とB保育者のように、保育者同士の間に保育経験の差があったとしても、また、A保育者はクラスのリーダー、B保育者は特別な援助が必要な2人のこどもの担当というように役割や担当が分かれていたとしても、この2人の保育者が協力しながら真子と一樹を含んだクラス全体の保育を考え、実践していくことが重要となる。そのため、自分なりの保育に対する思いや考えを他の保育者に伝えるとともに自分とは異なる考え方にも耳を傾け、それを踏まえた上で自分の思いや考えを確認したり修正したりすることが大切になる。こうした地道な日々の保育者同士のやり取りが、「独り立つ気概」を保ち、さらに向上させ、しなやかで芯の通った保育を行うことを可能にしているのである。

(2) 保育者の早期の独り立ち

　保育者は、専門職の中では**早期の独り立ち**を求められる職業であるといわれている。初めは副担任やフリーなど比較的補助的な役割を担う場合もあるが、1年目からクラス担任になることや特別な支援が必要なこどもの担当になることもある。そして、2年目ともなれば一人前の保育者として扱われることが多い。これは、企業という大きな組織の中で上司の指示のもと仕事をしていく事務職と比べると、かなり早期の独り立ちといえるだろう。こうした責任のある役割を任されることは、保育者としての独り立ちを周囲から認められている証でもあり、仕事に向かう意欲にもつながる。同時に、そうした役割を担うことはこどもや家族に対する責任を問われる立場、つまり、**公的な責任**が重い立場に立つということでもあり、プレッシャーは大きくなる。もちろん、保育の原則は、園長をはじめ職員全員が在園するすべてのこどもたちの育ちを支えていくことになっている。しかし、それでも担任や担当がこどもと家族を支える最前線に位置している。特にクラスや担任という枠が強い園や若い保育者が多い園である場合には、新人保育者であっても、1人でこどもと家族を丸抱えしなければならない状況にもなる。

　保育が一時的なこどもの遊び相手をするだけの営みであれば、養成校を卒業したばかりの保育者であっても十分に1人でやっていけるだろう。しかし、繰り返しになるが実際の保育は、様々に異なるこどもの状況を受け止め、それらにふさわしい援助を行うことである。こどもの1日の生活を充実したものとしながら、家族の子育てを支えていくという公的な責任と高い専門性を要する営みである。このようなことを新人保育者が1人で担いきれるのかといえば、それはかなり難しい。加えて、近年の保育現場は保育時間が延長されたり、様々な保育事業が増えたりすることで、かつてよりもずっと多忙になっている。新人保育者が一人前の保育者に育つことをじっくり待っていられる余裕はなくなってきており、新人保育者たちを支えるべき経験のある保育者たちも自分の保育で手一杯という状況にもなりつつある。こうした厳しい状況に置かれているにもかかわらず、多くの新人保育者たちは、こどもの頃か

ら夢に描いた職業に就いたという喜びと希望に支えられ、懸命に自分の役割を果たそうと日々奮闘している。しかし、1人の努力だけでこうした状態をいつまでも続けていくことは難しい。心身の疲れや不安が蓄積されていくことで保育に対するエネルギーが失われていくことも多い。早期の独り立ちは何らかの支援がなければ早期の退職へとつながる危険性が高いともいえる。

(3) 保育者支援の必要性

　保育現場は、時代や社会からの影響を受け、新しい課題が次々に起こってくる場といえる。保育者は、常に新たな課題と向き合わなければならない立場にあり、新人保育者に限らず経験のある保育者であっても容易に解決できないような問題を抱えることがしばしば起こる。また、誰もが人としての私的な生活を抱えながら仕事をしているため、結婚、子育て、介護、自身や家族の病気など、仕事以外のことに相当なエネルギーを取られ、時には、「独り立つ気概」を失いかねない状態になることさえある。

　こうした現状に目を向けると、こどもと家族を支援する側の保育者にも、支援が必要である。むしろ、こどもと家族の支援者として保育者が居続けられるためには、**保育者支援**の体制は不可欠であるといえよう。

　近年、保育アドバイザー、保育カウンセラー、保育相談員というような「専門家」が園に出向き、保育者に対する支援を行うことが始められてきている。こうした「専門家」には、臨床心理士などの心理の専門家、精神科医などの医師、保育・教育・障がいなどを専門とする研究者などがいる。こうした「専門家」が、保育者の悩みを聴き、支えていくということも支援の1つの形ではある。しかし、そうした「専門家」が何を主軸に支援を行うのか、また、どのような方法で支援を行うのかといったコンセンサスは、まだ十分にとられてはいない。逆に、そうした「専門家」が無配慮に保育現場に入ることによるマイナス面もみられている。一例をあげれば、日々こどもと接している保育者の意見や考えを十分に聴くことや保育現場の状況をよく理解することなく、「専門家」が自分の専門領域から捉えた意見や考えだけを主張し、それに保

育者が従うようなことである。しかし、実際の保育に携わる保育者の主体性が失われてしまうことでは、本当の意味での保育者支援にはならないだろう。

（4）保育者の相互支援

　保育者にとって一番の支援者は誰であるのか。それはどのようにして可能になるのだろうか。「灯台、下暗し」という言葉があるが、私たちは何かを求めるときに、近くにある大事なものを見落としてしまうことがある。保育者にとって、最も身近にいる支援者は、同じ職場で働いている**仲間**や**同僚**ではないだろうか。なぜならば、園のこと、問題を抱えているこどもや家族のこと、悩んでいる保育者自身のことを最もよく知っているのは、職場の仲間や同僚だからである。そうした職場の仲間の支えがあることによって、保育者の心の負担は、かなり軽減できるはずである。

　しかし、職場における人間関係は常に良好とはいい切れない面が多々ある。実際、職場に限らず人間関係というものは、様々な要因によって常に変化にさらされているもので、何かのきっかけでよくなることもあれば、多少のことで簡単に悪くなることもある。また、上下関係の強い職場、保育者の個人的な力を比較する職場、園長や主任などの限られた者だけの力が強い職場の場合には、人と人とが拮抗しやすい土壌がすでにつくられてきてしまっているために、良好な人間関係がなかなか築きにくくなっていることもある。

　では、保育者が支援を受けられるようになるためにはどのようなことが必要となるのだろうか。人は「支援」という言葉から、まずはそれを自分が受けることを連想する。つまり、自分に対する手助けを他者に求めるということである。しかしここでは、自分が支援を受ける側になる前に、「自分が職場の仲間に対する支援を行えているのか」という問いを自分に向けてみることの大切さを強調したい。自分が求めている支援は、相手も求めている支援でもあることに気がつくことにより、自分が他の保育者の良き支援者となっているかどうかを振り返り、そこから職場全体の人間関係を見直していくことが可能になる。つまり、保育者支援は、正式には**「保育者の相互支援」**で

あり、自分1人だけが一方的に支援を受けられることは不可能ともいえる。そのため、支援し合える関係づくりが重要となり、その第一歩は自分が職場の仲間と良好な関係をつくろうとすること、その努力を怠らないということである。つまり、保育者1人ひとりに「同僚性」が構築されていることが求められているのである。

2. 同僚性

（1）同僚性とは

保育者が自分に与えられた仕事に責任をもって取り組めるためにも、難しさを抱えたこどもや家族に向き合うときや自分の保育者としてのあり方に悩んでいるときなどにも、職場の仲間の支えは重要となる。このように「仲間との支え合い」という親密な関係をつくるために必要になるのが、保育者1人ひとりの「同僚性」である。

大場は、「同僚性」について以下のように述べている［大場2007；p.183］。

> 保育実践は公的責任の重い場なのである。保育者一人の個人的な好みを満足するためにこどもたちが集うのではない。〈中略〉園全体を、こどもたちの育ちの場として受け容れていく態勢を、保育者がみんなで構築することを明確にして、共通理解するべきである。そういう態勢を作り上げるためには、自分が何かをしてもらうことを求める前に、誰かが必要とするときに必要な支援をする自分の判断と行動がまず先にあるべきだろう。支援というと、自分にとってのまわりの保育者から自分に向けられる支援の方が強調されがちである。しかしそういうふうに、誰かから何か助けてもらうことではなく、"保育者仲間"のサポートを互いに考慮して取り組むこと、つまり自分の保育者としての在り方に同僚性を認めることが大事ではないか。

※下線は筆者による

「同僚」という言葉を調べると、「職場または地位・役目などが同じ人。同役」［広辞苑］、「同じ職場で働いている人。特に地位・役目などが同じ程度の人」［明鏡国語辞典］と記されている。『広辞苑』に従うと、職場は同じであっても自分よりも役職が上の人や先輩、あるいは役職が下の人や後輩、あるいは、雇用の形態が違う人（例：正規職員と臨時職員やパート職員）などは、「同僚」に入らなくなってしまう。しかし、「同僚」という言葉は、英語では"colleague"であり、その集合体は"college"となる。これは、ご存じのように「大学、専門学校」という意味であるが、その他にも「共通の義務、権限、目的をもつ職業人の団体、協会、学会」［ジーニアス英和辞典］という意味がある。"college"の意味に従って保育現場における"colleague（同僚）"を考えてみると、「こどもと家族を支えるという共通の義務と権限をもち、子どもの最善の利益を考慮しながらこどもの育ちを育むことを目的とした職業人」と捉えることができるのではないだろうか。ここには、役職や経験年数、雇用の形態、専門領域、職務内容などは問わずに、保育現場でこどもと家族のために働くすべての人が含まれてくる。つまり、園長であろうと新人保育者であろうと、また、朝夕のパートタイマー保育者であろうと調理や用務を担当する人であろうと、すべて「同僚」という言葉で括ることができる。そうした職場で共に働くすべての人たちを「**目的を同じくする仲間（同僚）**」であると捉え、その仲間が気持ちよく働けるように、また、その仲間が必要としている支援を行いながら働いていこうとすることが「同僚性」である。

　たとえば、園長や主任にはリーダーシップが必要といわれているが、このリーダーシップも自分の**保育観**や**こども観**に沿うように常に先頭に立ち他の保育者を一方的に引っ張っていくものではない。保育者1人ひとりがもっている力を十分に出せるよう、時に先を歩いて道案内をし、時に後から背中を支え、時に横を伴走するように見守るリーダーシップが求められているのである。また、園長や主任であっても他の職員の「同僚性」によって支えられ、支援を受ける立場にもなる。これが「同僚性」を基礎に置くリーダーシップであろう。

　職場において、自分が**良き仕事仲間**となり、また、自分も良き仕事仲間を得ることは、早期の独り立ちを期待され、公的に責任の重い仕事を担う保育

者にとっては、欠くことのできないことである。「同僚性」に基づく保育者の相互支援は、1人ひとりの保育者にかかっているともいえる。その第一歩をためらうことなく踏み出せる職業人でありたい。

(2) 同僚への責任

アメリカの保育者養成のテキストには、「同僚性」に関する記述がされている。以下は、『保育学入門――子どもたちと共に生きる保育者』として翻訳されたフィーニィ（Stephanie Feeney）らの著書 Who am I in the Lives of Children?〔2006〕に記されている文章である〔フィーニィほか 2010；pp. 537-538〕。

> あなたの職業を始めるにあたって自分自身を大切にするもう1つの方法は、同僚とよい関係を築くことです。同僚は、仕事仲間以上の存在です。職場と責任を共有する人々です。運がよければ、同僚はあなたの哲学と情熱を共有し、喜びと悲しみを理解し、共感的に話を聞いてくれ、褒めてくれたり、誠意あるフィードバックをしてくれたり、激励やアドバイスの言葉をかけてくれたりします。
>
> 仕事仲間とのコミュニケーションやよい仕事関係は、子どものプログラムを高め、自分の仕事をより容易により楽しくしてくれます。〈中略〉もし楽しく公平でいるためにあらゆる努力をし、そして確実に分担分（分担分よりもさらにもう少し多く）の仕事をするならば、あなたはよい同僚とみなされることでしょう。
>
> ※下線は筆者による

こうした考えの土台となっているのが、全米乳幼児教育協会（NAEYC: National Association for the Education of Young Children）から出されている倫理綱領である（第6章資料〔p. 166-〕も参照）。「同僚に対する倫理的責任」について、同綱領第3部には以下のように記されている〔フィーニィほか 2010；p. 579〕。

第3部：同僚に対する責任

　福祉の協同的な現場では、人間の価値は尊ばれ、専門的な充足感は高められ、そして建設的な人間関係が形作られます。この綱領の中核的な価値に則り、この領域における私たちの基本的な責任とは、有効な働きを支え専門的なニーズを満たす場や関係を築いて保持することにあります。私たちがこどもたちに適用していた理念が、同様に成人に対する私たちの責任にも求められているのです。

A. 同僚への責任

規範原理（Ｉ）

１－３A．１．　同僚への尊敬、信頼、協同、という関係を強め、それを保ち続けること。
１－３A．２．　同僚と資源や情報を共有すること。
１－３A．３．　同僚の専門上のニーズに応えるために、また彼らの専門的発達のために、同僚を支えること。
１－３A．４．　専門的な実績が正当な評価を受けるように同僚と合意すること。

行動規範（Ｐ）

ｐ－３A．１．　同僚の専門的な働きに注意を払うとき、われわれは第一に、人間的な品性やスタッフ間に見出される多様さに関して、敬意を払っていることが明確に伝わるような仕方で、われわれの関心を知らしめることとする。その上で、同僚性の問われる事態を解決するように試みることとする。
Ｐ－３A．２．　われわれは、同僚の個人的な属性や専門的な行為に関する意見を表明する場合には、十分な注意をすべきである。意見は、必ず直接得た事実に基づいてなされるべきであり、子どもたちやプログラムにかかわることに限られるべきである。

　この倫理綱領から、保育者が同僚の保育者に対して「**尊敬、信頼、協同**」を忘れずいることの大切さが読み取れるだろう。同時に、専門職としての仕事を全うできるようにお互いを支え合うこと、正当な評価が得られるように

することなどの大切さも記されている。そして、保育に関する意見を伝えるときには、憶測や噂に惑わされるのではなく「直接得た事実」に基づいて行うこと、「こどもやプログラム（保育）にかかわることに限った意見であること」なども記されている。こうした土台があってこそ、専門職の仲間として切磋琢磨し合える同僚をお互いが得られるのである。日本でも全国保育士会から保育士の倫理綱領が出ているが、その中には、同僚に関する記述はない。書かれていないだけに忘れがちになる同僚に対する自分のあり方を振り返っていく姿勢を忘れてはならない。

（3）保育者同士の関係的自立

　1人の保育者の同僚性は他の保育者を支え、その結果として他の保育者の同僚性を高めていくことになる。同僚性というのは、相互的に高められていくものでもある。こうした考えに基づけば、「保育者の育ち」は、保育者個人の中に閉じた努力と研鑽の結果ではなく、保育者同士の関係性の中で行われていく開かれた努力と研鑽の積み重ねの結果として捉えることができる。これは、人としての成長を1個の個体の成長としてみていくのではなく、人と人との関係性の中で生じている成長、つまり「関係性による発達」として考えることと同じである［鯨岡2011など］。

　保育者は社会人として自立・自律していることが前提である。しかし、保育という営みは、多くのこどもたちの長時間の生活を支えることであり、他者との協力なしでは1日たりとも行うことができない協同作業によって成り立っている。いわば、保育者の仕事は、常に他者との関係の中で成立しているといえる。このような保育という営みがもつ特性からも、保育者の専門性は保育者1人の内部だけで育っていくのではなく、周囲の人との関係の深まりや高まりによって育つものであることがわかる。保育者同士が関係の中で育ち合い、また、同僚としての責任を果たしながら、1人の保育者として自立していくことが、園全体の保育を支え、保育の質を向上させていくのである。保育者の関係的自立は、保育全体を支えていく力といえるだろう。

3. 保育カンファレンス——保育者同士の育ち合いの場

（1）保育カンファレンス

　保育の現場では、保育者同士の関係的自立や保育者同士が育ち合える場を、積極的に、また意識的に用意していくことが必要となる。その一例が、**保育カンファレンス**である。カンファレンスという言葉は「相談」という意味であり、保育カンファレンスというのは、そのままいえば「保育相談」となる。実際には、保育者たちが自分たちの保育実践について協議をすることである。
　大場は、カンファレンスついて以下のように述べている［大場2007 ; p. 150］。

> 　そのラテン語conferreには、"一緒に運ぶ"という語義がある。つまり相談は"一方的な取り決め"では「相談にならない」のである。とすると、われわれが保育現場においてカンファレンスをもつということは、少なくとも語義に含まれる意味を保って、"ことを一緒に運ぶ"ことの意義を尊重し合い、合意（consensusの語源のラテン語consentireは、一致する、一緒に感じ合うという語義をもつ）することが基本的な前提になっていいはずだ。

　保育カンファレンスは、園によっては**園内研修**とか**事例検討会**などという名前で呼ばれていることもある。園内の職員だけで行われる場合もあれば、他の園の保育者や外部の研究者なども加わって行われる場合もある。大場は、どのような形の保育カンファレンスであっても、園長や主任などの役職者や外部の研究者などが一方的に話をして指示や考えを伝えるのであっては、本来の意味のカンファレンスにはならないことを示している。
　では、カンファレンスの語義でもある「ことを一緒に運ぶ」とはどのようなことであろうか。まず、参加者が自分たちの保育実践を中心に置きながら主体的に議論に参加すること、できる限り自由に意見を交わすことが大切となる。なぜならば、「ことを一緒に運ぶ」ためには、1人ひとりの参加者の

「手」、具体的には「意見を聴く」「意見を言う」「共に考える」などの自らの積極的な参加が必要になるからである。「手を引く」という「関心を絶って、退く」[明鏡国語辞典]状態では、ことは一緒には運べない。

　しかし、話し合いの場で自分の考えを自由に述べることは、簡単なことではない。相手に対する遠慮や自分の考えを否定されることへの不安など、様々な感情が入り混じり、本音の発言ができにくいこともある。また、本音の発言というと、特定の保育者への批判や攻撃になることも起こりやすい。しかし、それでは保育カンファレンスの本来の目的である「**支え合い**」とは逆の拮抗状態や分裂が起きてしまう。そうならないためにも、保育カンファレンスでは、1人ひとりの保育者ができる限り自由に発言できる雰囲気をつくりながらも、先に紹介した全米乳幼児教育協会の倫理綱領第3部（p.181参照）に記されている同僚への責任である「尊敬、信頼、協同」や「敬意」をはらうこと、また、事実に基づいたこどもや保育に関する意見を表明することなどの基本姿勢を忘れてはならない。他の保育者の保育に対して、1人ひとりの保育者が専門家としての前向きな関心を寄せていくということが大切である。

　こうした保育カンファレンスでは、保育者1人ひとりが自分なりの考えやこども理解を表現するとともに他者からの多様な意見を聞くことができるため、自分とは異なる見方や考え方を学びながら、自分とこどもとのかかわりを意識化して見つめ直すことができるようになる。「カンファレンスで一番大事なことは、答えを出すことではなく、モヤモヤした状態にあってどうかしたいと思っている必要感に迫られ、こうしたことが問題となっていくのかなと思えること、それを問題として問い直し、きちんと向かい合ってみることでしょう」[大場ほか1995]と大場が述べているように、保育カンファレンスでは結論を出すことよりも、保育者1人ひとりが保育の問題に気づきそれに**正面から向き合おうとするプロセス**が重視されている。

　また、大場は、保育カンファレンスと保育者の専門性の発達を、以下のようにまとめている[大場2007；p.150]。

保育者が自らの実践に関する問題を協議の場に提示して、それらについて、可能な限り全同僚がそれぞれの立ち位置から発言し合い、提示された問題に関する現状や問題点などを共有し合う。そして、協議とその結果を、以後の保育実践に反映できるように、できるだけ見通しをもって協働することが可能となるように、定期的にこのような協議の場をもつ。保育カンファレンスを通して保育者の専門的な発達を促すことができる。

　保育カンファレンスは、保育者の心を支えると同時に専門性を育てる場でもある。

（２）保育カンファレンスを通した育ち合いの実際

　保育カンファレンスでは、**悩み**や**不安**をもつ保育者が、それを率直に語ることを可能にする。自分の悩みや苦しみを話すことは、それを抱える保育者にとってはそれらを開放するための第一歩となり、他の保育者にとっては仲間の悩みや苦しみを知る第一歩となる。苦しさや悩みを話せる場があること、それを真剣に聞き助けてくれようとする仲間がいること、そのこと自体がすでに支援となっている。また、そうした話し合いを通して、保育者たちが自分たちの保育の問題点に気づいていくことも多い。以下、A市で行われている**巡回保育相談員**（以下、相談員）を交えた保育カンファレンスの実際を紹介する。

　A市の**巡回保育相談**は、特別な支援を必要とするこどもや保育者が気になるこどもに対して、相談員が園に出向き、午前中にこどもの遊びや生活の様子を観察し、午睡中に保育者と共に保育カンファレンスを行うシステムがとられている。この背景には、**障がい**があるなど特別な支援を必要とするこどもは、園生活や人とのかかわりに配慮すべきことが多いために通常よりも担当保育者の悩みや負担が大きいこと、そのため、担当者だけがそのこどもの保育を担うのではなく、園全体でそのこどもの育ちを考えることが重要であるという考えがある。さらに、保育カンファレンスを通して得られた学びは、

そのこどもと家族や担当保育者だけに閉じられたものではなく、すべてのこどもと家族、他の保育者にも返っていくものであるとも考えられている。

担当保育者は、事前にこどもの育ち、生活、遊びなどに関する資料を作成し、**相談のポイント**を明確にしておく。相談のポイントとは、保育を行う上でどのようなことに最も悩んでいるか、あるいは、どのようなことについて話し合いをしたいのかということを明確にすることである。それらを記した書類が事前に相談員や他の職員に渡される。相談員は、朝の9時半に担当の保育者と顔合わせを兼ねた簡単な打ち合わせをして、午前中いっぱい可能な限り日常の保育を妨げないようにしながら、こどもを観察する。その記録を保育カンファレンスの前に手早くまとめ、1時半から3時くらいまでの午睡の時間に行われる保育カンファレンスに臨む。保育カンファレンスには、できるだけ多くの保育者が参加するということになっているが、午睡の当番になっている保育者などがおり、全員の参加は不可能になっている。

保育カンファレンスでは、こどもの担当者から、最近やその日のこどもの様子が語られる。相談員もその日に捉えたこどもの姿、気づいたことなどを語る。そして、司会を担当する保育者のリードで保育者の悩みや**現在のこどもの姿を中心にした自由な話し合い**が展開していく。相談員はこどもの発達や障がいの診断や、保育者への一方的な指導をするのではなく、あくまでも**共に考えていくこと**を大事にしている。

エピソード 2

P園での巡回保育相談

この日は、4歳児のまことを対象にした巡回保育相談が行われた。まことは、保育室にじっとしていることが少なく、園の様々な場所を動き回っていた。担当のC保育者は、まことの後を追いかけ、何度も保育室に連れ戻すが、すぐにまた保育室を出ていってしまう。そして、他のクラスに行くとこどもたちが遊んでいたおもちゃを取ったり、みんなで見ていた紙芝居を取ろうとしたりするので、他のクラスの保育を邪魔してしまうことも

多い。C保育者は、体力的にも精神的にもまいっている様子であった。

　保育カンファレンスにおけるこどもの様子の報告では、まことのじっとしていない様子が話題の中心になった。他のクラスの保育者より、自分のクラスにもまことが来ることが語られ、C保育者は「私がクラスの中に抑えておくことができなくて、すみません」と謝っていた。しかし、2歳児クラスの保育者から2歳児のクラスのこどもと仲よく遊べることがあることも伝えられ、まことが来ることをちょっと怖がりながらも楽しみにしているこどもがいることが語られた。相談員は、なぜ、まことが自分のクラスに居られないのだろうかと投げかけた。他のクラスの保育者から「園の中の様子が知りたくて探検しているのではないか」「クラス遊びの中にまことが興味をもって遊べるものがないのではないか」「2歳児クラスの遊具が気に入っているので、しばしば2歳児クラスに行くようだ」などの意見が出た。園長も「まこと君はまだ入園したばかりだから、園の様子はどれもこれも興味があるのでしょうね」と語った。

　C保育者は「自分がしっかりしていないから、まこと1人をじっと座らせておくこともできないと悩んでいた。また、他のクラスに行ってしまうと肩身が狭くていたたまれなかった」と話した。その言葉に対してまことのクラスの担任であるD保育者から「まことは難しい子なのに、C先生はよく頑張っていると思う。私ももっとまこと君と他の子とのかかわりをもたせていきたいとは思うけれど、なかなかうまくいかない。クラスの活動ももっと考えてあげないといけないと反省している」と語った。5歳児クラスの保育者から「クラスで何かに集中して取り組んでいるときにまことちゃんが突然来るとちょっと困ったなと思うときもあるけれども、そうでないときには別に来ても大丈夫。他のクラスで過ごすことでこども同士の関係も広がるし、良いことだと思う。いつも、クラスに居なければならないというのはおとなの都合なのかもしれない」という意見が出された。しかし、1歳児クラスの保育者からは「でも、他のこどもたちがまこと君につられて一緒にクラスを出ていくようになるのではないか」という意見も出た。こうした話し合いの結果、まことのクラスにはまことが気に入って

いる２歳児クラスのおもちゃを置いてみることで居場所をつくってみること、他のクラスに行くときなどには、Ｄ保育者にそのことを伝えてから行くようにＣ保育者がまことに促してみること、他のクラスでは一緒に遊べる時間であればまことを交えて一緒に遊べるようにすることなどが確認できた。保育カンファレンスの前にはこわばっていたＣ保育者の顔が、終了後には和やかになっており、まことの育ちを支えようとする意欲のようなものが表情にも現れていた。

　このエピソードから、まことの保育を園全体で考え、まことの育ちと担当のＣ保育者を支援しようとする保育者の輪が広がっていることがわかる。また、まことの保育を通して、保育者たちが園の保育のあり方や**無自覚に行ってきた自分たちの保育のあり方**（この事例でいえば、クラスの枠、こどもの居場所の必要性、クラスを越えたこども同士のかかわり、クラス内でのまことの存在など）にも気づくことができている。

（3）保育者の専門性としてのゆらぎ・ジレンマ

　特別な支援を必要とするこどもを担当する保育者に限らず、保育現場には検討すべき課題が次々に起こるため、保育者は何らかの**ゆらぎやジレンマ**を常に抱えている状況にあるといえる。それは、新人の保育者に限らず経験を積んだ保育者であっても同じである。こうした保育者の状況を考えれば、ゆらいだりジレンマを抱えたりする保育者のありようは、保育者としての未熟さや個人的な問題ではなく、むしろ保育者としての当たり前の姿として捉えることができる（第５章４.(2)〔p.144-〕・第６章１.(3)〔p.152-〕・第８章３.(2)〔p.216-〕も参照）。ジレンマを抱えたりゆらいだりしているからこそ、枠にはめたこども理解やマニュアル化した保育を行うことをしないで、１人ひとりのこどもや家族に即した保育を探求していこうとする姿勢が生まれるともいえるのである。

尾崎は、ジレンマを抱えることやゆらぐことをプラスに捉え、福祉従事者などの援助者に必要な力として「ゆらぐことができる力」をあげている［尾崎編 1999；p. 8-9］。

　筆者は、社会福祉がサービス・システムの整備や体系化をはかること、サービスの効率性と公平性を高めることに異論を唱えるわけではない。しかし、私たちは社会福祉実践の本質が「ゆらぎ」との直面にあることも忘れてはならない。「ゆらぎ」をまったく経験することのない実践、「ゆらぎ」をすべて許さないシステムやマニュアルがあるとすれば、それらは誤りである。いかなるシステムも実践も、人を対象とするかぎり、つねに「ゆらぐことのできる」余地と幅をもたなければならない。〈中略〉私たちは社会福祉実践の本質である「ゆらぎ」の意味や力を改めて議論し、認識する必要がある。

　また、大場もジレンマや悩みを抱えていることを、保育者の専門性の特質として捉えている［大場 2007；p. 123］。

　しかし、保育者という専門職に在る限り、悩むこと葛藤することは実践者の現場がいかにそしてつねに検討課題を抱える場であることかを示している。正の因子として正面から堂々と受けて立つことがらとして、意識していいのではないか。実践のジレンマこそ、保育者の専門職能はいかに臨床性に彩られた実践であるかを示している。

　尾崎や大場の言葉から、ジレンマやゆらぎを抱えることは保育者としてのありようや専門性そのものであること、そして、ゆらぎやジレンマが保育者の成長に大きく関与していることがわかる。ゆらぎやジレンマが問題となるのは、それらを保育者が１人で抱えることや、そのことにより保育者を孤立させてしまうことである。だからこそ、ゆらぎやジレンマを相互に支え合い、保育者が**協働する場**としての保育カンファレンスが必要ともいえる。

episode 3 エピソード

朝起きられないかおり

　かおり（4歳児）の登園は、いつも遅い。また、寝起きのまま母親におんぶされてくる。もちろん朝食は食べておらず、園に来るとそのまま事務所のベッドで昼まで寝ているということもある。聞くところによると、母親は仕事の疲れで10時頃には寝てしまうのだが、かおりは中学生と高校生の兄たちと一緒に夜中や時には明け方までテレビゲームをして起きているということである。母親は、自分の子育てを否定されることを避けているのか「私がいくら言っても寝ないんだから仕方ないでしょ。先生」と言って、かおりを置いて忙しそうに職場に行ってしまう。かおりは何とか寝ないで過ごせても午前中は生あくびばかりで、遊ぼうともしなければ活動にも参加しない。また、午前中寝てしまうときには、昼食後から元気になるので昼寝ができない。担任保育者はかおりの対応に振り回されてしまい、母親に家庭でしっかりと寝かせてほしいと厳しく伝えることや今の状態でこどもを預かるのは保育所として負担であると伝えることを考えていた。かおりの保育カンファレンスがもたれ、その中で母親に対して強く出れば、この保育所をやめてしまうことも考えられること、それではかおりの健全な育ちはより危ぶまれることが確認された。そのため、しばらくは今の状態であっても母親にはとにかく毎日保育所に連れてきてもらうようにすること、昼寝ができないときには、手の空いている保育者が付き合ってかおりと過ごすこと、担任や園長は母親との信頼関係が築けるように、送り迎えのときになるべく丁寧に接していくことを心がけることなどを確認した。

　保育者が保護者のこどもへの接し方や育て方に対して、ジレンマを抱えることはよくあることである。登園が遅い、お迎えが遅い、着替えがない、提出物が遅れている、こどもへのかかわりがわかっていない、園や担任に要求

ばかりしてくるなど、あげていけばきりがない。そうしたことに批判的に対応すれば、保護者との関係は悪化する。それによって最も被害を受けるのはこどもであり、そのことを理解しているからこそ、保育者はいつ、何を、どのように保護者に伝えるかということに慎重にならざるをえない。また、保育者には**守秘義務**があるため、自分のジレンマや悩みを知人や友人に気軽に打ち明けて聞いてもらうこともできない。だからこそ、同じような悩みやジレンマを抱える職場の同僚に受け止めてもらうことは非常に大事なことであり、そのことによって保育者は精神的な落ち着きを取り戻すことやジレンマを抱えながらも適切な支援を探ることが可能になるのである。

4. インタープロフェッショナル

（1）園内におけるインタープロフェッショナル

インタープロフェッショナルとは、専門職間の連携のことである。日本では医療や福祉従事者の研修や養成を中心に行われることが多く、Inter Professional Work（IPW）や Inter Professional Education（IPE）といわれるものもある。日本語で「異業種間連携」や「異職種間連携」と表されることもある。改定された保育所保育指針は「保育士」ではなく「保育士等」という表現を用いて、保育所におけるこどもの園生活は保育士だけでなく、**栄養士、看護師、調理員、用務員、事務職員**など、様々な専門分野を担当する人に支えられて成り立っていることを示している。保育所で大事なこどもの食事を例にあげると、栄養士がカロリーや栄養のバランス、季節の食材、行事、コスト、取り合わせなどを考慮しながら、こどもに適した食事の献立を考え、それを受けて調理員が食材を調達し、調理する。それぞれの園の仕入れや調理の仕方、味つけ、盛りつけなどによって、同じ献立であってもそのでき具合は異なる。調理員はこどもたちの食べる様子や残量をみたり、保育士からの報告を受け、その日の献立や調理を評価し、翌日の調理に活かしている。

また、こどもが日常使用するトイレや洗面所、園の玄関や通路などは、用務員によって丁寧な清掃が行われ、快適な生活と清潔な環境が守られている。幼稚園においても同様で、保育者だけでなく、園バスの運転手、用務員、事務職員などによってこどもの園生活は守られている。たとえば、園バスの運転手はこどもと園とを結ぶ足であるバスを運行し、家庭と園との往復を担っている。運転手は通園バスのルートを考え、道路工事や渋滞情報、停車位置や乗降などにも注意を払い、家族が安心してこどもを園バスに託せるようにするとともに、こどもが不安を抱かずに登降園できるように気を配っている。さらに視野を広げていけば、私立の保育所や幼稚園の理事たちは、園の経営などに責任をもってかかわっている。このように、保育は保育者だけで担えるものではなく、園にかかわる多くの**プロフェッショナル**（専門家）の支援を受けながら成り立っている。そのため、園全体の保育の質を向上させるためには、インタープロフェッショナルは欠くことができない重要なことである。

episode 4 エピソード

食が進まないまさあき

今年2歳児クラスのまさあきは、離乳食が進まない状態で入園しており、今でも家の食事はほとんど食べず、牛乳ばかり飲んでいるということであった。保育所の食事は2歳児にもなれば、普通の幼児食となる。しかし、まさあきは肉や野菜は全く受けつけず、かむ力もなかったので、ご飯ものどを通らない状況であった。どうにかスープは少量飲めるようになってきたが、スープの具が入るとかまずに飲み込もうとするので、のどにつかえてしまうこともあり、保育者は細心の注意を払いながらまさあきの食事にかかわっていた。保育者は、スプーンの裏でご飯をつぶしたりスープに混ぜて食べさせたりしたが、肉や野菜を細かくすることはできなかったので調理員に頼み、まさあきの分は細かく刻んでもらうようにした。毎日毎日根気よく保育者が食べさせていくことで、少量ずつではあるがまさあきは給食が食べられるようになってきた。調理員も気にして、毎日、まさあき

の食べる様子をみに来て、「まあ君の好きなおさかなあるから食べるんだよ」などとまさあきに声をかけてくれた。そんなことから、まさあきは調理員に親しみを覚え、朝の自由遊びの時間などにも調理室のところに行きたがり、調理をしている様子を興味深く見たり、「まんま」と指をさして「ご飯を作っているね」という自分の思いを保育者に伝えたりした。こうした保育者と調理員との協働のもと、まさあきは半年くらい経つとみんなと同じ食事を食べられるところまで成長することができた。

（2）園外とのインタープロフェッショナル

　こどもや家族の問題の中には、園内だけで解決できないことも多く、外部のプロフェッショナルとの協働も欠くことができない。たとえば、障がいのあるこどもの場合には、療育センターの**指導員**や**心理員**、**理学療法士**や**作業療法士**、**医師**、**歯科医師**などとの連携が必要なことが多い。また、就学に向けては、**小学校**や**教育委員会**などとの連携が重要になる。日々の給食の衛生管理やインフルエンザなどの流行時には、**保健所**との連携は不可欠であり、また、**虐待**が疑われるケースの場合には**児童相談所**や**警察**との連携が必要にもなる。こどもの問題だけでなく、園から出るごみの処理や水道管の漏れ、ドアの取手の交換などのときには、**衛生管理局**との連携や地域の工務店との連携、園庭の草木の剪定（せんてい）には植木屋の職人との連携など、園生活は地域社会のプロフェッショナルの力に支えられながらあることがわかる。急な雨漏りや器具の故障など、緊急なことが起こった場合には、こうした外部の専門職の支援があることで、平和な日々が送れていることを改めて実感することができる。

　しかし、プロフェッショナルは、その立場からも往々にして自分の担当する領域のところだけに目を向けてしまいがちである。そのため、専門家同士の出会いの際には立場の違いによる意見の食い違いが起こることもしばしばある。たとえば、歯科医師が食後の歯磨きは10分以上行わなければ効果がないといっても、乳幼児が食事やおやつのたびに10分も歯磨きをすることは不

可能で、もしその通りに行えば自由遊びの時間が減ることでこどもの園生活全体に影響が出てしまう。あるいは、療育センターでの個別対応の中では問題がみられなくなったこどもが、園での集団生活ではまだ落ち着くことができずにいることなど、双方の捉えたこどもの姿が大きく異なっていることもある。保育者はこどもと家族にとって最も身近にいる専門家である。そのため、様々な専門分野からの助言がある場合には、それらを統合していく役割や、**専門職同士をつなぐ役割**を保育者が果たすことも求められる。そのためには、保育者が近接している他の専門職の専門性や社会的役割などについての知識をもつことは、大切なことである。今後インタープロフェッショナルは、園の垣根を越えてさらに広がっていくことが期待されている。

引用・参考文献

大場幸夫『こどもの傍らに在ることの意味——保育臨床論考』萌文書林、2007年

大場幸夫、森上史朗、渡辺英則「座談会　保育カンファレンスのすすめ」『保育研究』Vol. 16、No. 3（67）、建帛社、1995年

尾崎新編『「現場」のちから——社会福祉実践における現場とは何か』誠信書房、2002年

尾崎新編『「ゆらぐ」ことのできる力——ゆらぎと社会福祉実践』誠信書房、1999年

鯨岡峻『子どもは育てられて育つ——関係発達の世代間循環を考える』慶應義塾大学出版会、2011年

フィーニィ、ステファニー、ドリス・クリステンセン、エヴァ・モラヴィック（Who am I 研究会訳）『保育学入門——子どもたちと共に生きる保育者』ミネルヴァ書房、2010年

語義引用出典

北原保雄編『明鏡国語辞典』大修館書店、2002年

小西友七、南出康世編集主幹『ジーニアス英和辞典』（第3版）大修館書店、2001年

新村出編『広辞苑（普通版）』（第6版）2008年

第8章

保育者の子育て支援

1. 家族の現在

（1）家族とは

「家族は何人ですか？」と問われたら、皆さんは何人と答えるだろうか。通常は、同じ屋根の下で暮らしている人数を頭に浮かべて、その数を答える。例えば、父と母、姉と弟がいれば5人、祖父母と同居していれば7人になる。祖父母がいても別の世帯であれば、通常は祖父母の数は入れずに「家族は5人」と答える。しかし、あなたのきょうだいが実家を離れてひとり暮らしをしている場合でも、そのきょうだいのことを家族から省く人は少ないのではないだろうか。また、あなたがひとり暮らしをしている場合はどうだろう。通常は「家族は、1人です」とは答えずに、実家で暮らしていたときの家族の人数を答えるだろう。では、何かの事情で、あなたのいとこが同じ家に住んでいる場合はどうだろう。長い間一緒に「家族同様の暮らし」をしている場合には家族の1人として数える人もいるかもしれないが、いとこは家族の数には入れないのが一般的である。このように改めて、自分の家族はどこまでの人を示すのかを考えてみると、その境界は曖昧でもある。

『広辞苑』で「家族」という言葉の意味を調べてみると「夫婦の配偶関係や親子・兄弟などの血縁関係によって結ばれた親族関係を基礎にして成立する小集団。社会構成の基本単位」とある。『明鏡国語辞典』では「夫婦・親子・兄弟など、婚姻や血縁関係で結ばれて生活共同体の単位となる人々の集団」とある。いずれも**婚姻**あるいは**配偶**関係と**血縁**関係ということが明記されているが、一緒に暮らしていること、つまり**同一世帯**かどうかの記述は特にない。

一方、英語圏での捉え方はどうだろう。「家族」という言葉は、通常は"family"と訳されるのが一般的であるが、"family"を英和辞典で調べると「家族。一家。《夫婦とその子供を含む》（同居人・使用人・時にペットを含む）家中の者、所帯」［ジーニアス英和辞典］とあり、婚姻や血縁関係ということは明

記されておらず、むしろ、ペットなどの人間以外の動物までを含んで、一緒に暮らしている（生活している）事実に重心が置かれていることがわかる。日本語の「家族」と英語の"family"の考え方の違いは、同様に国籍の考え方にもその違いがみられている。日本における国籍の考え方は**血統主義**と呼ばれるもので、父親か母親のどちらかが日本国籍であれば、こどもは世界中のどこで生まれても日本国籍となる。同じような考え方をしている国が韓国などのアジア圏には多い。しかし、アメリカ、南米などの国では、その国で生まれたという事実があれば国籍が与えられる**生地主義**と呼ばれる考え方を採用している。つまり、血縁よりも生まれたという事実が重視されており、同じ考え方は、オーストラリアやカナダなど移民の多い国にみられる。国籍の考え方は、何をもってその国の「国民」であるかを考える原点になるが、そのことが「家族」と"family"の考え方にも引き継がれているようである。

（2）縮小する家族

　日本の家族は、近年、大きな変化をしてきたといわれている。ここ10年をみても、社会情勢や生活様式の変化、あるいはITなどによる情報流通の加速化、国内外への移動時間の短縮化などが進んでおり、日本の家族の様相はそうしたものからの影響を受けて変化してきている。

　鬼頭は、構成員数の変化などの外面的な側面からここ100年の家族の変化を述べている［鬼頭2004］。それによると、日本は戦後に**核家族**化したといわれており、かつての三世代同居の大家族から世帯が縮小しており、それに伴い世帯数は増加している（次頁図1）。それに加えて、近年では、核家族さえも減少傾向となり、より縮小した世帯である**単身世帯**が増加の傾向にある。1920年には6.0％だった単身世帯が2000年には25.6％にもなっていることからも、近年の家族のあり方の特徴の1つであることがわかる。単身世帯の多くは、若い世代である。日本は世界でも晩婚化が進んだ国の1つとなっており、かつては結婚を機に親の家を出ていった青年たちが、最近は1人で生活できる見通しが立った段階で親の家を出る傾向にある。**シングルライフ**は気

図1　日本の平均世帯規模

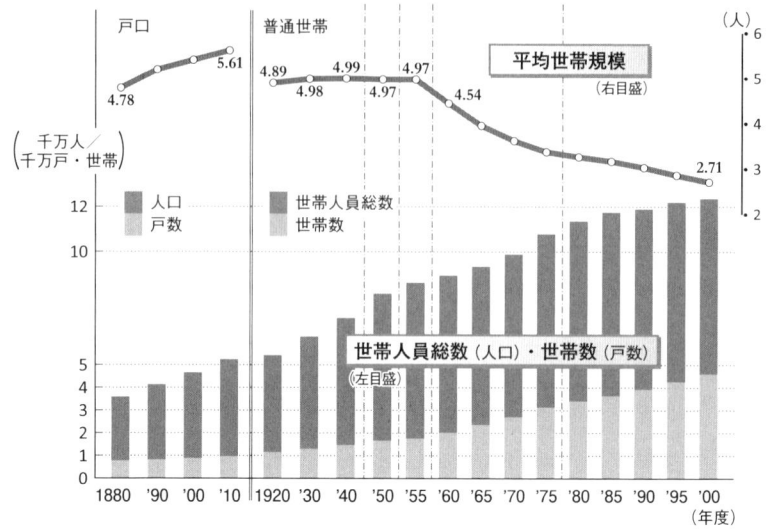

〔資料〕1880～1910年：徴発物件調査及び民籍戸口表
　　　　1920～2000年：国勢調査
※図中縦の破線（｜）は世帯の定義に変更があったことを示す。

出所：[鬼頭 2004 ; p.41] をもとに作成

楽で好きなことができるという理由から長期化しており、結婚したとしてもできるだけシングル時代と同じような生活を続けることを望む人も多い。その結果、結婚後に自分のやりたい生活ができないのであれば、離婚してもう一度シングルに戻ることや別の気の合うパートナーと再婚する人も増えている。こどもを産むかどうかや何人産むかという選択も、自分たちの生活とのバランスで決めるという。こうした結果から、両親が揃いきょうだいがいる家族の中で育つこどもは減ってきているともいえる。

（3）親の変化

　社会や時代の流れとともに、親子関係のもち方や父親、母親の姿も変化している。最近の流行語である「**イクメン**」という言葉が育児や家事に積極的

な父親に対してつけられたものであることは周知のとおりである。父親が家事や育児に参加することは、特に核家族が増加してからは必要不可欠なことといわれてきた。そのため、大方の父親は仕事の都合をつけたり、あるいは、趣味や娯楽の時間を削って育児や家事の手伝いをしてきた。しかし、「イクメン」といわれる父親は、家事や育児をむしろ積極的に、また、楽しみながら生活している「カッコいい」父親の姿を思わせるものでもある。これは、長い間、母性という言葉と結びついてきた日本の育児への1つの大きな変化を示すものであるのかもしれない。

　また、こどもと親との距離や関係も変化している。父親や母親を「お父さん」「お母さん」「パパ」「ママ」という役割で呼ぶことをしないでファーストネームやニックネーム（例：「しゅうへい」「もっくん」「さちこさん」「まゆみん」など）で呼ばせたり、親子で同じ趣味を楽しんだりする「**友達親子**」「**友達家族**」が増えている。また、こどもにおとな顔負けのファッションやメークをさせて着せ替え人形のように飾ることを楽しむ親も増えている。育児雑誌の中には、親子ファッションやメークを中心に掲載している雑誌も出版されている（『I Love mama〔アイラブママ〕』『mama JELLY〔ママ・ジェリー〕』など）。さらに、家族の時間は、夜の居酒屋での食事やカラオケに行くというように、おとなとこどもの娯楽の境界がなくなりつつあるのも、現代の親子の姿である。

（4）自分の抱いている家族のイメージを越える

　もともと、家族というものは私的なものであり、家族の領域には外部の者が簡単に踏み込めないものがある。しかし、親が自分の思いや好みや満足だけでこどもを育ててよいかといえば、そういうものではない。保育者はこどもと家族を支える専門家であり、そうした私的な部分にもかかわっていかざるを得ない側面をもつ。その際、自分が抱いている**家族のイメージ**とはまったく異なる家族と出会うことも多い。時には自分と正反対の育児観をもつ家族への支援を考えなければならないこともある。保育者になるような人は、どちらかといえば受容的で柔軟性の高い人が多く、また**他者理解や対人援助**

などの専門性を養成のプロセスの中で学んできている。しかし、どのような家族に対しても同じような理解や受け入れができるほどの力をつけているとはいい切れない。自分が抱いていた家族のイメージと大きく異なる家族に違和感や拒否感を抱いてしまうこともあれば、「親なのに」「あの家族は」という愚痴や文句が口に出ることもある。また、こどもの問題行動の原因をすべて家族のあり方の中に考えてしまいたくなることもある。しかし、それでは支援は行えない。「**こどもと家族**」の支援を専門とする保育者は、自分が抱いていた家族のイメージを一度保留し、それを乗り越え、視野を広げることによって目の前にいる家族を受け入れていくことが必要となる。

世界をみてみると、そこにはいろいろな「家族」があることにも気づかされる。例えば、カナダのヘアーインディアン（hare indian）は、家族の境界が緩やかで、こどもは親との関係がうまくいかなければ家を出て他の家の養子になる。また、おとなたちも様々な養子を迎えて実のこどもと同じように育て、それを楽しみにしている［原1979］。また、アフリカのウガンダ地方のイク族やニューギニアのムングモドル族は、日本であれば児童虐待や育児放棄（ネグレクト）と思われるような育児をしている［原1979］。一夫多妻制をとっている国もある。それらの家族についての是非はともかく、こうした様々な家族のあり方が、文化によっては認められているということに目を向けることで、自分が抱いていた家族のイメージを少しでも広げるきっかけになるのではないだろうか。

（5）こどもの生活に影響を与えているおとなを家族として捉える

episode 1 エピソード

母親の新しいボーイフレンド

4歳クラスのまなとは母親とふたり暮らしである。まなとが2歳のときに母親は父親と離婚している。最近、母親に新しいボーイフレンドができ

たようで、時々まなとの家に遊びにきたり、3人で出かけたりしていることが、まなとからの話でわかっている。男性は何度か母親と連れ立ってまなとを迎えに保育所に来たりもしている。先日、その男性が母親と待ち合わせをしたのか保育所の門のところに1人で立っていた。約束の時間に早すぎたのか、携帯電話を眺めたり保育所の様子を眺めたりしており、その様子を他のクラスの保育者が不自然に感じて園長に報告した。まなとの担任により、まなとの母親のボーイフレンドであることがわかったが、園長も担任もその男性に声をかけた方がよいのかどうか、かけるとしたらどのように声をかけたらよいかわからず、結果として様子を見守ることにした。30分くらいたった頃、母親が来てまなとを引き取るとその男性と3人で帰っていった。園としては一安心したが、今後、この男性が同じように1人で園に来たときには、どのような対応をしたらよいのか考え込んでしまった。

　一般的な考え方でいけば、母親との婚姻関係が成立するまではこの男性はまなとの家族ではない。また、母親のボーイフレンドとは、通常あまりよい印象で語られない存在でもある。現段階では、この男性は園とは関係のない人ともいえるが、母親がこの男性との交際で気持ちが安定していること、母親の安定がまなとには良い影響をもたらしていること、まなともこの男性と一緒に過ごすことを楽しみにしていることを考慮すれば、すでにこの男性がまなとの**生活や育ちに影響を与える人**として存在していることがわかる。

　アメリカの幼児教育研究者フィーニィ (Stephanie Feeney) らの著書 *Who am I in the Lives of Children?* [2006]『保育学入門——子どもたちと共に生きる保育者』では、「家族」について以下のように述べている［フィーニィほか 2010 ; p. 499］。

　　今日、家族は、両親はもちろんのこと、時には、両親よりも親の役割をしているような大人（継母、いとこ、祖母そのほかの親戚、友達）がいるなど、実に多様なかたちになっています。

この章では、言葉を簡単にするために家族という言い方を頻繁に使用しますが、そうすることで、子どもの生活に身近で親しく重要な役割を果たしているすべての大人について語っていきます。

※読みがなは編集部による

　そしてこの文章に引き続き、朝の登園風景の事例が紹介されているが、そこには母親や父親だけでなく、祖母や義理の父母、母親のボーイフレンドというように、実に様々な「子どもの生活に身近で親しく重要な役割を果たしている大人」がこどもの登園に付き添っている様子が描かれている。
　前述したように、アメリカの"family（家族）"の範囲は日本とは異なり、一緒に暮らしている事実を大切にしているが、さらにフィーニィらはこどもを中心に置き、こどもの生活に身近で親しく重要な役割を果たしているおとなのすべてに対して「家族」という表現を使っていることに注目したい。
　こうしたフィーニィらの考え方も、私たちが抱く家族のイメージを越える大きな手掛かりを与えてくれるのではないだろうか。保育者は、仕事の上で実に様々なこどもと家族に出会うことになるが、現在のこどもの家族は、以前のように親、きょうだい、祖父母だけでは網羅できない時代になっているのである。こうしたことを踏まえれば、フィーニィらのように家族を最大限拡大して捉え「こどもの育ちに重要な役割を果たしているおとな」とし、そうした人たちすべてを考慮したこどもの家族の支援を考えていくことが必要な時代になっているのではないだろうか。

2. 子育て支援と保育者

（1）子育て支援の変遷

　「子育て支援」という言葉が保育の営みの中で頻繁に使われるようになったのは、1990（平成2）年の1.57ショック（第9章 p.230- 参照）後に策定された

図2　こどもの年齢からみた子育て支援策

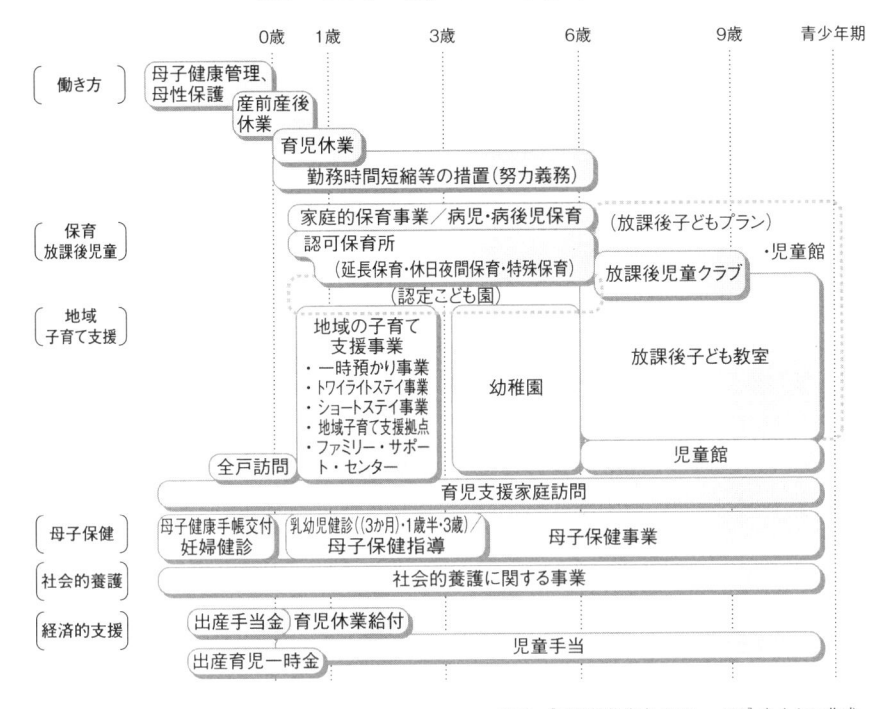

分類	0歳	1歳	3歳	6歳	9歳	青少年期
働き方	母子健康管理、母性保護 / 産前産後休業	育児休業	勤務時間短縮等の措置(努力義務)			
保育 放課後児童		家庭的保育事業／病児・病後児保育 / 認可保育所（延長保育・休日夜間保育・特殊保育）/（認定こども園）		（放課後子どもプラン）/ 放課後児童クラブ	・児童館	
地域 子育て支援	全戸訪問	地域の子育て支援事業・一時預かり事業・トワイライトステイ事業・ショートステイ事業・地域子育て支援拠点・ファミリー・サポート・センター	幼稚園	放課後子ども教室 / 児童館		
		育児支援家庭訪問				
母子保健	母子健康手帳交付 妊婦健診	乳幼児健診((3か月)・1歳半・3歳) 母子保健指導	母子保健事業			
社会的養護	社会的養護に関する事業					
経済的支援	出産手当金 育児休業給付 / 出産育児一時金	児童手当				

出所：[星野編集代表 2010；p.100] をもとに作成

エンゼルプラン（第9章p.234-参照）からといわれている。もちろん、それ以前に保育所や幼稚園で子育て支援をしていなかったわけではない。もともと、保育所は働きながら幼いこどもを育てる家族のためにつくられたことに端を発しており（例：赤澤夫妻の新潟静修学校付設託児所など）、そもそものスタートが子育て支援にあったともいえる。また、幼稚園においても設立の当初に「家庭養育ヲ補フヲ以テ目的トス」（「幼稚園令第一条」1926年）という姿勢が示されており、子育てを支援する役割を含んでいた。そのため、平成の時代になって改めて行政からの指導により「これからは子育て支援をしてください」という指示が出されたときは、「今までも子育て支援はやってきているのに、なぜ」という疑問の声が保育現場から多く聞かれた。さらに、行政指導により次々に新しい子育て支援事業が用意されていくようになったが、実際には

それらの子育て支援が本当の子育て支援につながっているのかということについては、あまり検証されないままでもある。今では保育所は、**延長保育**、**一時保育、緊急保育、障がい児保育、園庭開放、子育て相談、子育てサークル支援、出張保育**などを行っており、幼稚園では**預かり保育**（教育課程に係る教育時間の終了後等に行う教育活動）、**園庭開放、子育て相談、満3歳児保育、子育てサークル支援、未就園児対象保育**などの子育て支援事業を行っている。その他、地域の子育て支援センターなどの親子の広場、子育てサークル支援、子育て講座、保健所などでも健康、栄養、歯、発達などに関わる子育て講座や相談、大学やNPOによる親子の広場や子育て相談なども行われている。

　図2は、年齢別にみた子育て支援の様子である。一見すると幅広い年齢のこどもたちに万全な支援策がとられているように思われるが、実際には保育所に入りたくても入れない**待機児童**が多かったり、**病児保育**を行っている保育所が近くにはなかったりなど、まだ十分とはいい切れない現状もある。

　表1は、子育て支援施策の変遷と保育所や幼稚園の取り組みを概観したものである。これをみると、保育現場の中でも特に保育所は、年を追うごとに担うべき業務が増え、現在に至っていることがわかる。例えば、地域の子育て支援は1995年にモデル事業が始まり、1998年の児童福祉法の改正や1999年の保育所保育指針改訂では、日常の保育だけで精一杯であるという保育士の声に遠慮するかのように「支障がない範囲で」という曖昧な表現で地域の子育て支援が入ってきたが、2年後に保育士資格が国家資格になったことを機に保護者への保育指導が業務として明確化されたことを土台にしながら、2008年の「保育所保育指針」では、総則に入所するこどもの**保護者に対する支援**と**地域の子育て家庭に対する支援**が明確化され、入所するこどもの保護者に対してはその支援目標も定められた。ここ何年かの間に、保育者が支援すべき対象や内容がぐっと広がってきており、それは社会から保育者に求められる役割が多岐にわたるようになったということを表してもいる。

　しかし、保育現場が実施している子育て支援の数やその内容が増えたにもかかわらず、保育現場や保育者に対してそれに見合った**援助体制**が十分に整えられてきていない現実もある。また、実際にこうした業務にかかわる保育

表1　子育て支援施策の変遷と保育所・幼稚園

1985年	男女雇用機会均等法策定
1988年	中央児童福祉審議会　児童の健全育成のために子育て支援の必要性を答申
1989年	中央社会福祉審議会　身体障害者福祉審議会　中央児童福祉審議会の3審議会が0～2歳の在宅のこどもと保護者を支える仕組みの必要性の意見具申
1990年	1.57ショック 一時保育事業スタート：非定型保育（週に3日程度の就労に対応する保育サービス）　緊急一時保育（保護者の疾病、家族の看護、冠婚葬祭など、こどもを預けることができない状況への対応）
1992年	育児リフレッシュ保育事業スタート：子育て家庭の母親がボランティアやカルチャーセンターなどの文化活動に参加する際にこどもを預かる
1993年	保育所地域子育てモデル事業スタート：地域の子育て家庭を対象にした育児相談、地域の子育てサークルの育成・支援、特別保育事業に関する地域内保育所の連絡・調整
1994年	エンゼルプラン策定　文部・厚生・労働・建設の4大臣合意
1995年	緊急保育対策5か年事業スタート　大蔵・厚生・自治の3大臣合意（1994年）：保育所地域子育てモデル事業が地域子育て支援センターと改称し、1999（平成11）年までに3000カ所の数値目標
1996年	中央児童福祉審議会の中間報告にて、保育所の子育て支援の体制整備が提言 文部省中央教育審議会　預かり保育を提言
1998年	児童福祉法改正　保育所の保育に関する情報を地域に提供、保育に支障がない範囲で保育に関する相談・助言に努める 幼稚園にて預かり保育開始 文部省中央教育審議会　地域に開かれた幼稚園への提言　子育て相談、園庭開放、子育て井戸端会議などを開始
1999年	少子化対策推進基本方針 新エンゼルプラン策定　大蔵・文部・厚生・労働・建設・自治の6大臣合意 保育所保育指針改訂　地域子育て支援の内容に一時保育と保育に支障がない範囲での地域活動事業、乳幼児の保育に関する相談・助言が具体的に示唆される
2001年	保育士資格国家資格化　児童の保育と保護者の保育指導が業務となる 仕事と子育ての両立支援等の方針（待機児ゼロ作戦など）
2002年	少子化対策プラスワン
2003年	少子化社会対策基本法 次世代育成支援対策推進法：保育所は中高生が子育ての意義や大切さを理解できるように乳幼児と触れ合う機会の提供を行う。保育所だけでなく、事業所やNPOなどの参加し、地域子育て支援事業としてつどいの広場事業が開始
2004年	子ども・子育て応援プラン策定
2006年	新しい少子化対策について
2007年	「子どもと家族を応援する日本」重点戦略 仕事と生活の調和（ワーク・ライフ・バランス）憲章 仕事と生活の調和推進のための行動指針
2008年	新待機児ゼロ作戦 保育所保育指針改訂　告示化：総則に入所する保護者に対する支援と地域の子育て家庭に対する支援、入所する保護者に対する支援目標が明記。第6章を保護者に対する支援とし、基本や内容が具体的に示される 幼稚園教育要領改訂 預かり保育は「教育課程に係る教育時間の終了後等に行う教育活動」となる
2010年	子ども・子育てビジョン

※省庁の名称は当時のもの

出所：筆者作成

者たちが、目の前にいるこどもと家族の状況から、主体性をもって子育て支援の方向や方法を示して発言していったのかといえば、そうではなかったことを、大場は指摘している［大場2002］。このように行政指導の色が強い昨今の子育て支援は、それぞれの園がこどもと家族の声を聴きながら試行錯誤して行ってきた従来の子育て支援とは、質の違ったものともいえる。

（２）誰のための子育て支援か──子どもの最善の利益を考慮する

　こうした背景をもちながら、現在、子育て支援は当たり前のサービスとして定着している。保育というのはもともと社会や保護者の**要望**や**期待**と密接な関係をもちながら営まれている側面をもっているため、保育の機能や内容がそうした要望や期待に応じて変化をしていくことは仕方がないことでもある。しかし、だからといって、どのような要望や期待にも応えなければならないのか、さらにはこうしたおとな側の思いだけが優先されてよいのかといえばそうではない。例えば、「うちの子はニンジンが嫌いなので給食にニンジンを出さないでほしい」「雨にぬれるのがいやなので雨の日は家の前までバスに来てほしい」「こどもと一緒にいるとストレスがたまるのでできるだけ長時間預かってほしい」というような保護者からの要望があったとしても、無条件にそれに応えることが子育て支援ではないことは明らかである。支援者としての保育者は、社会や子育ての便利屋ではなく、**こどもの育ちを家族と共に支えていく**ことを専門とする。つまり、最終的にはこどもの生活や育ちを良い方向へと向けていく支援を行う必要がある。

　保育所保育指針の総則、保育所保育の目的に「保育所は児童福祉法（昭和22年法律第164号）第39条の規定に基づき、保育に欠ける子どもの保育を行い、その健全な心身の発達を図ることを目的とする**児童福祉施設**であり、入所する**子どもの最善の利益**を考慮し、その福祉を積極的に増進することに最もふさわしい生活の場でなければならない」［※太字は編集部による］とあり、第６章「保護者に対する支援」の保育所における保護者に対する支援の基本にも、その（1）として「子どもの最善の利益を考慮し、**子どもの福祉**を重視する

こと」［※太字は編集部による］と記されているように、「子どもの最善の利益」は、「保育所保育の根幹を成す原理」として、今後、保育がどのような方向に進んでいったとしてもゆるがないものである。

　「子どもの最善の利益」は、「児童の権利に関する条約（子どもの権利条約）」に示されている言葉である。おとなの思いだけが優先されていくことへの牽制(けんせい)として、こどもの人権を尊重することの重要性が込められている言葉である。つまり、子育て支援も「子どもの最善の利益」のもとに行うことが基本であることはいうまでもない。こどもの思いと家族の思いは、いつも同じとは限らず、異なっていることも多い。例えば、家族は仕事がしたいので長い時間保育所で預かってほしいと願うが、こどもはできるだけ早く家に帰りたいと願う、家族はこどもが多少の風邪であっても保育所に預けたいと願うが、こどもは家でゆっくりしていたいと願うなど、そうした例はいくらもある。このような場合、おとなの思いや都合の方が優先され、こどもの思いは後回しにされてしまいがちである。後回しにされたこどもの思いは消えてなくなるわけでもなく、別な形となって現れたりすることもあれば、後回しをされ続けた思いの蓄積がこどもの育ちによくない影響を与えていくことさえある。そうならないためにも保育者はこどもの思いを受け止め、その代弁者を兼ねながら、こどもと保護者への支援を考える必要がある。保育者は、忙しい保護者やこどもへの関心が薄い保護者の代わりとなって、こどもの思いをかなえる機会が多々あるが、保護者の代行をすることだけが子育て支援なのではなく、そのときのこどもの思いや表情などを保護者に丁寧に伝えていきながら、保護者と共にこどもが育つことの喜びを分かち合えるようになるまでを見届ける必要があることを忘れてはならないだろう。

episode 2 エピソード2

新しい上履き

　さき（4歳児）が、泣きながらいつもより遅く登園してきた。母親から事情を聴くと、朝、さきは新しい上履きに絵を描いてほしいと母親にせが

んだが、母親は朝は忙しく絵を描いている時間などないので、名前だけを書いて持たせようとしたところ泣き出したという。母親も最初はさきを何とかなだめようとしていたのだが、なかなか泣きやまないので母親はいらだち、半ば無理やり園に連れてきたということである。事情がわかったので、母親からさきを引き取り、新しい上履きを預かった保育者は、さきに「何の絵を描いてほしかったの？」と尋ねる。さきは泣きながら「いちご」と答える。さきは自分のマークであるいちごの絵を描いてほしかったというのである。よく話を聴いてみると理由もあり、自分はもう字が読めるけれど、まだ読めない友達もいるから、その友達が間違って新しい上履きをはいていかないように自分のマークを描いてほしかったのだということである。「それなら、簡単。かわいいいちごを描いてあげる。それでいい？」と尋ねると、さきはうなずく。保育者はカラーマジックを持ってきて、さきの上履きに色鮮やかにいちごの絵を描いた。「こんなにかわいいのができた。保育園の色マジックで描いて、きれいに描けた。先生はいつでも描いてあげるから、大丈夫」というと、さきはうなずいた。そして、他のフルーツの絵も描いてほしいと言った。保育者は「わかった。でも今日はもう外に遊びに行く時間になるから、あとでもいい？」と尋ねると、さきはうなずいて新しい上履きを履き遊び始めた。夕方、お迎えのときに、保育者は母親にさきとのやり取りを伝えた。母親はお礼を言いながら「さきなりにいろいろなことを考えていたんですね」と言って笑い、さきも上履きを見せにきた。保育者は、さきが他のフルーツも描いてほしいと言っていること、時間があれば、今ここで描いてあげてほしいことを伝えると、母親は「絵は苦手だからな」と言いながらさきの上履きにさくらんぼの絵を描いて帰った。

このエピソードでは、保育者が朝から感情的にぶつかり合ったさきと母親の思いを受け止め、母親が気持ちを切り替えて仕事に行くことを見守るとともに、丁寧にさきにかかわり思いを受け止め、安心と安定を与えていること

がわかる。さらに、降園時にさきと保育者とのやり取りを母親に伝え、それによって母親はただ駄々をこねているだけだと思っていたさきの思いを知ることができている。また、保育者は母親の代わりに上履きに絵を描くだけでなく、母親にも同じようにさきの**思いに応える**チャンスを残し、結果として母親が自分の手でさきの思いを実現することができるまでを支援していることがわかる。

（3）子育て支援の実際

①待つ

episode 3 エピソード

かかわりがもてるようになるまで

　3歳児のれいなは、4月に保育所に入園したが、園生活に慣れず、担任も良いかかわりがもてずに悩んでいた。れいな以上にかかわりがもちにくいのが母親である。いつも緊張したような無表情でれいなと一緒に連れ立っている。担任は母親に声をかけたいと思いながらも、年度初めで他のこどもへの対応に忙しくしていることもあり、なかなか機会をもてずにいた。この園では朝の送迎の際、園長が門のところに立って、こどもや保護者に挨拶をして出迎えている。園長は、れいなの親子にも、毎朝「おはようございます」と挨拶するが、挨拶は返ってこなかった。それでも、1カ月もすると、園長の挨拶に対してれいなの顔から少し笑顔がこぼれるようになってきた。れいなの笑顔がみられた日から数日後、れいなの母親が挨拶を返してくれた。驚いた園長は「おはようございます」と再度、挨拶をした。次の日かられいなの母親は園長だけには挨拶をするようになった。園長は、なぜ、自分だけには親しみをみせてくれるのかがわからないでいたが、ある日、保育室にれいなを送り届けた母親が園長に声をかけてきた。

「先生は、初めてうちの子が笑顔をみせた先生なので、信頼できる。うちの子をよろしくお願いします」と言った。そのことをきっかけに時々話をするようになると、母親が同居している姑（しゅうとめ）から子育てのプレッシャーをかけられてきていたこと、保育所の入園も姑に反対されながらの入園だったことなどを話してきた。

　れいなも母親も新しい環境に入るという不安や緊張をもっていたが、それだけでなく、姑から反対されながらの入園であったため、母親は切羽詰まった状況を抱えていた。そうした複雑な事情が挨拶もしないという身構えた状況をつくっていたのだろう。園長は、返してもらえない朝の挨拶を毎日毎日繰り返してきた。「今日はどうだろう」「今日もダメだった」という日々を繰り返す中で、ひたすられいなや母親が心を向けてくれるのを待ち続けた。

　最初に心の緊張を解いてくれたのは母親ではなく、れいなであった。4月の保育室は慌ただしい。れいなのような新入園児が多いときには、保育者はひとときもじっとしていられないほど動き回っている。そのような保育者の動きは、れいなや母親にとっては安心できるものではなかったのかもしれない。その点、毎朝、門に立つ園長は、こどもと家族を迎え、挨拶をするためにそこにいる人であり、その様子がかえってれいなには安心できたのだろう。毎日挨拶してくれる園長をれいなは「毎日保育園の門のところにいる人」として覚えていき、次第に親しみをもった。そして、れいなが園長にみせた笑顔が母親の気持ちをほぐしたようだ。

　家族は、こどもが園に喜んで通うこと、そのことを通して保育者や園に信頼を寄せていく。こどもが園になじんでいく仕方や時間は1人ひとり異なる。**心を寄せながらもじっと待つ**ということも、支援の1つである。

②聴く

エピソード 4

父親への支援

　じゅり（4歳）の家族は、父と母の3人であるが、主に育児を担当しているのは在宅で仕事をしている父親である。母親は、宿直や夜勤、早朝出勤など不規則な勤務の仕事であるため、めったに保育所に顔を出さず、子育ては父親の役割と割り切っているようだ。父親は、こどもを立派に育てたい、自分は良い父親でありたいと思っているが、こどもへのかかわり方には独特なものがある。父親はじゅりに対して幼いときからやってよいこととやってはいけないことを明確にして育てており、例えば自分の仕事場である自宅を散らかすことを許さなかった。そのため、家では英語やアニメのビデオを見ること、自由な遊びは庭ですることになっていた。ただし、その庭も多くは父親の趣味の家庭菜園で自由には使えなかった。

　今までのじゅりは、保育所でも自分の気持ちをはっきりと表すことが苦手で、友達におもちゃを取られても「やめて」ということが言えずに、取られたままでいることが多かった。保育者は「やめてって言ってもいいのよ」と伝えても「いい」と首を振ることが多かった。ところが最近になって、やりたくないことを「いや」と言うなど、少しずつ自己主張をするようになった。保育者は、そうしたじゅりの姿を喜んだが、逆に父親にはそうした姿が、言うことを聞かないこどもになったと映り、悩んでしまったようである。

　父親から担任に手紙がきて、娘のことで悩んでいること、そのことについて「意見を聞きたい」という要望が書かれていたので、急遽、面談を行った。父親は、自分の娘をどう扱ってよいのか悩んでいること、母親が仕事ばかりに夢中で育児には無関心なこと、娘に振り回されると在宅での仕事がうまくできなくなっていることなどを1時間ばかり話した。また、

今度の夕涼み会もじゅりの母親は仕事なので自分1人が参加しなければならず、他の親たちと一緒にいるのが苦痛なので休ませたいことを伝えてきた。保育者は、長い時間ただひたすら父親の話を聴き続けた。父親が話し終わると、保育者は父親の大変な状況を受け止めながら、じゅりの変化はこどもの発達には必要なことでもあることを伝えるとともに、在宅での仕事時間が伸ばせるように保育時間の延長が可能かどうか役所に相談に行くことも勧めた。また、夕涼み会はじゅりも楽しみにしていることなので是非参加させてほしいことをお願いし、夕涼み会のお楽しみコーナーを回るときには保育者もじゅり親子に付き添うことを伝えた。

　母親の孤独な子育ては取りあげられることが多いが、父親の孤独な子育てはあまり表に出てきていない。じゅりの父親は、1人で育児を任され、疲れと悩みを抱えていたようだ。父親1人の子育ての場合は、できないことやわからないことを素直に出して助けを求めることができる人もいれば、男なのだから弱音は吐けないと助けを求めずに何とかしようとする人も多い。じゅりの父親は後者だったようである。子育て支援は父親にも門戸を広げているのだが、実際には母親を対象にしたものが多く、そのような支援があること自体父親たちには十分に理解されていないのかもしれない。

　じゅりは、小さい頃はおとなが決めたルールや枠の中で育ってきていたが、それはじゅりの育ちにとってあまりよくない影響も与えてきていた。保育所に通い、他のこどもや保育者とのかかわりの中で、**自我**が芽生えることで自分の意志を表すことができるようになったが、父親は今までとは異なる娘の姿に戸惑いと疲れを感じていたのだろう。保育者は、まずはひたすら父親の悩みを聴いた。話はなかなか途切れることがなかったが、話すことで父親のストレスは次第に軽減されていったようでもある。

　話を聴くということは簡単で誰でもできることのように思えるが、実際はそうではない。相手が自由に話をできるような関係を構築することや雰囲気をつくることも必要であれば、相手の思いを受け止めていく忍耐力も要する。

「この人ならば」「この場であれば」と思えた相手や場だからこそ、心の内を話すことが可能になる。

　保育者は、父親が苦手としている夕涼み会での親子の参加にも一緒に付き合うことを約束した。他の親子と共に時間を過ごすことは、本来、楽しいことなのであるが、そのような場が苦手な保護者にとっては行事への参加は重荷でもある。そうした苦手意識を否定することなく、保護者に寄り添っていくことが必要となる。

③関係を継続させる

エピソード5

将来に対する不安

　園庭開放の日は、地域の親子が集う。朝、9時半から11時半までが利用時間である。地域担当の保育者は、親子の遊ぶ姿を見守りながら、遊具を出したり親からのちょっとした相談に応じたりする。1歳半くらいのこどもを連れた母親に「上手に歩いてますね」と声をかけると、母親は「歩くのはいいんですけど。しゃべるのが遅くて。他の子はもうよくしゃべるんですよね。でもうちはまだだから心配で。しゃべるのが遅れていると学校に行っても勉強が遅れちゃうかなって思って」と言う。保育者は「大丈夫ですよ。話すのが遅いからって、勉強が遅れることにはなりませんから」と明るく言うが、「でも、やはり話せる子の方が他の知識を早く覚えるじゃないですか。あの子は、うちの子とほとんど同じなんだけどもう話しているし。この子はもうダメな子なんだなって思います」と母親は暗い顔をして言う。保育者が「こどもによって個性がありますから、ゆっくりの子もいれば早い子もいますよ。運動能力が高い子もいれば、そうでない子もいるし」と伝えるが、母親の気持ちはあまり変わらずに「じゃあ、この子は体育会系かな。勉強はダメってことかな」となげやりに言う。保育者は、これ以上このことに関して母親に何かを言うことができなくなり、し

ばらくは黙ったまま近くに散らばっていたおもちゃを片付けた。なんとか、母親の気分が変わることはないかと考えていると、来月の運動会で小さいこどもが親子で参加できるプログラムがあることを思い出した。気を取り直して、そのことを母親に伝えてみると、母親は、予定がなければ参加してみたいと答えてくれた。

　この母親は1歳半のこどもの姿をみながらも、こどもの将来を過剰に気にしている。保育者は、母親の気持ちが安心できるような言葉をかけてみたが、そのことがかえって母親を刺激したのか、母親から「この子はもうダメ」というような強い否定が返ってきてしまった。様々な情報が入ってくる現代は、子育てはよりよい将来が約束されるように、よりよく育てなければならないというプレッシャーを感じさせるものにもなっている。この保育者は、今はこの母親にどのような言葉をかけても受け止めてもらえないことがわかり、これ以上言葉をかけることはできなくなっている。保育者の本音はこの「難しい母親」とかかわっている状況から逃げ出したいという思いだったかもしれない。しかし、保育者はこの場所に居続け、なんとかこの緊張した雰囲気を変えることを考えた。運動会の話を出したことは、その表れである。これは、この母親から逃げることではなく、今後ともこの親子との関係を継続させるために必要な間を取ったともいえる。

　子育て支援とは、保護者の問題や相談に対してすぐに答えを出していくことばかりではない。このように、保育者がそのときには何もできずにいながらも、その親子と継続的にかかわろうとする姿勢を示すことなども支援の1つに含まれている。

3. 支援者としてのゆらぎやジレンマ

（1）支援者として必要な力

　「支援」という言葉の意味を調べると「力を貸して助けること」[明鏡国語辞典]とある。この言葉から支援者には、人に貸せるだけの十分な力が必要となる。しかし、こどもや家族の問題というのは、生活や育ちに関わることが多く、また、総合的なものでもある。具体的には、仕事のこと、経済的なこと、夫婦間のこと、祖父母との関係のこと、こどもの障がいのこと、保護者同士の関係など、その内容は多岐にわたっているとともに、それらが相互に関連していることも多い。保育者は、そうしたすべての事柄に精通した能力をもっているわけではない。では、**支援者である保育者に必要な力**とは、どのような力なのだろうか。尾崎は、援助（支援）について以下のように述べている [尾崎1999；p.293]。

　　本書の結論の一つ。それは、援助の目的はクライエントを助けること、救うことではなく、またサービスや助言を提供することでもなく、まずはクライエントとの関わりを育て、深めることにあるということである。すなわち、援助は初めから助言、対処、判断、サービス提供などを目指すのではなく、関わりを育て、深めることを目指すべきである。むろん、助言、サービス提供などは援助の重要な機能である。しかし、これらは育ちつつある関わりのなかで初めて意味をもつ。つまり、<u>どのような助言をいかに伝えるか、いかなるサービスをどのように提供するかは、育ちつつある関わりのなかで初めて答えを見出すことができるものである</u>。

※下線は筆者による

　「支援」を国語辞典の意味だけで考えれば、その目的として「助ける」ということが一番先に浮かびあがってしまう。しかし、尾崎は、「助ける」こ

とは、支援をする人と支援を受ける人との関係の中から浮かびあがってくるものであること、そのため、関係が生じていないところで行われているものは、本質的な支援にはならず、結果として相手を「助ける」ことにはならないことを示している。このように考えると支援者として保育者に必要な力は、**こどもや家族とのかかわりを育てる力**であり、**関係を深める力**であることがわかる。決して、Q＆Aのような即決した答えが出せることや一時の慰めを与えられる言葉を豊富に知っていることが「支援」ではないことは明らかである。

（2）ゆらぎやジレンマを抱えた自分と向き合う

　支援者としての保育者には、家族から様々な期待がかけられる。相談したら良いアドバイスをもらえるのではないだろうか、困ったことがあれば助けてくれるのではないかという期待である。そうした期待に応えられる存在として、保育者が学び合い、研鑽していくことは大事なことであり、専門家としての基本でもある。

　しかし、そうした期待に応えるために弱みをみせないで完璧であろうとすること、**ゆらぎやジレンマ**をみせずにいることは、かえって逆の効果となることがある。なぜならば、そうしたごまかしは自分でも抱えられなくなることもあれば、ごまかしがあることは必ず相手に伝わり、それによって不信を抱かせることにもなるからである。尾崎はゆらいでいる自分を隠すのではなく向き合うことが大切であること、そうした支援者のゆらぎに真摯に向き合う姿が相手に伝わることにより結果として真の援助となることを述べている［尾崎1999；p.294］。

　「ゆらぎ」に向きあうとは、援助者が「何を言おう」「どう対処しよう」と考えることではない。少なくとも、「ゆらぎ」を否認したり、「ゆらぎ」から逃避しないことである。あるいは「ゆらぐ」自分を「援助者として失格」などと、いたずらに否定しないことである。つまり、関わりを育てるためには、相手に

敬意を払い、相手に多面的な関心をもとうとすると同時に、自分に対してもできるかぎり否認や逃避、無理やごまかしを少なくする。援助者が自らの「ゆらぎ」をごまかさず、向きあおうとする姿は、程度の差はあれ、クライエントに伝わる。そして、クライエントが自らの人生や課題に向きあうモデルとなり、彼らが現実に直面する機会を豊かにする。

　子育て支援を行うことが保育者の業務になり、保育者は保護者に対して「保育指導」を行うことになった。しかし、「保育指導」というのは、保育者が一方的に保護者に対して「理想的な子育て」の指導をすることではない。保育所保育指針解説書には、「保育指導」の意味として書かれた以下のようなコラムがある〔厚生労働省編 2008 ; p. 179〕。

　　子どもの保育の専門性を有する保育士が、保育に関する専門的知識・技術を背景としながら、保護者が支援を求めている子育ての問題や課題に対して、保護者の気持ちを受け止めつつ、安定した親子関係や養育力の向上をめざして行う子どもの養育（保育）に関する相談、助言、行動見本の提示その他の援助業務の総体をいいます。

　このコラムに記されている保育者の援助の１つである「**行動見本の提示**」は、保育者がこどもへのかかわり方などの見本を示すことだけを示しているのでなく、ゆらぎやジレンマをごまかさずに向き合おうとする**保育者の人としてのあり方**をも含まれていると考えることができるだろう（第５章4.(2)〔p. 144-〕・第６章1.(3)〔p. 152-〕・第７章3.(3)〔p. 188-〕も参照）。

引用・参考文献

阿部和子『保育者のための家族援助論』萌文書林、2003年
大場幸夫著者代表『育つ・ひろがる子育て支援』トロル出版部、2003年

第８章　保育者の子育て支援

大場幸夫「論説：『子育て支援』における保育者の主導権（ヘゲモニー）を問う」『保育の実践と研究』Vol.6、No.4、2002年、pp. 20～31

尾崎新編『「ゆらぐ」ことのできる力――ゆらぎと社会福祉実践』誠信書房、1999年

鬼頭宏「近代日本の家族の変容」国際交流基金編『国際交流』第10号、国際交流基金、2004年、pp. 41～46

厚生労働省編『保育所保育指針解説書』フレーベル館、2008年

塩谷香編著『保育者・子育て支援者のための家庭支援ガイド』ぎょうせい、2011年

中野由美子、土谷みち子編著『21世紀の親子支援――保育者へのメッセージ』ブレーン出版、1999年

原ひろ子『子どもの文化人類学』晶文社、1979年

フィーニィ，ステファニー、ドリス・クリステンセン、エヴァ・モラヴィック（Who am I 研究会訳）『保育学入門――子どもたちと共に生きる保育者』ミネルヴァ書房、2010年

星野政明編集代表（川出富貴子、三宅邦建編）『子どもの福祉と子育て家庭支援』（新版）みらい、2010年

前原寛『子育て支援の危機――外注化の波を防げるか』創成社、2008年

鷲田清一『「待つ」ということ』角川学芸出版、2006年

語義引用出典

北原保雄編『明鏡国語辞典』大修館書店、2002年

小西友七、南出康世編集主幹『ジーニアス英和辞典』（第3版）大修館書店、2001年

新村出編『広辞苑（普通版）』（第6版）2008年

第 **9** 章

保育ニーズの多様化と保育者の対応

1. 「保育ニーズ」とは

（1）ニーズという概念

　就学前の保育には歴史的に大きな流れが2つある。1つがこどもの発達的側面へのかかわりを主にする流れであり、もう1つは保護者が仕事などでこどもを養育することが困難な状況にあることを援助する流れである。本章で取りあげる保育ニーズは、基本的には後者にかかわるものである。

　ここでニーズという概念を整理しておきたい。「ニーズ」とは、"needs"のカタカナ表記である。"needs"は「必要なもの」という意味であるが［新英和中辞典］、社会福祉の分野では「要援護性」と訳されるように、**生活していく上で必要欠くべからざるものを概念化したもの**である。"needs"は"need"の複数形であるので、単数形をカタカナ表記する場合は、「ニード」となる。

　『現代社会福祉辞典』においては、三浦文夫の定義を援用して次のように説明している［秋元ほか編 2003：p.356］。

> 　　何らかの基準に基づいて把握された状態が、社会的に改善・解決を必要とすると社会的に認められた場合に、その状態をニード（要援護状態）とすることができる。

　このようにニーズは社会的に認められた要援護状態であるので、**保育ニーズ**とは、保育において社会的に認められた要援護状態を意味している。

　ここで気をつけなければならないのは、ニーズは本来**社会福祉**分野の専門用語であるということである。しかし日常会話においては、経済的な行為を指す意味としてニーズという用語が用いられることが多い。その場合、要援護すなわち必要不可欠な状態という意味が薄れ、より単純に、必要なもの、欲しいものという意味になる。「消費者のニーズを捉える」という表現のよ

うに、そこには生活上の必要不可欠性というニュアンスは感じられない。

　経済用語として使用されるものに、「需要と供給」がある。この場合の需要は"demand"であり、ニーズではない。しかし、現在では需要という用語はあまり使用されず、ニーズが多用されている。いくつかの例をあげておく。

　　さおだけという商品にそもそもの需要（ニーズ）がない。

[山田 2005；p.23]

　　「顧客のニーズ」を丹念に調べ、そのニーズに応えるには自社がどの程度の「真の自由度」をもっているかを綿密に分析することも重要です。

[大前 2005；p.215]

　　省スペースで可愛いひな人形を飾りたいというニーズは高まっている。

[『朝日新聞』2005年2月14日付]

　このように、需要という意味でニーズが使用される場合、必要不可欠性の意味合いは弱まっている。つまり、福祉概念としてのニーズは、「それがないと基本的な生活自体に支障が生じるような必要性」という強い意味があり、そのことに対応する財的な基盤を要求していない。要求されているのは、**社会的な認識**である。それに対し、日常で使用されるニーズは、「それがあると便利」という概念であり、個人が購入できる財力を前提としているが、社会的な共通認識を前提にはしていない。

　保育ニーズは、本来は前者の意味として理解しなければならないが、後者の意味合いが入り込んでくる傾向がある。そのことが、保育ニーズという概念を複雑にしている。

（2）2つの「ニーズ」概念の相違

　保育ニーズは、社会福祉分野の概念であるが、経済行為の概念と混同されることがあると述べた。ではそれぞれのニーズにはどのような特徴があり、そこにある相違点とはどのようなものであろうか。

　福祉概念としてのニーズの特徴は、必要不可欠性と社会認識である。つまり、その社会において、生活を営む上で必要な事柄が欠けていることが共通理解されているということである。そのことが児童福祉法においては、「**保育に欠ける**」(第39条) と規定されている。

　これは福祉概念であるので、ニーズを解消することは、公益性を伴う手段によって行われるという原則がある。それが、社会において共通認識されているという意味である。

　それに対して経済的な意味で使用されるニーズは、需要の代替用語であり、供給とのバランスによって決定される。つまり、ニーズの解消は、購入する側の財的な状況によって左右される。このことを一般には**市場原理**という。

　市場原理とは、市場での自由競争にすべて任せることで、ニーズ（需要）と供給が適切な状態になるように調整され、そのことによって経済活動が発展するという考え方である。価格の安いものは売れやすいが、安いだけで質の劣るものは淘汰される。価格が高くても質が良ければ売れるが、高すぎると売れなくなってしまう。そのようなメカニズムのもとで、適正な価格と品質が保証されるという原理である。

　これは確かに理屈に合っている。ただそこには、前提として購買力の問題がある。一定の価格のものを購入できる財的基盤があって初めて市場原理のメカニズムは働くのであって、財的基盤のないところでは、ニーズに対する供給を成立させることはできない。

　では、市場原理をそのまま保育ニーズに当てはめるとどうなるだろうか。ニーズの強いものは価格が上昇するというのは、市場原理では当然であり、それは保育ニーズを市場原理の視点で捉えても成り立つ。

　たとえば母子家庭の例を考えてみたい。母子家庭であっても裕福な場合も

あるだろうが、一般的にはそうではないことが多いであろう。つまり、多くの場合母子家庭の財的な基盤はあまり強くはない。そして、母親が収入を得るために働くと、必然的にこどもは保育に欠けることになる。つまり、強い保育ニーズが発生する。

これを市場原理に当てはめると、強い保育ニーズを解消するためには、それなりに高い価格が要求されることになる。しかし、母子家庭では、高い価格に対応できるほどの財的な基盤がないことが予想される。つまり、保育ニーズを解消することが困難になるのである。

一般的な市場原理では、購入できないものはあきらめることになるが、保育ニーズの解消をあきらめた場合、こどもの育ちが危うくなる。仮にこどもの年齢が2歳だとすると、2歳のこどもを1人で留守番させて母親は仕事に出かけるという状態を毎日続けることにならざるを得ない。その状態は、児童虐待防止法における**ネグレクト**（育児放棄）に相当する。つまり母親が保護者としての責任を果たしていないと、現在の社会においてはみなされるわけである。

このような例を考えてみると、母親に保護者としての責任を果たさせていないのは、母親自身ではなく、その母親が保育ニーズを利用できないような状態にしている**社会の問題**であることがわかる。つまり、保育ニーズに市場原理を適用していること、言い換えれば**保育ニーズの公益性**を保証していないことが問題になるわけである。

それゆえ、保育ニーズは福祉概念として位置づけられ、公的手段によって解消されなければならない。母子家庭のように財的基盤が弱い場合でも、保育に欠ける状態が解消されるような手続きを、社会の仕組みとして保証することが必要になる。

このようにみてくると、福祉概念としてのニーズと、経済概念としてのニーズとの違いがよくわかるのではないだろうか。

2.「保育ニーズが多様化する」とは

(1) 保育ニーズの主体

　保育ニーズという用語は、保育が児童福祉の分野とかかわりがあるところから生じている。なぜなら、保育所は児童福祉法に規定された児童福祉施設だからである。保育所保育において保育ニーズという用語は、当然の用語として使用されている。他方、同じような就学前保育施設である幼稚園は学校教育法に規定されているので、ニーズという用語は使用されない。使用される場合は、教育ニーズとして表現されるが、それは保育ニーズとは異なる概念である。このように保育ニーズは、保育所保育とのかかわりが強い。

　では、保育ニーズの主体は誰だろうか。この点は注意すべきところである。福祉分野においてニーズといわれるとき、高齢者のニーズ、障がい者のニーズという言い方をすることが多い。つまりニーズの発生する主体が、高齢者、障がい者と明確化されている。このようなあり方は、**当事者主権**と呼ばれる。しかし、保育ニーズというとき、保育は人ではない。つまりニーズの主語に相当する部分が隠されている。そのために誰にとってのニーズかということが曖昧になっている。

　保育という営みがこどもを中心に位置づけられるものであれば、保育ニーズの主体はこどもである。その理解はそれで成り立つが、しかし、一般に保育ニーズという用語が使われるとき、こども主権として語られているとは言い難い。

　1990年代前半は保育ニーズという用語が盛んに使われた時期であるが、同時期に「**利用しやすい保育所**」というフレーズもよく使われた。その典型が、厚生省が出版した『利用しやすい保育所を目指して』［厚生省児童家庭局編1994］である。

　そこでは、当時の保育所の利用しにくさを3点に絞って取りあげ、「①多様な保育ニーズに的確に応え、②保育料負担が適正かつ公平であり、③入所

手続きが簡単である『利用しやすい保育所』を目指す」[厚生省児童家庭局編1994；p.4]と述べている。このことから、多様化している保育ニーズへの対応が、保育所として不十分であるという認識のもとに掲げられたスローガンであることがわかる。つまり、保育ニーズの主体が「利用しやすい」保育所制度になることを目指していたのである。

では、「利用しやすい保育所」というときの利用主体は誰を指しているのだろうか。それがこどもでないことは明白である。なぜなら、こどもが自分のニーズを認識して自ら保育所に入所するということは、現実としてありえないからである。従って、利用主体は、こどもの保護者である。

こどもと家族が一体であるという論旨からすれば、保護者が主体であるということは、こどもも主体という言い方が成り立つかもしれない。

しかし、「利用しやすい保育所」というとき、そこではこどもと切り離された保護者というおとなの利用しやすさ、いわば**使い勝手**が表に出てくる傾向があった。

当時、「利用しやすい保育所」というスローガンによって批判されていた1つが、保育時間の短さであった。確かに、保育所として十分な機能を発揮していないといわざるを得ない状況があったことも事実である。1981年の東京都の例であるが、たとえば、保育の終了時間が午後5時以降の保育所は32％という状態であった[岡田1981]。つまり、7割近くの保育所が午後5時以前に終了していたのである。これでは、通常の勤務体系で就労している保護者は、保育所に入所させていても、自分でこどもを迎えに行くのは困難である。実際フルタイムで勤務している保護者は、こどもを二重保育せざるを得ない状況が普通であった。認可保育所の終了時刻より後は認可外保育所にこどもを預けるという状況である。これでは、保育所を利用しにくいといわれても仕方なかったと思われる。

そこで「利用しやすい」ことがキーワードに浮上したのであるが、それは主に保護者にとって利用しやすいという意味である。そのため、こどもが当事者であるということは意識されにくくなり、**保護者の都合が優先**される傾向が現れてくる。

保育ニーズというのが、保護者にとってのニーズであるという理解のもと、おとなの発想で保育ニーズへの対応が進められるようになっていった。たとえば、働き方の多様さが進行することに伴い、保育時間の長時間化に直結するという現象がある。

　現在の保育所の保育時間は、１日11時間、月曜日から土曜日までの週６日間を基準にしている。それに加えて延長保育を実施している保育所は約３分の２近く（全国平均62.7％）に及んでいる（2007〔平成19〕年度厚生労働省発表）。保護者の働き方は多様化し、長時間化している部分もある。しかし同時に、週休２日制の職場も一般化している。本来であれば、それに対応して保育時間が短くなるこどもも一般化するはずである。

　しかし、必ずしも現実はそうなっていない。保護者の勤務は週５日間であるのに、こどもを預けるのは週６日間となっている家庭は少なくない。それは、本来の保育ニーズではなく、保護者の預けたい時間が、保育時間になる傾向があるからである。そして、保育者の側も、保護者の要求が保育ニーズであるという理解のため、そのことを問題視することが少ない。結果、「こどもにとって」ということが問われないまま、保育ニーズへの対応がなされていくことになる。

　保育所は**社会の要請**に応えて保育をすべきである、といわれるが、その社会の要請として指示されているのは、保護者というおとなであり、こどもではないのである。

　保護者がこどもの代弁者であればいいのであるが、そうではないところで保育ニーズが一人歩きすることがある。そこでは、福祉概念としての保育ニーズだけでなく、経済概念としての保育ニーズが表面化してくるのである。

　こどもを置き去りにして一人歩きするような保育ニーズに対して、こどもの声を代弁するのが、保育者の役割である。保育ニーズを捉えようとするとき、**こども主権**ということを前提にして考える必要がある。

(2) 社会のありようの問題

　私たちは、つながり合い、かかわり合い、支え－支えられながら、社会の中で日常の営みを行っている。このように、**相互の関係性**は当然のこととして語られる。
　では、なぜ相互の関係性を当然のこととして語ろうとするのだろうか。それは、逆説的ながら、当然のことではなくなってきているからではないだろうか。
　現代の社会は、個を推進する社会であり、そのため相互関係性をむしろ強く求めるようになってきている。このような社会の動向を早い時点から指摘していた論者の1人が、**トフラー**（Alvin Toffler, 1928〜）である。主著の1つである *The Third Wave*［1980］『第三の波』において、有史以来の社会構造の変化を、3つの波として説明している［トフラー 1980 ; p. 18］。

　　　この新しい文明の出現は、一万年前の農業のはじまりによってひき起こされた第一の波、および産業革命によって口火が切られ、またたく間に地球上を席巻した第二の波と同様に、社会を根底から変革する大きな出来事である。われわれは、これら2つの変革に次ぐ、第三の波に洗われる時代に生きているのだ。

　ここにあるように、第一の波は一万年前から始まった農業革命であり、第二の波は産業革命であり、18世紀から19世紀にかけて起こっている。第二の波によって成立したのが、産業社会である。必然的に、第三の波は**脱産業社会**（脱工業化社会）をつくり出すことになる。トフラーは1950年代末から、第三の波について発言を始めている。
　このような意味で、現在の社会は、第三の波に洗われている時期だといえる。まだその社会の確立した姿が明確に出現しているとはいえないが、しかし近年のインターネットテクノロジーの急速な展開により、おぼろげながら現れつつある。トフラーは第三の波の社会を、脱産業社会として記述しているが、それは電子化が行き渡った社会であることが予想される。

それは同時に、個化が進行していく社会でもある。パットナム（Robert D. Putnam, 1940～）は、**社会関係資本**という概念を確立したBowling Alone : the Collapse and Revival of American Community［2000］『孤独なボウリング──米国コミュニティの崩壊と再生』の中で、1970年代以降アメリカの**コミュニティ**が急速にその結びつきを弱めてきた現象について、詳細な考察を加えた［パットナム 2006］。

社会関係資本とは、人と人との結びつき、すなわち**社会的ネットワーク**が価値をもつものである。つまり、市民社会への積極的な参加やコミュニティの形成が、十分な社会的力をもつということである。その逆に、社会関係資本の弱体化によって人と人とのつながりは弱くなり、社会の力そのものも弱くなっていく。

パットナムは、アメリカにおいて1970年代から急激に弱体化した社会関係資本について、その理由を探り、対処法を探っている。そして、一般にいわれているような要因が社会関係資本の弱体化を招いているということを否定している。

一般にいわれている要因とは、家族の絆の弱まり（離婚率の上昇）、働く母親の増加、経済的豊かさなどである。たとえば、働く母親が増えたために経済的に豊かになるが、そのため自己中心的になり、離婚が増えてくる。このような事態が人と人とのつながりを弱め、コミュニティが弱体化するという論法である。

この論法は確かによく聞かれる。しかし、このどれもがコミュニティの弱体化の原因ではないと、パットナムは指摘している。では本当の要因は何か。それは、世代の変化である。驚くべきことに、コミュニティに関与する経験の少ない世代が、それ以前の世代に取って代わったことが最大の要因である。つまり、**生活様式**が大きく変化することによって、新しい世代は人とのかかわりを弱めていったのである。そしてそれを後押ししたのが、テレビなどの電子的娯楽が余暇時間を私事化した影響である［パットナム 2006］。

この分析結果は、トフラーが、第三の波が社会を覆い始めると指摘した時期と重なっている。つまり、大きな歴史的波のうねりを受けながら、現代の社会において、人は個化していく存在として成長しているということである。

その結果、ライフスタイル、価値観、人生観などが多様化していった。なぜなら、多様化に歯止めをかける人と人との結びつき（コミュニティの働き）が、弱まったからである。

結びつきが強ければ、生活する人々のライフスタイルは、類似化していく。結びつきが強いとき、価値観はお互いに作用し合って、ある程度相似形になる。

現在では否定的なニュアンスでいわれがちな「ムラ」社会であるが、それが第一の波の社会の典型である。ムラ社会においては、ライフスタイルや価値観はある程度の枠の幅に収まっていた。それを否定して進行していくのが個化であり、そのうねりが第三の波の潮流である。

個化は、人と人との結びつきが弱くなることであるが、それだけにとどまらない。個化は、私たちの生活の様々な部分に及んでいる。その1つに、1日の生活の部分部分の個化がある。

ムラ社会においては、働くことと生活することとが切り離されていなかった。私たちは当たり前のように「通勤」という言葉を使うが、現在でも専業農家などでは使わない。「田んぼや畑に通勤する農業者」というのは、言い回しとしては成立しない。通勤は、**家庭と職場が切り離された状況**になったときに成立する概念である。

通勤とは、第二の波の産業社会で一般的に使われるようになった言葉であるから、日本でも一般化したのは1950年代、60年代以降である。もちろん以前より通勤するスタイルはあっただろうが、第一次産業が多数である社会では、一般的ではなかった。つまり、家庭と職場が切り離されていなかったということである。一般的な農村社会では、子育ても田んぼや畑の仕事と同時になされていたものである。

現在では、家庭と職場を切り離す形で成立する通勤があまりにも当然のスタイルとなっている。そのため、家庭の育児と職場の仕事とが対立概念のようになってしまっている。しかし本来、両者は1日の生活の中に埋め込まれていたのである。

個化は、さらに進行している。生活が部分化することにより、こどもの生活全体をまるごと捉えることが困難になっている。結果として、個の主体が

明確であるおとなのニーズが前景化し、こどものニーズが背景に押しやられていくという状況が生まれてしまったのである。

3. 対応する保育者のあり方

（1）「利用しやすい保育所」がなぜいわれたのか

　先述したように、利用しやすい保育所は、保護者というおとなのニーズに合わせた形で発展してきた。その引き金になったのが、1990年の**1.57ショック**である。

　1.57ショックとは、1989年の合計特殊出生率が1.57であることが判明した1990年に、日本社会に走った衝撃のことである。なぜかというと、それまでの最低値であった、丙午（1966年）の1.58を下回ったからである。

　丙午に生まれたこどもは不幸を呼び起こすという迷信がある。図1をみるとわかるように、1966年は、その前後の年とは違い、極端に出生数が下がった年である。つまり、迷信を信じることによって、多くの人がこどもを産み控えた結果、合計特殊出生率が1.58を記録したのである。つまり、1.58という数字は、こどもを産み控える、こどもを産まないことを意識的に選択するということを象徴しているといえる。

　その数字を下回ったのであるから、日本社会がこどもを望まない社会になったということで、大きな衝撃が走ったのである。「**少子化社会**」と呼ばれ始めたのは、そのときからである。

　同時に、「**保育ニーズの多様化**」が盛んにいわれ始めたのも、その頃である。

　なぜ1.57ショックが保育ニーズの多様化につながったかというと、少子化の原因追求、いわば犯人探しが行われたからである。

　第一に原因のやり玉にあがったのが、働く女性であった。女性の社会進出ということで、育児よりも仕事優先になっているということが、批判の対象

図1 出生数及び合計特殊出生率の年次推移

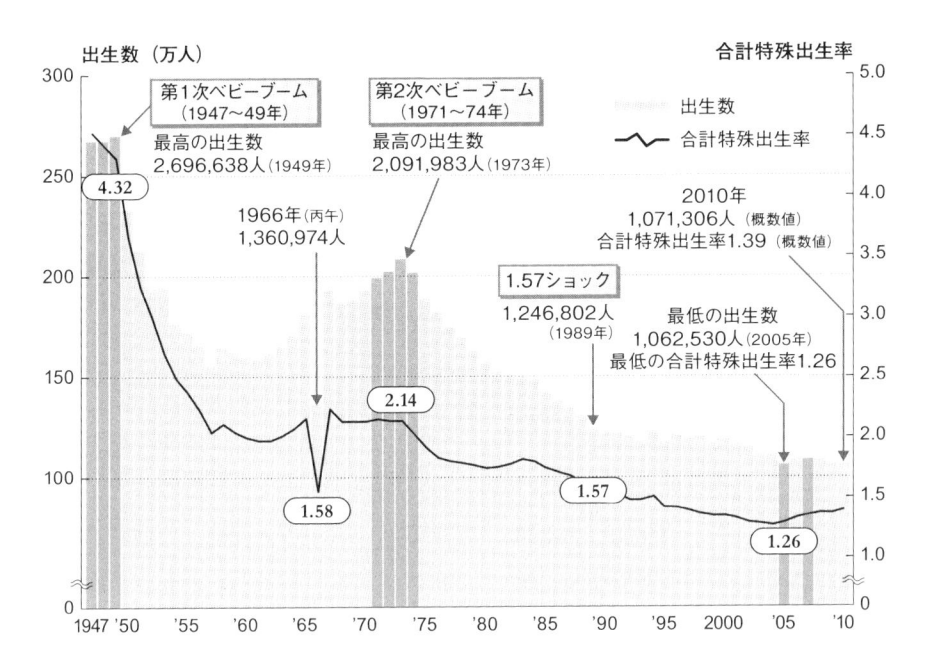

出生数（万人）　　　　　　　　　　　　　　　　　　合計特殊出生率

第1次ベビーブーム（1947～49年）
最高の出生数 2,696,638人（1949年）

第2次ベビーブーム（1971～74年）
最高の出生数 2,091,983人（1973年）

1966年（丙午）1,360,974人

2010年 1,071,306人（概数値）
合計特殊出生率1.39（概数値）

1.57ショック 1,246,802人（1989年）

最低の出生数 1,062,530人（2005年）
最低の合計特殊出生率1.26

※1947～1972年は沖縄県を含まない。
※2010年の出生数及び合計特殊出生率は概数。
出所：厚生労働省「平成22年（2010）人口動態統計の年間推計」2011年1月1日をもとに作成
▶ http://www.mhlw.go.jp/toukei/saikin/hw/jinkou/suikei10/index.html

になったのである。現在から振り返って注意しておきたいことは、男性はほとんど批判の対象にならなかったということである。

　1985年に男女雇用機会均等法が策定され、女性の社会進出の流れは止められないものになっていたが、当時の社会感覚としては、必ずしも好意的であるとは言い難かった。それが、育児をおろそかにするという女性への批判であった。そのことを象徴するのが、1987年に起きた「アグネス論争」と呼ばれるものである。

　「アグネス論争」とは、当時芸能界で人気の高かったアグネス・チャン（1955～）が、第一子の赤ちゃんを連れてテレビ番組の収録スタジオに出勤したことを、淡谷のり子（1907～1999）が批判したことが発端となって起き

た論争である［妙木 2009］。多くの論者が参入し、賛否両論が入り乱れる大論争となった。子連れで仕事をせざるを得ないことへの理解を示した意見もあれば、子連れでの仕事は甘えにすぎないと断罪する意見もあった。このアグネス論争に象徴されるように、働く母親の背中に必ずいるはずのこどもの居場所が必要であることへの理解が、当時はまだ不十分であった。

1990年前後は、空前のバブル景気でもあり、その頃「**DINKS**（ディンクス）」という流行語があった。"Double Income No Kids"のことで、こどものいない夫婦共働き家庭を意味する。共働きのため収入は倍あり、それを自分たちだけのために使うという、「リッチ」なライフスタイルのことである。そこでは、こどもがいない、子育てをしないということが、前面に押し出されている。

少子化という問題対策においては、このように、子育てより仕事を優先しているとみなされた家庭が批判されることになった。

それに対して、当事者である働く女性たちからは仕事と子育てを同時にはできないし、こどもを安心して預ける場所もない、という反論が起きてきた。

そこで、保育所の実態に社会の目が向けられ始めた。1980年代までは、保育所の話題が、新聞、テレビ、雑誌などのメディアで取りあげられることは少なかった。例外的に、「ベビーホテル問題」のような事件性のある話題のときだけ、保育所が関連して取りあげられる程度であった。このベビーホテル問題とは、1980年代初め、劣悪な環境のベビーホテルで赤ちゃんが急死する事態が続き、その実態がニュース報道によって明らかにされ社会問題となったことを指している。そのときニーズに対応していない保育所に対する批判もあったが、具体的な動きにつながる力は弱く、その後は時代の流れの中に埋もれていった。

しかし、少子化問題が取りあげられた頃から改めて保育所が保育ニーズに対応していないという切り口で、盛んに報道メディアで取りあげられるようになった。そのほとんどが、否定的なニュアンスであった。

たとえば、赤ちゃんを預けたいが保育所が預かってくれないとか、午後5時には迎えに行かないといけないがそれでは仕事ができないというように、保育所がこどもを預からないから仕事を続ける女性がこどもを産めないのだ、

という論調が強く表れてきた。それに伴い、ベビーホテルなどの認可外保育施設の問題や、認可保育所の時間終了後に認可外保育所に預ける**二重保育**の問題などが、露わにされ始めていた。

そういう中で、保育所は、保育ニーズに応えていない施設であることを批判されるようになったのである。

ここまでは、働く女性に焦点が当たっている。少子化ショックの初期は、少子化の原因は働く女性がこどもを産まなくなったからだと、考えられていたからである。

しかし、少子化問題を探る中で、専業主婦家庭のこどもの少なさが、明確になってきた。

それ以前の社会通念として、専業主婦は家事育児に専念しているので、子育てに問題はなくこどもの数も有業主婦（兼業主婦）家庭より多いと思われていた。

しかし、実際には、専業主婦家庭において、さほどこどもの数は多くないことがわかった。さらに調査の結果、育児への**不安感**や**負担感**が、有業主婦より専業主婦の方が強いことも判明してきた。そのことを示す当時の流行語が、「**公園デビュー**」である。子育てに専念している母親は、外部社会との接触を断たれ、孤立化した室内で過ごすことを余儀なくされている。その状況を打破しようとして、住宅地の公園に、母子のグループが集合するようになった。表面的には和やかな母子グループであるが、自然発生的であるがゆえに、母親同士の関係は微妙な緊張をはらむ場合がある。そのようなグループに首尾よく仲間入りすることを、「公園デビュー」と呼んだのである。

そのことは、専業主婦が、子育てにおいて、**母子密室化**と呼ばれるような、閉鎖的、閉塞的空間に閉じ込められていることを、明白に示している。もし仲間入りがうまくいかなければ、その母親は孤独なままでいなければならなくなる。それを避けるためには、どこかのグループに所属しなければならないというプレッシャーが強くのしかかってくる。

傍目には、単にグループの仲間入りの話にすぎないが、それが当事者にとっては子育て時期の大問題になっている。それほど専業主婦の子育ては、

孤独感や不安感と背中合わせになっていることを明確にしたのが、「公園デビュー」である。

このことによって、専業主婦家庭の問題も、少子化の要因として浮上してきたのである。

（2）エンゼルプランの流れに巻き込まれた保育現場

このように、1.57ショックで生じた少子化問題は、有業・専業を問わずに、一般的な子育て家庭において、その要因がそれぞれみられることを明らかにした。そのことへの対策として提案されたマスタープランが、**エンゼルプラン**である。

1994年12月に策定されたエンゼルプランは、正式名称を「今後の子育て支援のための施策の基本的方向について」といい、子育て支援を前面に押し出したものである。少子化対策としてのプランであるので、少子化の背景となる要因として次の4点をあげている。

　①女性の職場進出と子育てと仕事の両立の難しさ
　②育児の心理的、肉体的負担
　③住宅事情と出生動向
　④教育費などの子育てコストの増大

この中で、上の2つに絞って具体的な対応事業として策定されたのが、**「緊急保育対策等5か年事業」**である。この事業名称でわかるように、エンゼルプランの実働部門として保育所という社会資源が選択されたのである。このことが、保育所を大きく変化させることとなった。

1つめの、**仕事と育児の両立支援**について、保育所の積極的な事業展開となった中心が、**低年齢児（乳児）の保育と延長保育**である。それまでの保育所はその両方に消極的であったが、エンゼルプラン以降の数年間を経て、保育所においては一般化していった。

2つめの、専業主婦に強く現れている**育児不安の軽減**においても、保育所が活用された。具体的には、育児相談、子育てサークル、一時保育の推進で

ある。これらも、その後の保育所において一般化していくことになった。

このような流れはエンゼルプランによってつくられたものであり、その結果、保育ニーズという言葉に代わって、子育て支援という用語が一般化していった。エンゼルプランの正式名称が、「今後の子育て支援のための施策の基本的方向について」であることが象徴的である。つまり、子育て支援の大合唱の中で、保育所が大きく変貌していったのである。

（3）曖昧になった保育ニーズという概念

エンゼルプラン以降、保育ニーズという用語に代わって、ほぼ同義の概念として子育て支援という用語が使用されていくようになる。そこでは、保育ニーズに対応する保育所ではなく、子育て支援機能施設としての保育所という社会的な位置づけになっていった。

このような保育所の性格の変化は、振り返ってみれば気づくものであって、進行中の当時はほとんど気づかれることはなかった。しかし、そこで大きな変質が起きていたのである。

「保育ニーズ」というとき、そこには福祉用語としてのニーズの意味づけがあるため、何をもって保育ニーズとするかということについては、ある程度の共通性があった。しかし、それが「子育て支援」に置き換わったとき、子育てを支援するものはすべてそれに当てはまるという解釈になっていったのである。

典型的には、仕事と育児の両立支援は保育ニーズとして認識されていたが、専業主婦の支援を保育ニーズとして捉える視点は、従来はなかった。それが、保育ニーズから子育て支援に変化する中で、専業主婦の支援もその対象に含まれるようになったのである。

保育ニーズを捉えるとき、ある程度外形的な捉え方が必要である。仕事と育児の両立支援では、それがみえやすい。1日何時間の仕事であるのかということは、保育ニーズを算定するときの重要な根拠の1つである。なぜなら、保育所への入所は行政上の手続きを必要とするからである。

しかし、専業主婦の育児不安は、そのような外形的な特徴をもちにくい。**不安**という感情は、存在することはわかっても、その強度や深度、持続度などを明記しにくい。本来は、それを可視化する作業があって初めて保育ニーズとしての妥当性を問うことができるのであるが、子育て支援の大合唱の中では、そのような基礎的作業が行われることなく、子育て支援を行うことがよしとされる風潮ができあがっていった。つまり、育児を不安と感じる状況があれば、それは支援すべきであり、その役割が保育所に担わされるようになったのである。

その結果、「何でもあり」の状況が生まれてきた。

本章の章題にあるように、本来問題にされるべきは保育ニーズの多様化である。そのためには保育ニーズを**明確化**することを前提に、それがどのように多様化しているのかをみていかなければならない。しかし、子育て支援とされたために、ニーズという概念のもつ**緊急性**が薄れてしまい、子育てに関わることであればすべて支援すべき、という判断停止の中で、保育者は対応することになっていった。また、そのことは、福祉概念ではなく、経済行為としての保育ニーズとの親和性を強めることになり、市場原理を適用しようとする傾向も強くなってきている。

それらのことがブーメランのように跳ね返り、仕事と育児の両立支援においても、福祉概念のニーズの意味合いではなく、子育て支援という前提のもと、いつの間にか際限のない対応が進められていくようになってしまっている。

（4）「共に生きる」保育者のあり方

際限のない子育て支援への対応ということで、1つ例をあげたい。それは、延長保育の**長時間化**である。現在、保育所において延長保育制度を活用すると、午後10時までの保育が可能になる。大都市のことではなく、地方都市において、いや都市部でなくても、夜遅くまで開いている保育所があるということである。これはもちろん利用する保護者がいるから成り立っているので

あるが、しかしこのような実態は、こどもにとってどうなのであろうか。

保育ニーズという用語の曖昧性の１つが、主体は誰かということであった。当事者主権という意味では、本来こどもであるはずであるが、それが保護者というおとなの側にスライドしがちになるという危険性があることを指摘しておいた。それは、**こども自身の発言**が聞こえにくいからである。

２歳、３歳のこどもが、自分の置かれている状況についての発言を自分ですることはありえない。それを保護者が的確にするとも限らない。なぜなら、**親は資格**によって親になるわけではないからである。

それに対して保育者は、基本的には保育に関わる資格や免許を取得して保育者を名乗る。資格や免許がない場合でも、保育に伴う責任を担う立場にあると周囲に認識されることによって、保育者であるといえる。つまり、保育者になるには**条件**が伴うのである。その条件は資格免許の場合もあるし、そうでない場合も何らかの条件を必要とする。その条件の１つが、**こどもの代弁者**ということである。代弁者という英語は、"advocacy"であるが、これは**権利擁護**とも訳される。つまり、こどもの声を代弁し、こどもの権利を擁護することが、**保育者の責務**として求められるのである。

それに対して、親は、こどもがいることによって無条件で親である。親であることに、親となることに、条件はつけられないのである。もちろん、一般的な意味でのこどもへの責任が親にはあるが、それは親になることを妨げるものではない。

人が、保育士あるいは幼稚園教諭という典型的な資格免許を取得するためには、それ相応の養成課程を経る必要があるし、そこで適格性も要求される。だから、保育者になりたいという人が誰でもなれるとは限らない。さらには、偶然保育者になってしまうということも、まずない。

しかし親の場合にはそれが起こりうる。親になろうと思っていなかった17歳の男性と15歳の女性にこどもが産まれ、親になってしまうということは、十分起こりうることである。それを、道義的な側面だけを取りあげて、親になったらいけない、と軽々しくいえることではない。

親と保育者にはそのような違いがある。それゆえ、親は保護者としてこど

もの代弁者であるべきであるが、必ずしも代弁者になっていない場合があることは、例外でも何でもない。だからこそ、保育者がこどもの代弁者でなければならないのである。

　そのように考えたとき、午後10時までの保育を、こども主権に照らし、そのまま是認していいかどうか判断に迷うところである。そうせざるを得ない状況があることも現状認識として必要であるが、それはこのような状態を無条件で追認していいということではないだろう。むしろ、子育て期の親が、そのような時間帯までこどもと共にいることができないような**社会のあり方**を問うていかなければならない。

　つまり、夜遅くまでの保育は、保育ニーズへの対応として容認されるかどうかを問う立場にあるのが、こどもの代弁者たる保育者である。

　しかし、それを子育て支援と置き換えたとき、ニーズのもつ意味合いが薄れ、どこまでも対応することをよしとするような流れをつくりかねない。それが進んでいく先には、午後10時が午前0時になり、さらに午前3時になり、ついには一晩中通して預かる24時間保育になりかねない。

　確かに24時間型の保育所は、ある層の保護者に歓迎されるだろう。コンビニなど24時間営業が一般的な社会においては、24時間型保育所というのは、案外と抵抗なく受け入れられてしまうかもしれない。

　24時間生活型の児童福祉施設は、すでに乳児院や児童養護施設などがある。それらは、ニーズの緊急性も強く、第1種社会福祉事業として位置づけられている。そのような施設の必要性は、すでに認識されているし、制度上の位置づけも明確である。

　しかしそこにもし、保育所が施設の位置づけとしては第2種社会福祉事業のまま、同様に24時間型になったら、どうなるであろうか。こども主権ということが吹き飛ぶような事態が生じないともいえないのである。

　子どもの最善の利益を実現すべき保育を営む保育者が、こどもの権利を侵害する立場になることは、自己矛盾以外の何者でもない。

　このように考えれば、子育て支援を行うことは、その意味をよく考える必要があることがわかる。そこで大事なのは、子育て支援という響きの良い、

しかし内容が茫洋とした言葉を流されて使うのではなく、こどもにとっての保育ニーズとは何かを問う姿勢をもつことである。

そのときにもう1つ気をつけておきたいことは、保育ニーズは単一ではないということである。ニーズという言葉通りそれは複数形であり、必然的に多数のニーズがある。つまり、保育ニーズは多様化するのではなく、**本来多様なものなのである**。また、均一ではなく、現代社会において、地域性などによって、そして家庭の個別性によって、ニーズの緊急度は異なるということである。そこを、こども主権の観点から見極め代弁し、対応することが、保育者には求められるのである。

引用・参考文献

大前研一『ザ・プロフェッショナル——21世紀をいかに生き抜くか』ダイヤモンド社、2005年

岡田正章「保育需要とこれからの保育所の役割」全国社会福祉協議会『保育の友』1981年7月号

厚生省児童家庭局編『利用しやすい保育所を目指して——保育問題検討会報告書——これからの保育所懇談会提言（増補版）』大蔵省印刷局、1994年

トフラー，アルビン（鈴木健次ほか訳、徳山二郎監修）『第三の波』日本放送出版協会、1980年

パットナム，ロバート・D.（柴内康文訳）『孤独なボウリング——米国コミュニティの崩壊と再生』柏書房、2006年

平田圭子『専業マザー・迷いにさよなら——子育てトーク』あすなろ書房、1995年

妙木忍『女性同士の争いはなぜ起こるのか——主婦論争の誕生と終焉』青土社、2009年

本山ちさと『公園デビュー——母たちのオキテ』ディーエイチシー、1995年

山田真哉『さおだけ屋はなぜ潰れないのか？——身近な疑問からはじめる会計学』光文社、2005年

語義引用出典

秋元美世ほか編『現代社会福祉辞典』有斐閣、2003年

竹林滋、吉川道夫、小川繁司編『新英和中辞典』(第6版) 研究社、1995年

第10章

保育者と思想

今私たちは、当然のように保育者を論じている。しかし、保育者と呼ばれるような存在が社会で認識されるようになったのは、ここ数十年ぐらいのことにすぎない。

　とはいっても、あるとき突然、保育者という存在が湧いて出てきたわけではない。それまでには長い時間が経っている。保育者と呼ばれる以前より、保育者としてこどもに生きてきた人たちが数多くいる。

　本章では、その中でも欧米においては20世紀の前半まで、日本においては第二次世界大戦までを範囲として、代表的な人たちを取りあげていくことにする。

1. 欧米の保育者

（1）保育の黎明——コメニウス、ルソー

　保育者の源流を誰に置くかというのは、捉え方で変わるだろうが、無視できない存在として、コメニウスから始めたい。

　コメニウス（Johann Amos Comenius, 1592～1670）は、「近代教育学の祖」と呼ばれているが、彼の業績は教育学にとどまるものではない。今でいうマルチタレントで、宗教、哲学、文学、地理など様々な分野に巨大な足跡を残しており、その1つに教育がある。この分野での主著が *Didactica Magna*［1621-57］『大教授学』である。

　コメニウスの人生において無視できないのは、三十年戦争である。

　コメニウスは、現在のチェコ共和国の東部地方の生まれであるが、1618年に勃発した三十年戦争がきっかけで国外亡命者とならざるをえなかった。その結果、生涯を通して諸外国での教育改革の指導に携わることになり、ヨーロッパ全土に大きな影響を残すこととなった。戦争のない社会のあり方を希求し、そのために教育の重要性を説いて回ったのである。

　コメニウスは、『大教授学』を「あらゆる人に（omnes）あらゆる事柄を

(omnia) 教授する・普遍的な技法」であるとしている［コメニュウス 1962 (1)；p. 20］。ここでいう「あらゆる人」とは文字通りの意味である。

> 金持の子弟や身分の高い者の子弟ばかりでなく、すべての子弟が同等に（omnes pariter）つまり貴族の子どもも身分の低い者の子どもも、金持の子どもも貧乏な子どもも、男の子も女の子も、あらゆる都市　町　村　農家から　学校へあがらなければなりません。
>
> ［コメニュウス 1962 (1)；p. 98］

しかも、今日でいう障がいをもつこどもも教育の対象となるとコメニウスは語っている。なぜなら、「神が人間に青少年期を与えたのは、人間をまさに人間性（humanitas）に向かって形成するためであったのです。この時期の人間は　ほかの仕事には向きません。もっぱら　教育されるだけに向いた状態にあるわけです」［コメニュウス 1962 (1)；p. 90］ということだからである。そして、「子どもの年頃（infantilis aetas）は、どんな場合でも　規則（regulae）よりは実例（exempla）に心を動かされ　また実例の方について行くものです。口でいっても子どもの心にはしみ込みません」［コメニュウス 1962 (1)；p. 96］と指摘しているように、抽象的な知識よりも身体を通した経験の重要性を語っている。現代からみても十分傾聴に値する主張である。

17世紀という動乱の時代に生きたからこそ、希望の社会を創造する教育の実現のために、コメニウスの思想はより研ぎ澄まされていったのである。

ここで保育者という立場ではないが、後世の保育思想、こどもの発達観に大きな影響を与えたのが、**ロック**（John Locke, 1632〜1704）の「**タブラ・ラサ**（tabula rasa）」である。タブラ・ラサとはラテン語で「白紙」の意味であるが、ロックは、「心は言ってみれば文字をまったく欠いた白紙で観念は少しもない」［大槻 1980；p. 81］と想定することによって、人間は白紙で生まれてきてすべての観念は経験から生じるという論旨を、*An Essay Concerning Human Understanding*［1690］『人間知性論』で展開した。このタブラ・ラサ論は、現在に至るまで、経験主義的哲学・思想を通じて、様々な保育者や発達研究者に

影響を与えてきている［ロック 1972-7］。

　コメニウスの先駆的な早さに引き続き、18世紀に登場した**ルソー**（Jean-Jacques Rousseau, 1712〜1778）は、思想家として保育に大きな影響を与えた。哲学者としても広汎な活躍をしたが、保育に大きな影響を与えているのは、*Emile ou de l'Éducation* ［1762］『エミール』である。これはエミールという少年の成長を描いた小説となっているが、そこに展開されている発達観、教育観は、現在にまで影響を及ぼしている［ルソー 1962-64］。

　ルソーの生きた18世紀のフランスは、**啓蒙主義**の時代にあった。啓蒙主義とは、旧弊を打破し、人間の自然的理性を尊重することを主張する思想である。人間は平等であり、階級にとらわれるようではいけないという主張から、歴史的には1789年のフランス革命へとなだれ込んでいった。

　ルソーの思想は、啓蒙主義思想家の中でも過激な部類に属する。「**自然に帰れ**」をスローガンに、こどもは本来自然人であり、知識の注入より経験、直観の方が重要であると主張している。このことはルソーが音楽への情熱をもっていたことと関係があるのかもしれない。ルソーは、ディドロ（Denis Diderot, 1713〜1784）から *L' Encyclopédie* ［1751-72］『百科全書』の音楽の項を書くように依頼されていることからわかるように、最初は音楽家として知られていたのである［中里 1969］。音楽の協和音（ハーモニー）が宇宙の完全性の再現であることと、自然の完全性とが、ルソーにおいては矛盾なく結びついていたように思われる。ちなみに、現在誰でも知っている童謡「むすんでひらいて」の作曲者がルソーである。

　ルソーの自然人の思想を端的に表現しているのは、「万物をつくる者の手をはなれるときすべてはよいものであるが、人間の手にうつるとすべてが悪くなる」である［ルソー 1962 ; p. 27］。ここからルソーの発達観が生じてくる。この視点は、ロックのタブラ・ラサとは対照的である。

　つまり、生まれたばかりのこどもは完全であるが、それに手を加えると悪くなるという発達観である。従って、ルソーは、**消極的な教育**を主張する。つまり、こどもが成長するためにはおとなのかかわりが必要であるが、それは人工的でないことが望まれるということである。そのことを、「子どもを

不幸にするいちばん確実な方法はなにか、それをあなたがたは知っているだろうか。それはいつでもなんでも手に入れられるようにしてやることだ」[ルソー 1962；p. 154]と表現している。言い換えれば、こどもに人工的なかかわりを加えれば加えるほど、こども本来のあり方から遠ざかる。だから、おとなはこどもを知らないとルソーはいう。

> 人は子どもというものを知らない。子どもについて間違った観念をもっているので、議論を進めれば進めるほど迷路にはいりこむ。このうえなく賢明な人々でさえ、大人が知らなければならないことに熱中して、子どもにはなにが学べるかを考えない。かれらは子どものうちに大人をもとめ、大人になるまえに子どもがどういうものであるかを考えない。
>
> [ルソー 1962；p. 22-23]

このように展開されるルソーの理論は、今日の**児童中心主義**のあり方につながる流れをつくり出している。

(2) 保育実践者の揺籃——オーベルラン、ペスタロッチ、オーエン

世界で最初の保育施設といわれているのが、**オーベルラン**（Johann Friedrich Oberlin, 1740～1826）が創設した**幼児保護所**である。

オーベルランは、現在でいえばドイツの生まれであり、プロテスタントの牧師である。歴史的にドイツ領とフランス領の境界上であるアルザスロレーヌ地域（現フランス領）で生涯を送る。オーベルランは、地域の産業振興に力を注ぐとともに、住民の暮らしに目を向け、放任されていたこどもたちの教育を始めた。内容としては、やや堅苦しく教授的なものであったが、保育ニーズに目を向け、それに対応するという意味で、現在にも通ずる実践である。

保育施設がオーベルランによって始められたことは、そもそもの始まりから保育実践がニーズと密接な関係があったことを示している。

オーベルランが産業振興に力を入れたように、18世紀の後半は、産業構造

の大きな変化が起きていた。一言でいえば、第一次産業中心から第二次産業を中心にした社会への変化が、ヨーロッパの先進国であるイギリス、フランスを中心として、進行していた。これが**産業革命**であり、そのため人々の暮らしも大きな変化を余儀なくされた。そのようなとき、貧富の差が増大し、人々は生活の激変についていくことに精一杯という状態になる。いわゆる格差社会が進行し、それに伴いこどものことは置き去りにされやすい。しかし、市民意識の顕現とともに、こどもの生活と育ちの保証へとまなざしが注がれ始めたのもこの時代であった。

その最初がオーベルランであったが、オーベルランの実践は、従来の主知主義的な教育実践を抜けるものではなかった。そこを越えていったのが、スイスの**ペスタロッチ**（Johann-Heinrich Pestalozzi, 1746～1827）である。

ペスタロッチは、幼児期の家庭の役割、母親の役割を重視し、愛の教育を唱えた。また実践を重視し、**ノイホーフ**（Neuhof：「新しい農園」の意）でのこどものための貧民学校、シュタンツの孤児教育など、後世に多大な影響を残している。オーエンや、フレーベル（次項(3)〔p. 248-〕参照）もペスタロッチを訪問し、影響を受けている。ペスタロッチは、また各種の著作において、自説を展開している。

このようにみるとペスタロッチは、生まれつきの保育者としての生涯を送ったように思われるが、そうではない。ペスタロッチは都会生まれの都会育ちであったが、牧師であった祖父と共に田舎の寒村での実態を知ることによって、農業改良家を志向することになった。ノイホーフという農園を開設し農業改良事業を展開したが、結果的に破産した。その後毎日を無為に過ごす中で、自分の農園を勝手にねぐらとして生活の場所としているこどもたち（貧しい子、孤児など）に気づき、その子たちを集めて生産活動を開始した。

この活動もやがて行き詰まったが、その後スイス政府の委託を受けてシュタンツに貧民階級のこどもたちの養護と自立のための施設を設立した。ここでの実践が、ヨーロッパ中の注目を集め、歴史的な保育実践となった。

ペスタロッチの目的は、こどもの**内なる力**を尊重し**生活教育**を行うことであった［ペスタロッチー 1987 ; p. 33］。

私が考えていたのは、何ら人為的な方法を用いることなく、ただ子どもたちを取りまく自然や、子どもたちの日常の要求や、さらにはつねに活発な子どもたちの活動そのものを、彼らの陶冶(とうや)手段として利用することだったのです。

※読みがなは編集部による

　このように、結果的にペスタロッチは保育者の主流に連なる1人となったが、それが人生の縁というものである。
　ペスタロッチは、孤児、貧民家庭など、ニーズに応じた実践も展開しているが、その意味で最もニーズに応じた実践の場を展開したのが、イギリスの**オーエン**（Robert Owen, 1771～1858）である。
　オーエンは、産業革命がいち早く進行しているイギリスにおいてその生涯を送った。14歳でマンチェスターで就職し、20歳のときには早くも新設紡績工場の支配人に就任している。
　そして、29歳のとき、ニューラナーク工場の新しい経営者として、スコットランドに移住してきた。ここは現在でいう企業城下町であり、産業革命期のこととして、ごく一部の富裕層と、大多数の貧民階級とに峻別(しゅんべつ)される地域であった。オーエンが就任当時、500人以上のこどもが就労しており、そのうち200人以上が10歳以下という状況である。
　このような状況の中で、工場の経営で収益を上げると同時に、労働者の生活改善を目指すために、オーエンの取り組みが始まった。
　中でもこどもの**生育環境**が置き去りにされていることを懸念すると同時に、こどもの性格は環境によって形成される度合いが大きいという考えに基づき、ニューラナークの紡績工場内に**性格形成学院**（The institution for the formation of character）を創設した。その一端に**幼児学校**（infant school）がある。
　オーエンの思想は、ロックのタブラ・ラサ論を土台にしており、こども時代の環境こそが性格の形成に最重要であることを、その学院で実践として展開した。特に幼児期のこどもには、のびのびとした環境が必要であることを主張し、**自由な活動**を重視した。このように、幼児期からの発達への環境の重要性を、具体的な実践として展開したところにオーエンの特長がある。

（3）フレーベルとその時代

　フレーベル（Friedrich Wilhelm August Fröbel, 1782～1852）はドイツの人で、保育の源流に遡るときに欠かせない重要な人物である。それは、こどもの保育において遊びという内的な充実の重要性を理論化し、その実践の場としてKindergarten（キンダーガルテン）を創設したからである。

　キンダーガルテンは、就学前の保育施設を指すフレーベルの造語である。就学前の保育施設としてはオーエンの幼児学校の方が早いが、後述するように、現代につながる保育実践は、フレーベルのキンダーガルテンの流れを汲んでいる。

　このキンダーガルテンを、日本では明治以来**幼稚園**と訳している。法律上の就学前施設が幼稚園しかなかった第二次世界大戦前までは、それでよかったかもしれない。しかし、現在では、就学前保育施設には、幼稚園、保育所、認定こども園が法律上位置づけられており、このどれもがキンダーガルテンに相当する性格をもっている。これらを総称して「**総合こども園（仮称）**」とする「子ども・子育て新システム（仮称）」も、近い将来に施行される可能性がある。その意味で、キンダーガルテンを幼稚園と訳し続けるのには無理がある。ドイツ語のKindergartenを直訳すると「**こどもの庭**」となるが、ここでは「キンダーガルテン」とカタカナ表記にしていく。

　フレーベルは1782年の生まれであるが、その時期はフランス革命前夜である。動乱の時期であるが、市民意識の高まりの息吹がヨーロッパ全土を覆った時期でもある。

　フレーベルは6人兄弟の末子として生まれた。母親は生後10か月のときに死亡。父親は厳格な牧師であり、ある意味で窮屈なこども時代を過ごした。その象徴が、7歳のとき女子学校にただ1人の少年として入学させられたことである。男子特有の活発性を否定させられたようなものであるが、このことが、後年母親の役割の重視へとつながったといえなくもない。

　その後の教育で、化学、物理学、鉱学などの自然科学系の分野を学んだ。現在のように学校制度が整備されている時代ではないので、学費の工面も難

しく、学業が中断されながらも、学習への意欲は盛んであった。教育に関することを学んだ形跡はない。数学、言語学への関心が強く、フレーベルの最初の就職は、建築学に関するものであった。

フレーベルの生涯を大きく変えたのは、ドイツ統一への機運である。フィヒテの *Reden an die Deutsche Nation*『ドイツ国民に告ぐ』が1807年であるが、フレーベルの時代には統一ドイツは達成されていなかった。統一国家であるドイツ帝国の成立は1871年である。

フランス革命、ナポレオン戦争の波の中で、フレーベルも1814年、戦地に赴いた。その中で、人間への洞察や教育の重要性を意識し始め、特に幼児期へと関心が向かっていった。

フレーベルは、キリスト教神学、鉱物学などの知識を土台にしながら、人間は完全な状態（これをフレーベルは「球」として捉えている）で誕生しながら、悪い影響を受けて育っていることを嘆いている。その意味では、ルソーの思想に近い。そして、完全な状態である内面から理想的な状態で現れてくるのが遊びであることを捉え、**幼児期の遊びこそが重要である**と指摘した。

ペスタロッチが幼児期よりも少年期における外部からの陶冶を重視したことを批判し、幼児期の重要性と内面の発露である遊びを重視したところに、現在の保育に直接つながるフレーベルの思想を読み取ることができる。

フレーベルの思想をよく表現しているのが *Die Menschenerziehung* [1826]『人間の教育』である。

> まだ幼い、いわば生れたばかりの人間でも、たとえ自然物と同じようになお無意識的であるにせよ、決定的に、かつ確実に、それ自体として最善のものを意志するということである。
>
> ［フレーベル1964（上）; p.18］

このようにこどもに備わる完全性を尊重し、その具体的現れである遊びについては、次のように表現している［フレーベル1964（上）; p.71］。

遊戯することないし遊戯は、幼児の発達つまりこの時期の人間の発達の最高の段階である。というのは、遊戯とは、すでにその言葉自身も示していることだが、内なるものの自由な表現、すなわち内なるものそのものの必要と要求に基づくところの、内なるものの表現に他ならないからである。遊戯は、この段階の人間の最も純粋な精神的所産であり、同時に人間の生命全体の、人間およびすべての事物のなかに潜むところの内的なものや、秘められた自然の生命の、原型であり、模写である。それゆえ遊戯は、喜びや自由や満足や自己の内外の平安や世界との和合をうみだすのである。あらゆる善の源泉は、遊戯のなかにあるし、また遊戯から生じてくる。力いっぱいに、また自発的に、黙々と、忍耐づよく、身体が疲れきるまで根気よく遊ぶ子どもは、また必ずや逞しい、寡黙な、忍耐づよい、他人の幸福と自分の幸福のために、献身的に尽すような人間になるであろう。この時期の子どもの生命の最も美しい現われは、遊戯中の子どもではなかろうか。──自分の遊戯に没頭しきっている子ども──遊戯に全く没頭しているうちに眠りこんでしまった子ども──ではなかろうか。

　この文章は、こどもの遊び（遊戯）の重要性と美しさを描き尽くした歴史上最初の文章であると同時に、最上の香りを漂わせた文章といってもいい。こどもの遊びを、フレーベルほど信頼した保育者がどれほどいるだろうか。
　そしてフレーベルは、その実践を具体化する場を常に求めていた。その具体的事物として、1837年に「Gabe（恩物）」を考案作成した。第一恩物から第二十恩物までであるが、その第一恩物がフレーベル思想の根幹をなす球体となっている。
　そして、1840年5月1日、「キンダーガルテンの設立および実施のための計画案」を提出した。その冒頭に、「さあ、こどもに生きようではないか！(Kommt, lasst uns unsern Kindern leben!)」の標語が掲げられている。その計画案に基づいて設立されたキンダーガルテンが、現在の保育施設の源流である。それは通常「一般ドイツ幼稚園」と訳されている。一般ドイツと名づけられているように、ドイツ統一への願いが込められていると同時に、異なる地域で生活しているすべてのドイツのこどもたちへの思いがあふれている。現代から振り返ると、

それはドイツだけでなく、すべてのこどもへの願いとして理解される。

そして重要なのは、キンダーガルテンである。その名(「こどもの庭」)の通り、保育実践において最重要なのは、こどもの遊びが十分展開される庭すなわち**戸外**であることを、フレーベルはキンダーガルテンの名称を通して主張しているのである。

しかし、その思想はすぐに受け入れられたとは言い難い。キンダーガルテンは禁止の憂き目にあい、1852年、その禁止解除をみることなく、フレーベルはその生涯を終えている。

また、禁止が解けて後、キンダーガルテンは世界への広まりをみせていくが、フレーベルが唱えた保育実践の真価である戸外での遊びはそれほど重視されず、幼児期の活動に小学校の授業風景を適用したような実践が普及し、室内で机に向かって作業する題材として恩物が使用される傾向が強まった。

フレーベルのこども**中心主義**、遊びを大事にする保育が理解されるようになったのは、さらに後の時代になってからである。

(4) モンテッソーリとその時代

モンテッソーリ(Maria Montessori, 1870〜1952)は、保育の理論家にして実践者として最初の女性であるといえるだろう。

それまでも、保育の直接の担い手は女性が主であった。しかし、理論家や実践の主導は男性に担われていた。モンテッソーリはそのような時代に、女性として初めて**保育の理論と実践の主導者**となり、しかもその影響は世界中へと及んだのである。

モンテッソーリのこども時代は、19世紀の後半のイタリアであり、初等教育から高等教育への流れが整備されつつある時代であった。母親の影響を受けつつ勉学に励んだが、学校自体は女性に対して非常に抑圧的であった。その中でモンテッソーリは、ローマ大学の医学コースへの進学を希望した。慌てたのは大学側である。それまで1人の女子学生もいない時代に、モンテッソーリを受け入れるために、混乱が起きた。モンテッソーリは前例のない中

に前例を自らつくり出していく存在となった。

　このことがモンテッソーリの人格を形づくっていった。先人の業績に謙虚に学ぶと同時に、自らの独創性を発揮することをためらわないという生き方が、後のモンテッソーリ・メソッドを生み出していく。

　イタリアにおいて女性として初の医学博士となったモンテッソーリは、1907年ローマのスラム街で3歳から6歳までのこどもにかかわることになった。その場が「こどもの家（Casa dei Bambini）」である。そこでモンテッソーリは、フランスの先人であるセガン（Édouard Séguin, 1812～1880）などの研究を通して、独自の方法を編み出していった。それはこどもの**自己活動**を尊重し、そのための援助を重視する方法である。

　モンテッソーリは、**敏感期**の概念を重視した。「敏感期というのは、発育のうちにすなわち生き物の幼児期にあらわれる特別敏感な状態のことであります」［モンテッソーリ 1992 ; p. 51］と述べ、それに基づいて、それぞれの能力の敏感期に応じてふさわしい環境がこどもには与えられるべきだと主張している。その意味でモンテッソーリの主張は、環境を重視する保育の特徴を備えている。

　そして、そこからさらに進展して、敏感期にふさわしい環境において起きるこどもの活動は、仕事、作業と呼ぶのがふさわしいといい、遊びへの評価は高くない。「子どもの生活では遊びは二の次で、もっとましな、高く評価できるものが何もないときだけ、間に合わせにするものだということです」［モンテッソーリ 1992 ; p. 143］。

　このように主張するモンテッソーリにとって、おもちゃはこどもにふさわしくないものと位置づけられる。遊びにつながるおもちゃではなく、こどもの発達にふさわしい仕事、作業を展開できるための道具として「**教具**」を開発した。教具は、特に感覚の訓練を重視する傾向があり、200以上ある。

　このような独自な方法は、**モンテッソーリ・メソッド**と呼ばれるようになったが、その特性から、こどもにとっては個のかかわりが主となり、こども同士のかかわり合いへの発展は、モンテッソーリの理論にはあまり見受けられなくなっている。

　モンテッソーリ・メソッドは、広く応用することが可能であることがわか

り、世界中の保育に多くの影響を与えることになった。そのことを受けて、モンテッソーリ自身、自分のメソッドの教員の養成を行い始めた。

中でもアメリカ合衆国においては、一種のブームが全国的に巻き起こり、モンテッソーリ・メソッドの養成を受けた人々が、積極的に実践の展開を図った。そして、モンテッソーリをアメリカに招聘(しょうへい)することになり、1914年全米で大歓迎を受けた。しかしながら、その後アメリカでのブームは下火になり、モンテッソーリ・メソッドがパターン化するようになり、教具も決まり切った使い方しかできなくなってしまった。

また、モンテッソーリ・メソッドは、第一次世界大戦後のイタリアでのファシズムの台頭により、国内で禁止され、結果としてイタリア以外の国々、イギリス、フランス、オランダなどに普及していった。

このように20世紀前半の2つの世界大戦による混乱した情勢に翻弄(ほんろう)される状況が続き、結果としてこどもの自己活動を重視するモンテッソーリの理論と普及したモンテッソーリ・メソッドとの間には、大きな乖離(かいり)が生まれてしまった。

そのことにモンテッソーリ自身が気づいていたかどうかは定かではないが、モンテッソーリの名前は、メソッド、教具と結びつけられることが多く、実践の精神が顧みられることが少なくなってしまっている。

(5) 現代へと続く流れ

19世紀の後半に近代国家が成立し始めると、工業化が進行していった。そして20世紀前半は戦争と大恐慌が起き、貧富の格差も進行した。そのような中で乳幼児の保育には2つのまなざしが注がれた。1つは、こども独自の世界観や発達を尊重するまなざし、もう1つが貧困家庭や障がいをもつこどもへのまなざしである。

前者の立場としてアメリカの**デューイ**（John Dewey, 1859〜1952）があげられる。デューイはプラグマティズム（pragmatism）の哲学を根底に据え、こどもの経験の再構成の連続過程こそが教育による学習であるとして、「**道具主義**」を唱えた。

デューイの哲学によって基礎づけられた理論を実践化したのが、同じくア

メリカの**キルパトリック**（William Heard Kilpatrick, 1871～1965）、**ヒル**（Patty Smith Hill, 1868～1946）である。これらの実践は**進歩主義教育**と呼ばれ、児童中心主義、生活主義教育の流れをつくり出していった。特にフレーベルの遊びの重視を受け継いでおり、キルパトリックは**プロジェクト・メソッド**を考案したことによって、ヒルは**大型積木**を考案したことよって知られている。

いわゆる発達理論とは異なるが、人間への独特の認識に基づいて「**人智学**」を確立した**シュタイナー**（Rudolf Steiner, 1861～1925）は、オーストリア帝国（現クロアチア）に生まれ、ウィーンで諸学を学んだ。1919年ドイツに最初の**ヴァルドルフ学校**（シュタイナー学校）を設立し、理論と一体となった実践の展開に取り組んだ。その特徴は、人間を「肉体」「生命体」「魂」「自我」の要素の合成体とみなし、7年間からなる3周期21年の発達の過程を重視していることである。

貧困家庭や障がいをもつこどもへのまなざしを注いだ者として、イギリスの**マクミラン姉妹**（Rachel McMillan, 1859～1917・Margaret McMillan, 1860～1931）がいる。マクミラン姉妹は、1911年にロンドンの貧民地区にこどもを対象とした診療所を開設した。そこでの経験から予防の重要性を認識し、自宅の庭を開放し戸外の保育施設とした。こどもの健康的な生活には戸外での自由な遊びが重要であると主張し、これがイギリスの**ナースリー・スクール**へと発展した。

また、ベルギーの**ドクロリー**（Ovide Decroly, 1872～1932）は、医学者として障がいをもつこどもへのかかわりに取り組む中で、こどもの自由な活動の重要性を認識した。それを一般のこどもへも拡大し、**連合観念プログラム**を核とする**ドクロリー法**を確立した。

コルチャック（Janusz Korczak, 1878〔79〕～1942）は、戦火に蹂躙されるポーランドで、こどもの傍らに在る（stand by　第2章2.(1)〔p. 75-〕参照）ことを貫いた人である。1911年に「**孤児たちの家**（Dom Sierot）」、1919年に「**僕たちの家**（Nasz Dom）」とそれぞれ名づけた孤児院を設立した。「僕たちの家」とあるように、こどもの自治に基づくこどもの議会、裁判などの活動を展開し、こどもの自己決定権を尊重した。そして1942年、こどもたちと共にトレブリンカの強制収容所に送られ、その生涯をこどもたちと共に終えた。国連（国際連合）の「児童の権利に関する条約」（1989年採択）の精神的父と呼ばれている。

（6）恩物と教具のマニュアル化から学ぶこと

　ここまで、欧米の歴史上の保育者を取りあげてきた。中でも、フレーベルとモンテッソーリには、特別の注意を払いたい。
　2人は、独自の実践の場である「こどもの庭」「こどもの家」を開設した。実践の場をつくり出した保育者は少なくないが、その多くが、オーエンの性格形成学院、マクミラン姉妹の戸外保育学校、デューイの実験学校など、学校の一種として名づけられている。それに対し、幼児期のこどもにとって重要なのは学校ではなく生活の場であることを明確にしたフレーベルとモンテッソーリの施設は、その主張が明確である。中でもフレーベルのこどもの庭は、生活の主体がこどもであること、遊びの場として戸外が重要であることを端的に示していて、保育の特徴をよく表している。
　また、こどもの内面から外側へ向けて現れるものを尊重し、それにふさわしい**恩物**と**教具**を考案制作したことでも、フレーベルとモンテッソーリには共通点がある。
　そして、2人の保育理論と実践は、こどもの**自発性**を尊重したものでありながら、その影響が広まれば広まるほど、**マニュアル化**していったことにも共通点がある。その典型が、恩物や教具の使用方法である。本来は、こどもの内面から現れる遊びによって使用される補助道具であったものが、いつしか、恩物を使いさえすればフレーベル式、教具を使いさえすればモンテッソーリ・メソッドとみなされるようになり、そこからさらに恩物、教具の使い方の正統性という不毛な議論に迷い込むことも少なくない。結果として、こどもの自発性が見失われていくことになる。
　保育は、こどもの自発性からその実践が立ち現れてくるものであり、そこには決まった型やパターンがあるはずのないものであるが、だからこそ、目に見える型というマニュアルを求める気持ちに陥る危険性がある。そのことを、恩物と教具のマニュアル化の歴史は教えてくれる。
　フレーベル、モンテッソーリをはじめとする偉大な保育の先達から、学ぶことを間違わないこともまた重要なことである。

2. 日本の保育者

（1）保育の始まり――明治初期

　日本の保育は、1876（明治9）年、**東京女子師範学校附属幼稚園**（現、お茶の水女子大学附属幼稚園）より始まったとされる。その初代監事（園長）が**関信三**（1843〜1879）である。

　関は、幕末から明治初期にかけて36年間の生涯を送った人物である。本来であれば保育と無縁の人生であったはずが、結果として日本の保育に大きな影響を及ぼすことになった。

　関は、幕末の頃真宗大谷派の寺に生まれ、長じて僧侶となったが、当時禁制のキリスト教を探索する諜者として、**安藤劉太郎**の名で活動していた。その後ヨーロッパへ渡り、帰国後関信三と改名、諜者の活動を停止した。1875（明治8）年に東京女子師範学校の創設に伴い、その語学力を買われ英語教師として赴任。翌年の附属幼稚園の開設に伴い初代監事に任じられた。

　関は、それまでこどもや保育にかかわることはなかったはずである。しかし、仏教僧侶としてキリスト教探索の諜者を務める中で、日本文化と西洋文化の衝突を身をもって感じ取ったことは間違いない。また、実際にヨーロッパに行き、しばらく滞在することを通して、西洋的感覚や思考法などを感得するところもあったと推測される。

　附属幼稚園は、当時視察をした**田中不二麿**（1845〜1909）の意見により、150人という大規模の定員を擁し、小学校的な読み書きを行う内容でスタートした。

　なお、「**東京女子師範学校**」の名称は、周知のように明治期の間に何回か変更されているが、ここではすべて「東京女子師範学校」と表記する。参考までに、名称の変遷について表にしておく（**表1**）。

　明治初期といえば、幼稚園というものをほとんどの人が見たことも聞いたこともない時代である。当時の火急の用は、小学校の建設であった。小学校も日本にはなかった制度であるが、しかし、読み書きそろばんに関しては、

表1　東京女子師範学校の変遷

明治8 (1875) 年11月29日	東京女子師範学校開校式を挙行
明治9 (1876) 年11月16日	附属幼稚園を開園（幼稚園の初め）
明治18 (1885) 年8月26日	東京女子師範学校は東京師範学校に合併され、東京師範学校女子部となる
明治19 (1886) 年4月29日	師範学校令の施行により、東京師範学校は高等師範学校となった
明治23 (1890) 年3月24日	高等師範学校から女子部を分離し、女子高等師範学校とする
明治41 (1908) 年4月1日	奈良女子高等師範学校の設置に伴い、東京女子高等師範学校と改称

出所：お茶の水女子大学ホームページをもとに作成
▶http://www.ocha.ac.jp/introduction/history.html（2012年3月26日アクセス）

すでに寺子屋があり、手習いを教える師匠も多数いた。したがって小学校の体裁は、曲がりなりにも整えることが可能であった。

しかし、手習いをするようになる前の幼児が一カ所に集まって活動するというのは、それまでの日本ではみられない風景であった。附属幼稚園の**初代主任保姆**となった**松野クララ**（1853～1941）は、ドイツ人クララ・チーテルマン（Clara Louise Zitelmann）が松野礀と結婚して来日したものである。結婚に伴う来日であり、保育のための来日ではなかった。また、フレーベル流の養成学校で学んでいたと伝えられているが、その根拠は明確ではない。はっきりしているのは、英語ができたこと、こども好きであったこと、ピアノが弾けたことである。そして、初代主任保姆であったが、実際に保育を直接行ったわけではなく、保姆の指導にあたっていたといわれる。

実際に保育にあたった最初の保姆は**豊田芙雄**（1844～1941）と**近藤濱**（1839～1912）である。もちろん保姆になる教育を受けたわけではなく、松野の指導を受けながら、日々の保育をするという状態である。しかし、この2人は、当時の日本としてはトップクラスの教養と修練を積んだ女性であり、初めての保育を学びながら、必要なものをすべてつくり出しつつ実践を展開するという離れ業を可能にしていった。

そのような中で附属幼稚園の保育が行われていったのであるが、当時の不幸は、保育関係者がドイツ語文献を重視していなかったことである。松野は

ドイツ人であったが、松野の通訳は関が英語で行っている。そして、保育関係の文献はアメリカ由来の英語であった。

最初の保育文献の翻訳は、桑田親五訳『幼稚園』[ロンジ夫妻1876]であるが、附属幼稚園開設のときは、まだ一部しか翻訳されておらず、結局最初の全訳となったのは、関による『幼稚園記』[ドゥアイ1876]である。その後関は、『幼稚園創立法』[1878]、『幼稚園法二十遊嬉』[1879]を著し、附属幼稚園の保育の土台をつくっていった。このとき、フレーベルの著作はまだ英訳されておらず、他の著者による英語文献を通してフレーベルを理解するのは隔靴搔痒の感があったと思われる。フレーベルの最初の英訳は、1879（明治12）年の *Mother Play* である。

そんな中で、関は、保育における**戸外活動**を重視し、こどもの自発性を重んじていた。また、**保姆養成**にも着目し、東京女子師範学校に幼稚園保姆練習科を置いた。このように、保育の何たるかについて非凡なセンスをもっていたが、1879（明治12）年に36歳で亡くなった。

その後、保姆練習科は廃止され、附属幼稚園の保育も恩物重視の室内活動に偏していった。今日、明治期の幼稚園は、恩物を学校の授業のように扱うイメージでみられることが多い。また、それに類する小学校の教科活動のような保育は、現在の幼稚園、保育所でもみられることが少なくない。

もし関がもう少し生きていたら、その後の日本の保育の風景は変わっていたかもしれない、そう思わせる人物である。

（2）明治中期〜後期

明治の中頃には、幼稚園は恩物中心主義の保育が主流となった。同時に、欧米の保育理論もかなり紹介されるようになり、その改革の担い手も現れてきた。その代表的な人物が、**東基吉**（1872〜1958）と**和田実**（1876〜1954）である。

東は、1900（明治33）年に28歳で東京女子師範学校助教授兼同校附属幼稚園批評係に任命されると、恩物主義保育を批判し、こどもの自己活動を重視し**遊びを中心**とする保育を提唱した。1904（明治37）年には『幼稚園保育法』を出版。同

書は日本人による初めての体系的保育論であり、保育界に大きな影響を与えた。

　和田は、1906（明治39）年から東京女子師範学校に勤め、保育実習科生の指導にあたった。1908（明治41）年に『幼児教育法』を中村五六（1860～1946）との共著の形で出版し、そこで遊びを重視する保育実践を提唱している。

　明治時代は、富国強兵のスローガンのもとに産業振興が図られたが、同時に貧富の格差も大きくなっていった。子育てどころではない貧困家庭、貧困地域の問題が随所に現れてきた。

　野口幽香（1866～1950）は、東京女子師範学校在学中にキリスト教徒になる。卒業後同校附属幼稚園の保姆となり、1894（明治27）年に設立された華族女学校附属幼稚園の保姆となる。このとき森島峰（1868～1936）と出会い、有産階級のみを対象とする幼稚園ではなく、貧しい家庭のこどもたちの幼稚園の必要性について語り合い、1900（明治33）年に附属幼稚園に勤務しながら四谷に二葉幼稚園を設立した。同幼稚園は、教会などの協力援助を受けながら、保育料は無料、しかし毎日1銭を持ってこさせ5厘をおやつ代、5厘を義務貯金とした。保育時間は原則として午前9時から午後5時までであったが、朝7時には門を開け、夕方も必要であれば遅くまで預かるというように、現在の保育所と比べても遜色ない保育を実践していた。野口は、後年初代園長となる。

　二葉幼稚園は、1916（大正5）年に二葉保育園と改名し、現在に至っている。野口幽香を継いで2代目園長となった徳永恕（1887～1973）は、二葉保育園をさらに総合的児童福祉施設に発展させている。

（3）大正期

　大正時代は、複雑な時代である。

　明治時代の富国強兵が功を奏し、日清戦争（1894年）、日露戦争（1904年）の勝利から、一流国に仲間入りしたという高揚感があった。その一方で貧富の差は拡大し、米騒動、打ち壊しなど騒然とした世相にもなった。そして国際化の進展とともに、多様な思想が現れた時代でもあった。その時代を代表

する保育者の 1 人が、**橋詰 良一**(はしづめりょういち)(1871〜1934) である。

橋詰の特徴は、大いなるアマチュアリズムである。保育を体系的に学んだわけでもなく、きちんとした保育施設をつくったわけでもなく、専門職の保姆を重視したわけでもない。しかしながらその実践は、時代を越えて私たちを魅了するものをもっている。

橋詰は神戸師範学校を卒業後、小学校に勤務。その後大阪毎日新聞社の記者となる。明治から大正にかけての動乱とともに、大正デモクラシーの醸成する空気を、ジャーナリズムの目で見抜いていったと思われる。

1921 (大正10) 年の病気静養中に露天保育を思い立つ。翌年50歳のときに、大阪市郊外に「**家なき幼稚園**」を開設した。人生の前半をジャーナリスト、後半を保育者として、二生を生きる生き方である。

家なき幼稚園のコンセプトはシンプルである。こどもにとっては**大自然の中での自由な遊び**こそが重要であるという理念のもと、朝集まってきたこどもたちを、当時まだ珍しい自動車で郊外に連れ出し、思う存分遊ばせる保育である。橋詰は次のように記している [橋詰 1978 pp. 27-28]。

> 子供を子供同志の世界に置くと云ふことが、実に私の幼稚園の第一希望に他ならないのです。〈中略〉
> 子供同志の世界をつくるのに最もよい所は、大自然の世界です。広い広い野の中、森の下、山の上、川のほとり、其のどこへでも子供を集めて、子供の愉快なやうに遊ばせたり、歌はせたり、走らせたりしてやりさへすれば、何の手間もなしに自然の子供の世界が出来ます。

こどもの集合場所は街の一角であり、そこから自動車で目的地に移動し、帰ってきたらそこで解散する。従って、園舎に相当する建物はない。家なき幼稚園の名前の通りである。

園舎がないから、正式な意味での幼稚園には相当しない。現在でいえば無認可の保育施設である。従って経営的にはかなり苦しかったはずである。

このような幼稚園の発想は誰でも思いつくかもしれないが、それを実際に実

行することはなかなか困難である。保育について、ある意味で素人であったからこそ、実行できたという部分がある。それに加えて、時代の空気とともに、ジャーナリストとして鍛えた行動力が伴って成り立っていたのかもしれない。

　自身が保育の素人であったから、実際の保育を担当する保育者も、養成された者ではなく、素人でよいという立場であった。橋詰自身は次のように述べている［橋詰 1978 pp. 33-34］。

　　誰にでも出来る案ということはやがて私が常に云おうとする素人主義の案であるとも、云うことが出来ます。〈中略〉
　　素人を主体とし、大自然をその地とし、子供の生活を自然に営ましめようとする案は、そこに何等の支障もなく、不自然もなく、安全に子供の国がつくられるもので私が敢てこれを世に薦めようとする所以であります。〈中略〉
　　で、子供の国を自然に建設する最初の第一要件として、私は女学校を卒業した程度の若きむすめさんを保姆として採用することに定めました。

　このように、保育について勉強をしていなくても、余計な先入観をもたない素人女性の方が、保育には向いているという意見である。
　実際に橋詰が最初に採用したのは、30人ほどの応募者の中から、最も若い20代半ばから30歳頃までの２名の保育経験者であった。しかし、どちらも１年も続かず退職したのである。その理由を、橋詰は、家なき幼稚園への抵抗感であったとしている。つまり、幼稚園には園舎があるという固定観念から抜け出すことが難しかったためであり、結果として先入観をもたない若い素人女性の方が、家なき幼稚園の保姆として適任であると述べているのである。
　このように**アマチュアリズム**を根底において保育実践に携わる保育者の存在が、大正デモクラシーの空気の中ではみられたのである。家なき幼稚園は、その斬新な実践とともに大きく評価され、当時大阪に数カ所建設された。

第10章　保育者と思想

（4）倉橋惣三の歩んだ道

　日本の保育において、**倉橋惣三**(くらはしそうぞう)(1882～1955)ほど大きな存在はない。1882(明治15)年に生まれ、第二次世界大戦後の1955(昭和30)年に亡くなるまで、日本保育界を主導した人物であり、**日本保育界の父**と呼ばれるほどの存在である。

　倉橋は帝国大学で心理学を学びながら、こどもへの興味を強くもっていた。大学卒業後、1910（明治43）年に東京女子高等師範学校に着任。着任当初より、保育に強い関心を寄せ、理論的な提言を盛んに発信している。その頃より、保育を語るには、既存の理論に頼るよりも、こどもの生活に寄り添うことが重要であることを認識している。

　倉橋の著作を現在からみると、こどもの生活に即した文章であり、理論的な部分が少ないため、倉橋は直観で保育理論を打ち立てたかのような印象をもちがちである。しかし、その生涯をたどると、こどもに関して様々な角度から倉橋は学んでいる。代表的な保育理論や当時の心理学の学説などは、当然のものとして自家薬籠中(じかやくろうちゅう)のものにしている。それにとどまらず、科学的、学問的な分野だけではないところから、こどもへのまなざしを注いでいる。その典型が、こどもを描いた絵画への関心である。

　「子供を最もよく観るものは芸術家である」［倉橋1954］という思いとともに、こどもを描いた絵は倉橋の心を惹きつけて放さなかった。ヨーロッパ旅行中には、意識して美術館を回り、複製ではなく原作に出会えた喜びと、こどもの真の美を絵画を通して得る感動を覚えている。その一端として、「晩鐘（L'Angelus）」「落穂拾い（Des Glaneuses）」で有名なミレー（Jean-François Millet, 1814～1875）の「第一歩（歩きはじめ）」、レーノルズ（Sir Joshua Reynolds, 1723～1792）の「無邪気」、バシュキルチェフ（Marie Bashkirtseff, 1858～1884）の「重要会議」など、12の絵画を『育ての心』［倉橋1936］の中で紹介している。

　このように、倉橋は、単に保育理論の人ではなく、また実践の人にとどまるものでもなく、こどもの生きた世界、こどもが立ち現れくる世界を、そのまま丸ごと愛おしみ、それを自らの言葉で語り尽くそうとした人である。自らの自伝の題名通り、「**子供賛歌**」の人である。

そのような倉橋にとって保育理論を鍛える場となったのが、関西保育界であった。当時の回想にあるように、毎年の訪問は、倉橋にとって、前年の焼き直しではなく、新たなしかし真実の保育理論を追求し展開する貴重な場となった。

しかし、養成校の教員として、実践の場に立ち会うことはあっても、責任をもつ立場になかった倉橋は、実践への意見を述べることに積極的ではなかった。それが変わったのが、1917（大正6）年である。その年に東京女子師範学校附属幼稚園の主事になった倉橋は、就任と同時にドラスティックな行動をみせた。1つは、フレーベルの肖像画を、保育室から主事室へと異動させたことであり、もう1つは、きちんと整理されていたフレーベルの恩物を、雑然と籠に移し、こどもが自由に扱えるようにしたことである。

前者は、フレーベルを尊敬することは、その肖像画をこどもの部屋にしかつめらしく飾ることではなく、保育室には保育室にふさわしい装飾をすべきだという考えからである。

後者は、フレーベルの恩物は、こどもの遊びによってこそ最もよく生かされるものであり、こどもの遊具としての本来の位置に戻すという目的があった。

このようにこども本来の姿から保育を発想するという倉橋の姿勢は、新しい保育理論が紹介されても、たやすくなびくようなことはなく、むしろ「こどもにとって」という視点から厳しく吟味し、批判され、そして消化されていった。

それが最もよい形で現れたのが、1933（昭和8）年夏に行われた日本幼稚園協会保育講習会での講演である。そのとき倉橋は、まさにオリジナルとしか呼びようのない「**誘導保育論**」を展開した。それが、『幼稚園保育法真諦』として出版され、倉橋の代表的な保育理論となった。

このように記述すると、倉橋の守備範囲は幼稚園保育のみにとどまるかのように思われがちであるが、倉橋は自身の姿勢として、貧困地域の家庭へのまなざしをもっていた。学生時代より、先述した二葉幼稚園（p.259参照）や、知的障害児施設**滝乃川学園**にもしばしば出入りしていた。そこから、倉橋の児童保護論は組み立てられていった。現在からは、倉橋は貧困へ入ることがなかったと批判される部分もある。しかし、当時の保育実践者や研究者が、有産階級の幼稚園実践か、貧困地域の貧民幼稚園、農繁期託児所かという二

者択一的なかかわりが多かったのに対し、附属幼稚園という日本を代表する幼稚園の主事でありながら、ニーズの緊急性への確かな目をもっていたことは、倉橋の保育論の懐を深くしている。

　さらに、母親教育の重要性にも取り組んでおり、当時の交通事情を考えれば、驚異的なほど日本の各地域を遊説している。

　その後、第二次世界大戦への流れに翻弄され、戦後を迎える。その頃にはすでに最晩年になっていたが、保育への情熱は衰えることなく、**保育要領**の作成や**日本保育学会**の設立などに尽力し、1955年にその生涯を終えた。

　保育要領は、幼稚園、保育所、家庭でのこどもの保育の内容を示したものであるが、その理念は、形を変えつつも、現在の幼稚園教育要領、保育所保育指針に大きくつながっている。また、日本保育学会は、乳幼児の保育についての実践と研究を展開する学会として、研究者だけでなく実践者も含めて多数の会員を擁する大規模な学会に発展している。

　このように、倉橋は現代へと続く重要な保育の道筋を創った存在なのである。

引用・参考文献

オーエン，ロバート（斎藤新治訳）『性格形成論――社会についての新見解』明治図書出版、1974年

大槻春彦（責任編集）『世界の名著32　ロック　ヒューム』中央公論社、1980年

小笠原道雄『人と思想164　フレーベル』清水書院、2000年

国吉栄『幼稚園誕生の物語――「謀者」関信三とその時代』平凡社、2011年

国吉栄『関信三と近代日本の黎明――日本幼稚園史序説』新読書社、2005年

倉橋惣三『倉橋惣三選集』（第五巻）フレーベル館、2008年

倉橋惣三『倉橋惣三選集』（第四巻）フレーベル館、1967年

倉橋惣三『倉橋惣三選集』（第一～三巻）フレーベル館、1965年

倉橋惣三『子供讃歌』フレーベル館、1954年

倉橋惣三『育ての心』刀江書院、1936年

クレーマー、リタ（平井久監訳、三谷嘉明、佐藤敬子、村瀬亜里訳）『マリア・モンテッソーリ――子どもへの愛と生涯』新曜社、1981年

コメニュウス（鈴木秀勇訳）『大教授学』（1・2）明治図書出版、1962年

近藤二郎『コルチャック先生』（決定版）平凡社、2005年

坂元彦太郎『倉橋惣三・その人と思想』フレーベル館、1976年

宍戸健夫『保育の森――子育ての歴史を訪ねて』あゆみ出版、1994年

中里良二『人と思想14　ルソー』清水書院、1969年

長田新譯『フレーベル自傳』岩波書店、1949年

橋詰良一『家なき幼稚園の主張と實際』（大正・昭和保育文献集第5巻、実践編2）日本らいぶらり、1978年

フレーベル（荒井武訳）『人間の教育』（上・下）岩波書店、1964年

ペスタロッチー、J. H.（前原寿、石橋哲成訳）『ゲルトルート教育法――シュタンツ便り』玉川大学出版部、1987年

ボガツキ、トメク（柳田邦男訳）『コルチャック先生――子どもの権利条約の父』講談社、2011年

ボルト、R.、W. アイヒラー（小笠原道雄訳）『フレーベル生涯と活動』玉川大学出版部、2006年

前村晃執筆者代表『豊田芙雄と草創期の幼稚園教育――日本人幼稚園保姆第一号』建帛社、2010年

森上史朗『子どもに生きた人・倉橋惣三――その生涯・思想・保育・教育』フレーベル館、1993年

森上史朗『児童中心主義の保育――保育内容・方法改革の歩み』教育出版、1984年

モンテッソーリ、マリーア（鼓常良訳）『幼児の秘密』（新装版）国土社、1992年

モンテッソーリ、M.（吉本二郎、林信二郎訳）『モンテッソーリの教育――〇歳～六歳まで』あすなろ書房、1970年

ルソー（今野一雄訳）『エミール（上）』岩波書店、1962年

ルソー（今野一雄訳）『エミール（中）』岩波書店、1963年

ルソー（今野一雄訳）『エミール（下）』岩波書店、1964年

ロック、ジョン（大槻春彦訳）『人間知性論』岩波書店、1972～1977年

保育者になる学びのための
書籍案内

本書制作に際し著者が参照した文献のうち、保育に関わる主なものをあげた。
興味をもった本は、是非読んでみてほしい。

阿部和子『子どもの心の育ち――0歳から3歳　自己がかたちづくられるまで』萌文書林、1999年

阿部和子『続子どもの心の育ち――3歳から5歳　自己のひろがりと深まり』萌文書林、2001年

阿部和子『保育者のための家族援助論』萌文書林、2003年

井口佳子「(1)保育の環境」『保育の実践と研究』Vol.13、No.1、相川書房、2008年

伊藤嘉余子『児童養護施設におけるレジデンシャルワーク――施設職員の職場環境とストレス』明石書店、2007年

内山節『共同体の基礎理論――自然と人間の基層から』(シリーズ地域の再生2) 農山漁村文化協会、2010年

榎沢良彦『生きられる保育空間――子どもと保育者の空間体験の解明』(淑徳大学社会学部研究叢書20) 学文社、2004年

エリクソン, E.H. (仁科弥生訳)『幼児期と社会　1・2』みすず書房、1977・80年　[Erikson 1963]

オーエン, ロバート (斎藤新治訳)『性格形成論――社会についての新見解』(世界教育学選集78) 明治図書出版、1974年　[Owen 1818]

大久保孝治『日常生活の社会学』（早稲田社会学ブックレット——社会学のポテンシャル1）学文社、2008年

大場幸夫、前原寛編著『保育心理学Ⅰ　子どもと発達』（新現代幼児教育シリーズ）東京書籍、1995年

大場幸夫、前原寛編著『保育心理学Ⅱ　子どもと保育』（新現代幼児教育シリーズ）東京書籍、1995年

大場幸夫、柴崎正行編『障害児保育』（新・保育講座15）ミネルヴァ書房、2001年

大場幸夫「論説：『子育て支援』における保育者の主導権（ヘゲモニー）を問う」『保育の実践と研究』Vol.6、No.4、相川書房、2002年

大場幸夫著者代表『育つ・ひろがる子育て支援』トロル出版部、2003年

大場幸夫『こどもの傍らに在ることの意味——保育臨床論考』萌文書林、2007年

大場幸夫、森上史朗、渡辺英則「座談会　保育カンファレンスのすすめ」『保育研究』vol.16、No.3（67）、建帛社、1995年

小笠原道雄『人と思想164　フレーベル』（Century books）清水書院、2000年

尾崎新『ケースワークの臨床技法——「援助関係」と「逆転移」の活用』誠信書房、1994年

尾崎新『対人援助の技法——「曖昧さ」から「柔軟さ・自在さ」へ』誠信書房、1997年

尾崎新編『「ゆらぐ」ことのできる力——ゆらぎと社会福祉実践』誠信書房、1999年

尾崎新編『「現場」のちから——社会福祉実践における現場とは何か』誠信書房、2002年

加茂陽編『日常性とソーシャルワーク』（Sekaishiso seminar）世界思想社、2003年

鬼頭宏「近代日本の家族の変容」国際交流基金編『国際交流』第10号、国際交流基金、2004年

鯨岡峻『子どもは育てられて育つ——関係発達の世代間循環を考える』慶應義塾大学出版会、2011年

国吉栄『関信三と近代日本の黎明——日本幼稚園史序説』新読書社、2005年

国吉栄『幼稚園誕生の物語——「諜者」関信三とその時代』平凡社、2011年

倉橋惣三『倉橋惣三選集（第一～五巻）』フレーベル館、1965～2008年

クレーマー，リタ（平井久監訳；三谷嘉明、佐藤敬子、村瀬亜里訳）『マリア・モンテッソーリ——子どもへの愛と生涯』新曜社、1981年　[Kramer 1978]

コール，マイケル（天野清訳）『文化心理学——発達・認知・活動への文化－歴史的アプローチ』新曜社、2002年　[Cole 1996]

コメニュウス（鈴木秀勇訳）『大教授学　1・2』（世界教育学選集24・25）明治図書出版、1962年　[Comenius 1909]

近藤二郎『コルチャック先生（決定版）』（平凡社ライブラリー540）平凡社、2005年

佐伯胖編『共感——育ち合う保育のなかで』ミネルヴァ書房、2007年

三枝博音、飯田賢一編・解説『技術思想の探究』（こぶし文庫：戦後日本思想の原点3）こぶし書房、1995年

坂元彦太郎『倉橋惣三・その人と思想』（フレーベル新書14）フレーベル館、1976年

塩谷香編著『保育者・子育て支援者のための家庭支援ガイド』ぎょうせい、2011年

宍戸健夫『保育の森——子育ての歴史を訪ねて』あゆみ出版、1994年

柴崎正行「〈特集〉乳幼児は心の拠り所をどのように形成していくのか」『発達』vol. 24, No.96、ミネルヴァ書房、2003年

柴崎正行「乳幼児にとって保育園のくつろぎ空間とは」『発達』vol. 24, No.96、ミネルヴァ書房、2003年

ショーン，ドナルド・A.（柳沢昌一、三輪建二監訳）『省察的実践とは何か——プロフェッショナルの行為と思考』鳳書房、2007年　[Schön 1983]

津守真『子ども学のはじまり』フレーベル館、1979年

戸田雅美『保育をデザインする——保育における「計画」を考える』（21世紀保育ブックス16）フレーベル館、2004年

中里良二『人と思想14　ルソー』（Century books）清水書院、1969年

長田新譯『フレーベル自傳』岩波書店、1949年

中野由美子、土谷みち子編著『21世紀の親子支援——保育者へのメッセージ』ブレーン出版、1999年

中村雄二郎『術語集・問題群』（中村雄二郎著作集Ⅸ）岩波書店、1993年

中村雄二郎『臨床の知』(中村雄二郎著作集第二期Ⅱ) 岩波書店、2000年

橋詰良一『家なき幼稚園の主張と實際』(大正・昭和保育文献集第5巻、実践編2) 日本らいぶらり、1978年

浜田寿美男『子ども学序説――変わる子ども、変わらぬ子ども』岩波書店、2009年

原ひろ子『子どもの文化人類学』晶文社、1979年

ピアジェ、ジャン (波多野完、滝沢武久訳)『知能の心理学』みすず書房、1967年 [Piaget 1949]

フィーニィ、ステファニー、ドリス・クリステンセン、エヴァ・モラヴィック (Who am I 研究会訳)『保育学入門――子どもたちと共に生きる保育者』ミネルヴァ書房、2010年 [Feeney (et al.) 2006]

フレーベル (荒井武訳)『人間の教育 (上・下)』(岩波文庫) 岩波書店、1964年 [Fröbel 1961]

ペスタロッチー、J. H. (前原寿, 石橋哲成訳)『ゲルトルート教育法――シュタンツ便り』(西洋の教育思想6) 玉川大学出版部、1987年 [Pestalozzi 1983]

ボガツキ、トメク (柳田邦男訳)『コルチャック先生――子どもの権利条約の父』(講談社の翻訳絵本) 講談社、2011年 [Bogacki 2009]

星野政明編集代表 (川出富貴子、三宅邦建編)『子どもの福祉と子育て家庭支援』(新版) みらい、2010年

ボルト、R.、W. アイヒラー (小笠原道雄訳)『フレーベル生涯と活動』玉川大学出版部、2006年 [Boldt & Eichler 1982]

前原寛『子育て支援の危機――外注化の波を防げるか』(創成社新書24) 創成社、2008年

前村晃執筆者代表『豊田芙雄と草創期の幼稚園教育――日本人幼稚園保姆第一号』建帛社、2010年

室井尚『哲学問題としてのテクノロジー――ダイダロスの迷宮と翼』(講談社メチエ183) 講談社、2004年

森上史朗『児童中心主義の保育――保育内容・方法改革の歩み』教育出版、1984年

森上史朗『子どもに生きた人・倉橋惣三——その生涯・思想・保育・教育』フレーベル館、1993年

モンテッソーリ，M.（吉本二郎、林信二郎訳）『モンテッソーリの教育——〇歳〜六歳まで』あすなろ書房、1970年［Montessori 1946］

モンテッソーリ，マリーア（鼓常良訳）『幼児の秘密』（新装版）国土社、1992年［Montessori 1962］

八木紘一郎編著『ごっこ遊びの探究——生活保育の創造をめざして』新読書社、1992年

矢野智司『意味が躍動する生とは何か——遊ぶ子どもの人間学』世織書房、2006年

山口一郎『現象学ことはじめ——日常に目覚めること』日本評論社、2002年

ルソー（今野一雄訳）『エミール（上・中・下）』（岩波文庫）岩波書店、1962〜64年［Rousseau 1964］

レヴィ＝ストロース，クロード（大橋保夫訳）『野生の思考』みすず書房、1985年［Lévi-Strauss 1962］

ロゴフ，バーバラ（當眞千賀子訳）『文化的営みとしての発達——個人、世代、コミュニティ』新曜社、2006年［Rogoff 2003］

鷲田清一『「待つ」ということ』（角川選書396）角川学芸出版、2006年

渡辺公三、木村秀雄編『レヴィ＝ストロース「神話論理」の森へ』みすず書房、2006年

Bogacki, Tomek, *The Champion of Children: The Story of Janusz Korczak*, Farrar, Straus and Giroux, 2009.

Boldt, Rosemarie and Wolfgang Eichler, *Friedrich Wilhelm August Fröbel*, Köln：Pahl-Rugenstein, 1982.

Bollnow, Otto Friedrich, *Mensch und Raum*, Stuttgart：W. Kohlhammer, 1963.

Cole, Michael, *Cultural Psychology : a Once and Future Discipline*, London, England：Belknap Press of Harvard University Press, 1996.

Comenius, Johann Amos (im Anschluß an die lateinische Originalausgabe bearbeitet, erläutert und pädagogisch gewürdigt von Schulrat Franz Rzesnitzek), *Didactica Magna*, Breslau : F. Hirt, 1909.

Erikson, Erik H., *Childhood and Society*, (2nd ed.) New York : Norton, 1963.

Feeney, Stephanie, Doris Christensen, Eva Moravcik, *Who Am I in the Lives of Children? : An Introduction to Early Childhood Education*, (7 ed.) Prentice Hall, 2006.

Fröbel, Friedrich (herausgegeben von Erika Hoffmann), *Die Menschenerziehung*, (2 Aufl.) Düsseldorf : H. Küpper, 1961.

Katz, Lilian G., *Talks with Teachers of Young Children : a Collection*, Norwood, N.J. : Ablex Pub. Corp., 1995.

Kramer, Rita, *Maria Montessori : a Biography*, Oxford : Basil Blackwell, 1978.

Lévi-Strauss, Claude, *La Pensée Sauvage*, Paris : Plon, 1962.

Montessori, Maria, *Education for a New World*, Madras : Kalakshetra, 1946.

Montessori, Maria, *Il Segreto dell'Infanzia*, (8 ed.) Milano : Garzanti, 1962.

Owen, Robert, *A New View of Society : or, Essays on the Formation of the Human Character, Preparatory to the Development of a Plan for Gradually Ameliorating the Condition of Mankind*, (4th ed.) London : Printed for Longman (et al.), 1818.

Pestalozzi, von Johann Heinrich (hrsg. von Albert Reble), *Wie Gertrud Ihre Kinder lehrt : ein Versuch, den Müttern Anleitung zu Geben, ihre Kinder Delbst zu Unterrichten, in Briefen*, (4 verb. Aufl.), Bad Heilbrunn/Obb : Klinkhardt, 1983.

Piaget, Jean, *Problèmes de Psychologie Génétique*, Paris : Denoël/Gonthier, 1972.

Piaget, Jean, *La Psychologie de l'Intelligence*, (2 éd.) Paris : A. Colin, 1949.

Rogoff, Barbara, *The Cultural Nature of Human Development*, Oxford : Oxford University Press, 2003.

Rousseau, Jean-Jacques (introduction, bibliographie, notes, et index analytique, par François et Pierre Richard), *Émile, ou, de l'Éducation*, Paris : Garnier, 1964.

Schön, Donald A., *The Reflective Practitioner : How Professionals Think in Action*, New York : Basic Books, 1983.

索　引

- 序章から第10章までの本文について、下記に挙げる語句が記載される主な頁を示した。
- その語句が太字記載される頁のうち主なものを**太字斜体**、脚注にのみ記載される頁を細ゴシック体で示した。

事　項

あ

アグネス論争　***231***, 232
足元固め〔consolidation〕　***143***
預かり保育〔教育課程に係る教育時間の終了後等に行う教育活動〕　88, ***204***, 205
遊び込む　121, 122
遊びを中心とする保育　258
アニミズム〔animism〕　***133***-135, 137, 138
安心感　18, ***56***, 81, 93, 95, ***111***, 156
安定感　56, 93, 95, 156
家なき幼稚園　***260***, 261
生き残り〔survival〕　***143***
異業種間連携〔異職種間連携〕　***191***
育児不安　***84***, ***234***, 236
育児放棄　→ネグレクト
イクメン　***198***, 199
居心地　***88***-90, 113
一時保育　20, ***204***, 205, 234
1.57ショック　202, 205, ***230***, 234
一回性　***44***
居場所　80, ***93***-95, 97, 101, 154, 157, 188
今・ここ　***40***, 41, 106
インタープロフェッショナル　***191***-194

か

ヴァルドルフ学校〔シュタイナー学校〕　***254***
園外研修　→職場外研修
円熟〔maturity〕　***143***
エンゼルプラン　203, 205, ***234***, 235
延長保育　88, 106, 116, 203, ***204***, 226, ***234***, 236
園内研修　→職場内研修
大型積木　***254***
恩物　***250***, 251, ***255***, 258, 263

か

抱え環境　***91***
かかわり　16-19, 21, 40, 44, 53, 57, 64, ***81***-84, 112, ***141***, 155-157, 165, 209, 211, 212, 216, 244, 245
核家族　***197***, 199
家族　58, 60-62, ***68***-72, 80, 83, 84, 152, 165, 166, 168, 172, 175, 186, ***196***-203, 205-207
────（の）支援　83, ***84***
傍らに在る〔stand by〕　13, 14, ***75***-77, 79, 81, 148, 254
価値観　13, 17, 39, ***63***, 229
葛藤　47, 49, ***54***, 61, 189
感覚運動的段階　131, ***134***, 135
環境　35, ***50***, 89, 91, 97-99, 150, 247, 252

272

関係的自立　　*182*, 183
技術可能態　　42, *43*
基底となる生活　　109, *110*, 111
基盤　　*44*, 45, 64
基本的信頼　　135, *136*
虐待　　168, *193*, 200
教育課程に係る教育時間の終了後等に行う
　　教育活動　→預かり保育
教育的側面　　*57*
教具　　*252*, 253, *255*
共生　　*53*
共通理解　　155, *157*, 178
協働　　20, 24, 25, 41, 145, 157, 185, *189*, 193
協同　　*181*, 182, 184
共同体　　71, *83*
興味・関心〔興味や関心〕
　　　　77, 99, *111*, 112, 130, 160
共有（化）　　82, *83*, *99*, 103, 122, 141, 156, 167, 180, 181, 185
記録　　34, 41, *42*, 49-52, 162, 186
緊急保育対策等5か年事業　　*234*
キンダーガルテン〔Kindergarten：こどもの庭〕
　　　　248, 250, 251, 255
具体的操作の段階　　*131*, 134
計画　　41, 52, 112, *158*-160
形式的操作の段階　　*131*, 134
啓蒙主義　　*244*
契約　　148, *149*, 153
血統主義　　*197*
権利擁護〔advocacy〕　　22, 76, 77, *237*
公園デビュー　　*233*, 234
行動様式　　41, *43*, 63
個化　　*228*, 229
戸外　　*251*, 254, 255, 258
孤児たちの家〔Dom Sierot〕　　*254*
子育て支援　　150, *202*-207, 209, 212, 214, 217, 234, *235*, 236, 238

こども観　　41, *179*
こども主権　　224, *226*, 238, 239
こどもと家族　　15, 31, 33-35, 41, 68, 69, 71, 83, 84, 179, *200*, 202, 225
こどもの家〔Casa dei Bambini〕　　*252*, 255
子どもの権利条約
　　→児童の権利に関する条約
子どもの最善の利益　　16, 20, 25, 41, 61, 64, 76-79, 148-150, 153, 179, *206*, 207, 238
こどもの庭　→キンダーガルテン
こどもの福祉〔子どものふくし〕　　20, *206*
こども理解　　34, 112, 126, *129*, 157, 164, 184, 188
コミュニケーション　　82, 83, 145, 180
コミュニティ（ー）　　141, 166, 167, *228*, 229

さ

再生〔renewal〕　　*143*
支え合い　　15, 16, 19, 20, 24, 25, 157, 178, *184*, 189
産業革命　　227, *246*, 247
三項関係　　*141*, 142
自我　　*128*, 129, 135, *212*, 254
自己活動　　*252*, 253, 258
仕事と育児〔子育て〕の両立支援
　　　　205, *234*-236
自主研修　　162, *164*
市場原理　　222, *223*, 236
自然治癒　　*91*, 93
児童相談所　　*193*
児童中心主義　　*245*, 254
児童の権利に関する条約〔子どもの権利条約〕
　　　　76, 77, *207*, 254
児童福祉施設　　20, *206*, 224, 238, 259
自発性　　*255*, 258
社会関係資本　　*228*
主体（性）　　35, 39, 53, 54, 61, 76, 84, 91, 111, 112, 177, *120*, 139, 206, *224*, 225, 229, 237, 255

索引　　273

主体的（な）存在	14, 35, 39, *53*, 54, 61, 62, 112	前操作的思考の段階	*131*, 134
シュタイナー学校	→ヴァルドルフ学校	全米乳幼児教育協会〔NAEYC〕	23, 151, 152, 166, 180, 184
出張保育	*204*	専門性	13, 14, 29, *31*, 34, 36, 37, 41, 42, 62-64, 74, 78, 79, 144, 145, 150, 162, 163, 175, 182, 184, 185, 188, 189, 194, 200, 217
守秘義務	*191*		
巡回保育相談（員）	*185*, 186		
障がい	145, 167, *185*, 186, 193, 243, 253, 254	相互支援	157, 158, *177*, 180
──児保育〔障害児保育〕	32, 37, *204*	相互理解	156
消極的な教育	*244*	尊敬	166, *181*, 184
省察	160, *161*, 162, 173		
少子化社会	205, *230*	**た**	
職業倫理	*144*, 145	待機児童	*204*
職場外研修〔園外研修／Off-JT〕	*162*, 163	対人援助	*199*
職場内研修〔園内研修／On-JT〕	*163*	代弁者	61, 207, 226, *237*, 238
自立（的）	21, 53, 84, *120*, 140, 141, 182	滝乃川学園	*263*
ジレンマ	23, 54, 144, 145, 151, *152*, 167, 188-191, 215, *216*, 217	他者理解	*199*
		脱産業社会	*227*
新奇性	*101*	タブラ・ラサ〔tabula rasa〕	*243*, 244, 247
身体的メッセージ	*155*	単身世帯	*197*
人智学	*254*	蓄積	*40*-45
進歩主義教育	*254*	知識・技術	22, 24, 31, 33, 41, *42*, 43, 45, 63, 217
信頼	166, *181*, 184		
──感	*80*, 110, 111	長時間化	163, 226, 236
──関係〈子どもとの〉	80, *120*	低年齢児〔乳児〕の保育	*234*
──関係〈保護者との〉	*50*, 144, 145, 190	ディンクス	→DINKS
ステージ	130-133, *134*-138, 143	東京女子師範学校	*256*-259
──の移行	*134*, 143	──附属幼稚園	*256*, 263
ステップ	131, 132, *134*-136	道具主義	*253*
ストーリー	132, *133*, 137	当事者主権	*224*, 237
性格形成学院〔The institution for the formation of character〕	*247*, 255	同僚	15, 18, 34, 144, 145, 152, 157, 166, *177*, 179-182, 184, 185, 191
生活教育	*246*	──性	*178*-182
生活世界	45, *110*	独自性	34, *53*, 166, 167
生活のリズム	18, 59, 106, 107, 109, *110*, 111	ドクロリー法	*254*
生活様式	197, *228*	共に支え合いながら生きる	→living
生地主義	*197*	トラブル	49, 53, *54*, 56-58, 106
全国保育士会	149, *150*, 151, 182		
漸成的形成	*135*		

な

ナースリー・スクール　254
仲間　177-180, 182, 185
悩み　176, **185**, 186, 189, 191
ニーズ　16, 20, 22, 150, 168, 181, **220**-226, **230**, 232, 235, 236, 238, 239, 245, 247, 264
二重保育　225, **233**
日常性　73
日課　106, 107, **109**, 110
日本保育学会　264
乳児の保育　→低年齢児の保育
人間性　16, 25, 64, 144, **145**, 150, 243
認識　**128**, 129, 133, 138, 141, 165
　　——の発達　128, 129, **131**
ネグレクト〔育児放棄〕　168, 200, **223**
ねらい　**33**, 36, 51, 52
ノイホフ〔Neuhof〕　246
能力　39, **137**-139, 167, 168, 252

は

発達過程　41, **48**, 74, 120
発達経験　40, 53, **54**
発達研究　**126**-128, 131
発達段階　**130**-133, 136, 137
判断（力）　24, 36, **40**, 41, 43, 45, 49, 151, 152, 160, 161, 163, 166, 167, 178
人として在る　→being
人と人とのつながり　82, 142, 228
独り立つ気概　**172**, 174, 176
病児保育　204
敏感期　252
不安（感）〈こどもの〉　49, 90, **91**-94, 155, 174, 210
　　——〈保育者の〉　176, **185**
　　——〈保護者の〉　172, **210**, 213, **233**, 234, **236**
二葉保育園〔二葉幼稚園〕　259, 263

負担（感）　177, 185, 190, **233**, 234
振り返り　34, 40, **41**, 42, 47, 52, 160-162, 177
ブリコラージュ〔bricolage〕　42-**44**, 45, 63
プロジェクト・メソッド　254
プロになる　→becoming
プロフェッショナル　192, 193
分析化　**127**, 128
平均化　127
ベビーホテル問題　232
保育観　41, 179
保育カンファレンス　24, **183**-190
保育現場　24, 72, 91
保育実践　13, 37, 38, 40-43, 56, **72**, 152, 157, 164, 166, 167, 178, 183, 245
保育指導　204, 205, 217
保育者　12, **13**-25, 72, 75, 76, 78-80, 89, 143, 148, 236-238
保育者（の相互）支援　176, **177**, 180
保育ニーズ　**220**-226, 232, 233, **235**-239, 245
　　——の多様化　**230**, 236
保育に欠ける　206, 222, **223**
保育要領　264
傍観（者）　75, 76
僕たちの家〔Nasz Dom〕　254
保護者　50, 59-**61**, 68, 69, **70**-72, 144, 145, 150, 190, 191, **204**-207, 213, 214, 217, 223, 226, 237
母子密室化　84, **233**
保姆　257-261

ま

埋没する　121, **122**
摩擦　**54**
マニュアル化　188, 255
マンネリ化　110, 111, 143
澪標〔身を尽くし〕　**14**, 15

明確化　**236**
モンテッソーリ・メソッド　**252**, 253, 255

や

誘導保育論　**263**
指さし　**141**
ゆらぎ〔ゆらぐ〕
　　　　16, 18, **188**, **189**, **215**, **216**, **217**
養護的側面　**57**
養護と教育　35, 41, **55**, **57**, **74**, 75, **150**, 166, 167
幼児学校〔infant school〕　**247**, 248
幼児保護所　**245**
欲求　16, 40, 44-46, 48, 52, **53**, 56, 57, 62, 111
拠り所　**81**, 93, **95**, 98

ら

リビドー〔libido〕　**128**
利用しやすい保育所　**224**, 225, 230
倫理綱領　23, **149**-152, 166, **180**-182, 184
倫理的（な）ジレンマ　144-146, **152**, 166, 167
ルビンの壺　**58**
連合観念プログラム　**254**

欧文・略称

advocacy　→権利擁護
becoming〔プロになる〕　**15**, 22, 25, 29
being〔人として在る〕　**15**, 16, 25, 29
DINKS〔Double Income No Kids〕　**232**
Kindergarten　→キンダーガルテン
living〔共に支え合いながら生きる〕
　　　　　　　　　15, 19, 20, 25, 29
NAEYC〔National Association for the Education of Young Children〕
　　　　　　　　　→全米乳幼児教育協会
Off-JT　→職場外研修
On-JT　→職場内研修
stand by　→傍らに在る

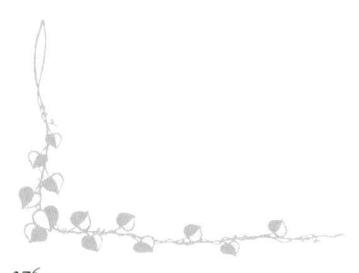

人　名

あ

エリクソン〔Erik Homburger Erikson〕
　　　　　　　　　　128, 129, 135, 136
オーエン〔Robert Owen〕　246, **247**, 248, 255
オーベルラン〔Johann Friedrich Oberlin〕
　　　　　　　　　　245, 246

か

カッツ〔Lilian Gonshaw Katz〕　**143**, 144
神田橋條治〔かんだばし・じょうじ〕　**91**
キルパトリック〔William Heard Kilpatrick〕
　　　　　　　　　　254
倉橋惣三〔くらはし・そうぞう〕
　　　　　　　　　71, 88, 161, **262**-264
コメニウス〔Johann Amos Comenius〕
　　　　　　　　　　242-244
コルチャック〔Janusz Korczak〕　**254**
近藤濱〔こんどう・はま〕　**257**

さ

シュタイナー〔Rudolf Steiner〕　**254**
セガン〔Édouard Séguin〕　**252**
関信三〔せき・しんぞう〕　**256**, 258

た・な

チーテルマン，クララ
　　〔Clara Louise Zitelmann〕→松野クララ
デューイ〔John Dewey〕　**253**, 255
徳永恕〔とくなが・ゆき〕　**259**
ドクロリー〔Ovide Decroly〕　**254**

トフラー〔Alvin Toffler〕　**227**, 228
豊田芙雄〔とよた・ふゆ〕　**257**
野口幽香〔のぐち・ゆか〕　**259**

は

橋詰良一〔はしづめ・りょういち〕　**260**, 261
ピアジェ〔Jean Piaget〕　**128**, 131-136
東基吉〔ひがし・もときち〕　**258**
ヒル〔Patty Smith Hill〕　**254**
フレーベル〔Friedrich Wilhelm August Fröbel〕
　　　　　246, **248**-251, 254, 255, 257, 258, 263
フロイト〔Sigmund Freud〕　**128**
ペスタロッチ〔Johann Heinrich Pestalozzi〕
　　　　　　　　245, **246**, 247, 249
ボルノウ〔Otto Friedrich Bollnow〕　**113**

ま

マクミラン姉妹〔Rachel McMillan ; Margaret
　　McMillan〕　**254**, 255
松野クララ〔まつの・くらら〕　**257**, 258
モンテッソーリ〔Maria Montessori〕
　　　　　　　　　　251-253, 255

ら・わ

ルソー〔Jean-Jacques Rousseau〕
　　　　　　　　242, **244**, 245, 249
レヴィ＝ストロース〔Claude Lévi-Strauss〕
　　　　　　　　　　44
ロック〔John Locke〕　**243**, 244, 247
和田実〔わだ・みのる〕　**258**, 259

執筆者紹介

阿部 和子（あべ・かずこ）　●序章、第1・4章

日本女子大学大学院修士課程修了（児童学専攻）。現職、大妻女子大学家政学部児童学科教授。現在、国際幼児教育学会常任理事、柏市健康福祉審議会児童部会長、かしわ市子どもネットワーク会議委員長。
主な著書：『保育内容総論（新保育士養成講座第11巻）』（共著、全国社会福祉協議会、2011年）、『保育課程の研究――子ども主体の保育の実践を求めて』（共編著、萌文書林、2009年）、『乳児保育』（共編、ミネルヴァ書房、2002年）、『乳幼児期の「心の教育」を考える――かかわりの中から見えてくる「自己」の育つみちすじ』（フレーベル館、2001年）、『続子どもの心の育ち――3歳から5歳』（萌文書林、2001年）、『子どもの心の育ち――0歳から3歳』（萌文書林、1999年）、他。

梅田 優子（うめだ・ゆうこ）　●第3・6章

新潟大学教育学部卒業後、小学校教諭を経て、大妻女子大学大学院家政学研究科児童学専攻に進学。修士課程修了。新潟中央短期大学・県立新潟女子短期大学を経て、新潟県立大学人間生活学部子ども学科准教授。幼児教育課程論、保育指導法や教育実習を担当。
主な著書：『演習保育内容 人間関係』（共著、建帛社、2009年）、『幼稚園・保育所実習 指導計画の考え方・立て方』（共著、萌文書林、2009年）、『保育方法の実践的理解』（共著、萌文書林、2008年）、『保育者論――保育者という存在の探究』（共著、相川書房、2000年）、他。

久富 陽子（ひさとみ・ようこ）　●第7・8章

日本女子大学家政学部児童学科卒業後、私立幼稚園に勤務。その後、大妻女子大学大学院家政学研究科児童学専攻に進学。修士課程修了。和泉短期大学准教授を経て、浦和大学こども学部教授。保育関連科目や保育実習、幼稚園教育実習を担当。さいたま市巡回保育相談員。
主な著書：『新保育内容総論』（共著、萌文書林、2010年）、『保育方法の実践的理解』（共著、萌文書林、2008年）、『演習 保育内容総論』（共著、建帛社、2009年）、『保育方法・指導法の研究』（共著、ミネルヴァ書房、2001年）、他。

前原 寛（まえはら・ひろし）　●第2・5・9・10章

東京大学文学部心理学専修課程卒業。筑波大学大学院文芸言語研究科応用言語学専攻修士課程修了。安良保育園園長を経て、現在鹿児島国際大学准教授。他に社会福祉法人至宝福祉会理事長、光明寺住職。保育現場に軸足を置きながら、保育者の専門性の発達について研究的関心をもっている。
主な著書：『保育課程の研究――子ども主体の保育の実践を求めて』（共編著、萌文書林、2009年）、『子育て支援の危機――外注化の波を防げるか』（創成社、2008年）、『保育は〈子ども〉からはじまる――子育ての社会化へむけて』（ミネルヴァ書房、2005年）、『大丈夫？「心」の子育て』（南方新社、2004年）、『保育者が出会う発達問題――育ちと育ての日々（プロセス）』（共著、フレーベル館、2001年）、他。

●企画　大場 幸夫（おおば・さちお）

水戸市出身。東京都立大学大学院人文学研究科修士課程（心理学専攻）修了（文学修士）。東京都立伊豆長岡児童福祉園（虚弱児幼児入所型児童福祉施設）心理判定員、東京家政大学家政学部児童学科助教授、大妻女子大学家政学部児童学科教授を経て、2008年より大妻女子大学学長。東京都新宿区・千代田区、埼玉県大宮市・さいたま市の巡回保育相談員も務めた。2011年5月13日、他界。
専門領域：保育心理学、保育臨床心理学、保育臨床論、保育者論、保育相談・研究
主な著書：『こどもの傍らに在ることの意味——保育臨床論考』（萌文書林、2007年）、『育つ・ひろがる子育て支援』（共著、生活ジャーナル社、2003年）、『外国人の子どもの保育』（共編著、萌文書林、1998年）、『保育臨床心理学』（共著、ミネルヴァ書房、1993年）、他多数

保育者論

2012年4月25日　初版第一刷発行

著　者　阿 部 和 子
　　　　梅 田 優 子
　　　　久 富 陽 子
　　　　前 原　 寛
発行者　服 部 雅 生
発行所　㈱萌 文 書 林
〒113-0021　東京都文京区本駒込6-25-6
Tel. 03-3943-0576　Fax. 03-3943-0567
http://www.houbun.com　info@houbun.com

印刷・製本　図書印刷株式会社

©Abe Kazuko, Umeda Yuko, Hisatomi Yoko, Maehara Hiroshi 2012 Printed in Japan
ISBN 978-4-89347-165-9

定価はカバーに表示されています。
落丁・乱丁本はお取り替えいたします。

本書の内容の一部または全部を無断で複写（コピー）することは、法律で認められた場合を除き著作者及び出版社の権利の侵害になります。
本書からの複写をご希望の際は、予め小社宛に許諾を求めてください。

萌文書林の本

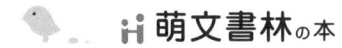

大場幸夫遺稿講義録

A5判／上製／248頁
定価**2,625**円（本体2,500円＋税5％）

保育臨床論特講

大場幸夫 講義

『こどもの傍らに在ることの意味――保育臨床論考』の草稿を成した「保育臨床論特講」の講義録。子どもと保育者に寄り添う視点を明確にした"大場保育学"の中核。

内容構成
- 序　章　私の「保育学」の中身として考えたいこと
- 第1章　発想の航跡
- 第2章　日常性を支える実践
- 第3章　自分の居場所
- 第4章　モラトリアム空間
- 第5章　発達を捉える視点
- 第6章　発達体験
- 第7章　保育者の専門性としての「臨床」
- 第8章　保育カンファレンス

2008年度
日本保育学会
保育学文献賞
受賞

大場幸夫

こどもの傍らに在ることの意味

―― 保育臨床論考

A5判／上製／256頁　　定価**2,625**円（本体2,500円＋税5％）

保育者の専門性としての「臨床」

巡回形式による保育相談の形で長く保育現場に臨んできた保育臨床の第一人者が、その体験をもとにした渾身の著作。保育者がこどもの生きる傍らに在ることの大事を、保育実践の臨床的な特質という視点から論じた「大場保育論考」集大成。

内容構成
- 第1章　発想の航跡
- 第2章　日常を支える実践
- 第3章　こどもの居場所
- 第4章　発達を捉える視点
- 第5章　保育者の専門性としての「臨床」
- 第6章　巡回保育相談の現状と課題
- 第7章　保育カンファレンス
- 第8章　保育者支援
- 第9章　澪標（身を尽くし）
　　　　――こどもの傍らに在ることの意味

ご注文は、お近くの書店または小社営業部まで。℡ Tel. 03-3943-0576
ホームページからもご注文いただけます。 http://www.houbun.com